figures du structuralisme

Hendrik Pos

ÉCRITS SUR LE LANGAGE

choisis, traduits et présentés par
Patrick Flack

sdvig press

GENÈVE | LAUSANNE

ISBN : 978-2-9700829-0-3

Dépôt légal – 1ère édition: novembre 2013

© 2013 sdvig press
Place de la Louve 3, 1003 Lausanne
www.sdvigpress.com

Tous droits réservés.
Aucune partie de cet ouvrage ne peut être reproduite ou communiquée sous quelque forme que ce soit (électronique, photocopie, enregistrement) sans l'autorisation écrite préalable de l'éditeur.

Table des matières

Avant-propos	7
Hendrik Pos : une philosophie entre idée et vécu	9
La logique de la linguistique (introduction)	27
La conscience linguistique préthéorique	43
La problématique de la philosophie du langage	61
L'unité de la syntaxe	81
Quelques perspectives philosophiques de la phonologie	107
Le langage comme fonction symbolique	113
Les particules, leurs fonctions logiques et affectives	129
Le verbe et son rôle dans l'expression de la pensée	143
Phonologie et sémantique	157
La notion d'opposition en linguistique	181
Perspectives du structuralisme	183
Phénoménologie et linguistique	193
Problèmes de l'origine	207
La signification comme phénomène linguistique et philosophique	217
Le langage et la pensée	227
Le langage et le vécu	233
Références	247
Bibliographie complète	249
Index	257

Avant-propos

Le présent ouvrage est le premier recueil publié en français d'écrits du linguiste et philosophe néerlandais Hendrik Pos. Les seize textes proposés dans les pages suivantes (en version originale pour la moitié d'entre eux, dans une traduction de l'allemand ou du néerlandais pour les autres) ont été choisis pour représenter la pensée de Pos de manière aussi complète que possible dans son extension diachronique. Thématiquement, une seule facette des travaux par ailleurs très divers de Pos a été prise en compte : ses réflexions sur le langage. Même dans ce champ plus restreint, la sélection offerte ici ne prétend être ni exhaustive ni entièrement représentative. Elle espère toutefois fournir un aperçu synthétique relativement cohérent d'un des aspects centraux de la pensée de Pos et éventuellement susciter un certain regain d'intérêt pour le rôle malheureusement très négligé que ce dernier a pu jouer dans les débats linguistiques et philosophiques de l'entre-deux-guerres.

Les textes sont présentés ici dans un ordre chronologique, sans effort de classification selon leurs thèmes ou leur importance. Par ailleurs, il vaut la peine de mentionner un nombre de problèmes mineurs quant à leur qualité rédactionnelle. Certains des textes traduits ou rédigés directement en français par Pos contiennent des erreurs et des ambiguïtés que, dans un souci de reproduction fidèle, nous n'avons pas voulu corriger. De même, les textes tirés de discours ou d'interventions en conférence n'ont pas tous été bien mis en forme et présentent parfois un caractère confus ou excessivement elliptique, tant au niveau de leur structure grammaticale que de leur logique argumentative. Il faut noter finalement que certains des textes allemands contiennent çà et là des phrases syntaxiquement mal formées et dont le sens est ainsi relativement obscur. Comme il s'agit toujours de phrases isolées et d'importance secondaire, j'ai pris le parti d'en donner une interprétation aussi adéquate que possible et de les signaler par un astérisque. Ces quelques déficiences ne devraient toutefois pas prétériter outre mesure la compréhension des textes de Pos.

En ce qui concerne ma traduction, son ambition n'est que de fournir un premier accès en français à l'œuvre de Pos, elle n'a pas de prétention méthodique ou systématique. À ce stade très précoce de la réception des idées de Pos en français et au vu de mes connaissances limitées du néerlandais, il m'a en effet paru opportun de ne pas chercher à imposer une interprétation de son lexique qui resterait forcément très partielle et pourrait entraver d'éventuelles tentatives ultérieures d'en fournir une analyse plus critique et détaillée.

Mes sincères remerciements vont à Saskia Daalder (Universiteit van Amsterdam) et Klaas Willems (Universiteit Gent) pour leur aussi cordiale que précieuse assistance dans l'élaboration de cet ouvrage, de même qu'aux éditions Winter (Heidelberg) et Bohn Stafleu Loghum (Houten) pour leur aimable permission de reproduire ici les textes de Pos en version originale ou en traduction.

P.F.

Hendrik Pos :
une philosophie entre idée et vécu

Dans leur préface au premier recueil des écrits de Pos, publié deux ans après sa mort, Karl Kuypers et Jan Aler constatent avec tristesse que « tant que [Pos] était en vie, sa vive et captivante personnalité conférait unité, vigueur et intensité aux manifestations de sa pensée. Maintenant qu'il n'est plus parmi nous comme source de vie spirituelle, nous ne disposons plus que de traces certes nombreuses, mais éparses de son activité[1] ». De nombreux témoignages similaires concordent sur le rôle capital de la personne même de Pos comme facteur d'unité relativement à une œuvre restée très fragmentée et à une pensée peu systématique[2]. Tous soulignent que Pos fut avant tout un homme de dialogue, de débat et de rencontre qui chercha sa vie durant à allier à sa quête de connaissance théorique et objective des convictions politiques et un engagement dans la société toujours croissant. Son activité intellectuelle fut ainsi accompagnée d'une constante dimension pédagogique et communicative qui s'exprime clairement dans la nature très dynamique et dialectique de sa pensée. Refusant de formuler une théorie systématique dans un ouvrage de synthèse, Pos préféra donner corps à ses idées par le biais d'une multitude d'articles, de conférences, de cours et de lettres qui, pris dans leur ensemble, s'assimilent aux arguments d'un dialogue marqué à la fois par la contradiction et l'idéal d'un échange constructif avec les penseurs du passé autant que du présent.

Même sans vouloir faire dépendre trop directement la pensée de Pos des circonstances particulières de sa vie ou des accidents

---

[1] Kuypers, Aler, « Woord vooraf », in: Pos (1957), p. 9 [ma traduction].
[2] Cf. Derkx (1994), qui se réfère à de nombreux entretiens menés avec des étudiants ou collègues de Pos, pp. 487-488.

de son parcours personnel, il est manifeste qu'une connaissance des éléments essentiels de sa biographie peut s'avérer d'une grande utilité autant pour situer dans son contexte concret le dialogue implicite avec elle-même et avec autrui que constitue l'œuvre de Pos, que pour saisir les enjeux de son développement souvent volontairement paradoxal. Ces éléments sont à vrai dire parfaitement bien connus, mais ils n'ont jusqu'à maintenant été exposés qu'en néerlandais, par Daalder (1990) et Derkx (1994), raison pour laquelle il vaut la peine de les reprendre ici en détail.

Né le 11 juillet 1898 à Amsterdam, Pos fait ses classes au Gymnase réformé (Gereformeerd Gymnasium) de sa ville natale, avant d'entreprendre des études de lettres classiques à l'Université libre (Vrije Universiteit), à Amsterdam toujours. Réagissant de manière très positive à l'enseignement teinté de calvinisme, de néo-kantisme et de néo-hégélianisme qui lui est prodigué notamment par le philosophe Jan Woltjer, Pos s'oriente dès cette époque vers une conception idéaliste du langage et une approche de l'analyse linguistique réticente aux dogmes empiriques des néogrammairiens. En outre, il s'engage très activement dans la vie de l'université, participant avec enthousiasme à plusieurs sociétés d'étudiants de la faculté.

Lors de l'année académique 1920-1921, Pos se rend à Heidelberg pour y étudier la philosophie auprès d'Heinrich Rickert et Heinrich Maier. En 1921, il défend avec succès une première thèse de doctorat, *Zur Logik der Sprachwissenschaft* (La logique de la linguistique). Dans cet ouvrage déjà très abouti, il s'efforce d'appliquer les principes de la théorie rickertienne de la connaissance à la linguistique générale, dans le but d'expliciter les enjeux épistémologiques de cette dernière et de lui donner un fondement méthodologique unifié. Ce faisant, Pos produit indépendamment de Saussure une profonde réflexion philosophique sur le langage et la linguistique, qui en bien des points (sauf bien sûr en ce qui concerne son impact) est digne de comparaison avec le *Cours de linguistique générale* et ouvre d'intéressantes pistes quant à la généalogie néo-kantienne du paradigme structuraliste[3].

Après une année passée en tant qu'enseignant à Haarlem, Pos retourne pendant le semestre d'hiver 1922-1923 en Allemagne, à l'université de Fribourg en Brisgau, où il suit les cours d'Edmund Husserl, Martin Heidegger et Hermann Ammann. Il adopte avec enthousiasme les idées de la phénoménologie husserlienne, qu'il met librement à profit pour réorienter sa propre approche du langage dans une optique moins schématique et plus « réaliste », ou du moins plus attentive à la diversité infinie des manifestations empiriques des phénomènes linguistiques. Dans le but d'obtenir une chaire de philologie classique à l'Université libre d'Amsterdam, il prépare une seconde thèse, d'inspiration phénoménologique celle-ci, qu'il défend en 1923 – non pas auprès de Husserl mais bien à Amsterdam – sous le titre de *Kritische Studien über philologische Methode* (Études critiques sur la méthode philologique).

Suite à un nouvel interlude dans son pays natal, Pos effectue un troisième séjour à l'étranger, à Paris cette fois, lors duquel il rencontre sa future épouse, la française Marcelle Honig (dont il n'aura pas d'enfant). En Sorbonne, il assiste notamment aux séminaires d'Antoine Meillet et Joseph Vendryes, mais en dépit d'une grande affinité avec la culture française qui ne se démentira jamais, Pos note à propos de son séjour parisien que celui-ci aura été bien moins influent pour son développement intellectuel que ses précédentes visites outre-Rhin et, surtout, sa rencontre avec la philosophie allemande.

En 1924, Pos est nommé professeur de linguistique générale à l'Université libre d'Amsterdam. Il s'y forge rapidement auprès de ses collègues et de ses étudiants une réputation d'excellent orateur et de professeur inspiré et attentif. Son enseignement et sa recherche sont voués à la philosophie du langage (un champ qui équivaut pour lui à la linguistique générale, discipline qui est alors clairement distincte de la linguistique historique comparative) et à l'épistémologie des sciences humaines. Il

---

[3] Cf. Salverda (1991), p. 222.

poursuit ses réflexions mâtinées de néo-kantisme et de phénoménologie sur la linguistique et l'épistémologie, cherchant à rendre compte du rapport entre la multiplicité désordonnée mais originaire du donné linguistique subjectif ou « préthéorique » et la forme objective, unifiée et dépendante d'une norme a priori idéale que le langage revêt dans la réflexion ou la connaissance théorique. Il publie sur ces questions un ouvrage en forme originale de dialogue, *Inleiding tot de taalwetenschappen* (Introduction aux sciences du langage) ainsi qu'une série d'articles significatifs: « Algemene taalwetenschap en subjectiviteit » (Linguistique générale et subjectivité), « Vom vortheoretischen Sprachbewusstsein » (La conscience linguistique préthéorique) et « De eenheid der syntaxis » (L'unité de la syntaxe).

À cette même époque, Pos rejoint la société intellectuelle *Unitas Multiplex*, fondée entre autres par Jan Romein[4], auquel Pos se lie d'amitié par la suite. Politiquement plutôt conservateur jusque là, Pos est introduit par ce biais dans les milieux communistes et libéraux néerlandais. En 1926, il est impliqué indirectement dans une importante controverse religieuse qui agite l'Église réformée des Pays-Bas à la suite de la suspension de Johannes Geelkerken, le pasteur de la paroisse de Pos[5]. Pos prend parti pour Geelkerken, ce qui lui vaut de nombreuses chicaneries au sein de la très dogmatique Université libre. Il se résout de ce fait à quitter celle-ci en 1932 pour rejoindre la chaire de philosophie théorique et d'histoire de la philosophie à l'université municipale d'Amsterdam (Gemeentelijke Universiteit van Amsterdam), un poste qu'il occupera jusqu'à sa mort. Dans la foulée, Pos abandonne sa foi chrétienne vacillante en faveur d'un humanisme socialisant.

En poste à l'université municipale d'Amsterdam, Pos approfondit ses thèmes de prédilection, le langage et la théorie de la

---

[4] Jan Romein (1893-1962), historien et journaliste néerlandais, est surtout connu pour avoir été à l'origine de la publication du *Journal* d'Anne Frank.
[5] En réaction à sa suspension, ordonnée pour avoir défendu une interprétation non-littérale de la Bible, Geelkerken fonde une branche dissidente de l'Église réformée des Pays-Bas, provoquant ainsi un important schisme.

connaissance, mais oriente son travail dans une perspective philosophiquement plus large et plus complète. Il traite ainsi d'histoire de la philosophie (Descartes, Leibniz, Kant, Hegel, Comte, Marx, Bergson) et de problèmes de méthode philosophique. Ses travaux sur l'idéalisme allemand le conduisent à s'intéresser à des thèmes tels que l'historicité de la conscience et de la science ainsi qu'à remettre en question sa conviction néokantienne initiale dans la nature absolue et intemporelle des normes transcendantales de la connaissance a priori. Ces doutes, qui ne le conduisent cependant pas à rejeter définitivement l'enseignement idéaliste néo-kantien, s'expriment le plus clairement dans des articles tels que « Het apriori in de geesteswetenschappen » (L'a priori dans les sciences humaines), « Metaphysik » (La métaphysique), « Kennisleer » (La théorie de la connaissance) et « Phénoménologie et linguistique », un travail que Roman Jakobson qualifiera plus tard de « beautiful study[6] ». Dans ce contexte d'intense questionnement sur le statut relatif de l'idéalité de la connaissance et de l'expérience a lieu la fructueuse rencontre de Pos avec la phonologie pragoise, qu'il thématise dans « Quelques perspectives philosophiques de la phonologie » ou « Perspectives du structuralisme ». Tous ces textes – auxquels on peut ajouter son dernier livre, *Filosofie der wetenschappen* (La philosophie des sciences) – témoignent d'une phase d'élargissement de la pensée de Pos qui se manifeste par le traitement plus philosophique qu'il fait du rapport entre les normes transcendantales de la connaissance a priori et l'expérience empirique, ainsi que par son intérêt pour certaines fonctions plus générales du langage (par exemple celles d'outil d'expression de la pensée ou de l'affect, d'instrument de maîtrise symbolique du réel ou de vecteur du développement de l'esprit, de la société).

Durant les années trente, Pos assied encore sa réputation académique, celle-ci acquérant peu à peu une dimension internationale. Il participe à tous les congrès internationaux des linguistes de l'interbellum, y rencontrant quasiment tous les

---

[6] Jakobson (1973a), p. 14.

représentants de la linguistique structurale[7] et jouant, aux dires de Jakobson, « un rôle de premier plan dans la création d'une phénoménologie du langage et de la théorie de la linguistique structurale[8] ». Il participe aux congrès internationaux de philosophie (Prague, Paris), psychologie (Paris) et phonétique (Amsterdam), où il fait la rencontre de nombreuses personnalités (Gaston Bachelard, Emile Bréhier, Léon Brunschvicg, mais aussi Karl Bühler). En 1929 déjà, il avait assisté à la célèbre *Dispute de Davos* et y avait noué contact avec Ernst Cassirer. À partir de 1936, sur invitation de son ami Romein, il devient président du *Comité van Waakzaamheid* (Comité de vigilance), une association contre le national-socialisme qui regroupait alors des intellectuels néerlandais de premier plan et plus de mille membres. Il se profile à ce titre comme un intellectuel progressiste et engagé, participant de plein pied à la vie politique des années trente et jouant un rôle d'intermédiaire entre les ailes communiste et libérale du mouvement antifasciste de son pays.

Après l'invasion allemande des Pays-Bas, Pos est arrêté. Il est détenu à Buchenwald pendant un an, puis dans des prisons néerlandaises jusqu'à l'automne 1943, date à laquelle il est libéré pour raison de santé. À la fin de la guerre, il reprend ses fonctions universitaires et devient membre de la commission de réorganisation de l'éducation supérieure, chargée de la dénazification des universités néerlandaises. Il reprend aussi ses multiples activités d'organisateur, présidant le Congrès international de Philosophie à Amsterdam (1948) ainsi que la nouvellement fondée *Fédération internationale des Sociétés de Philosophie*. À ces tâches académiques vient s'ajouter un engagement politique dans le contexte de la guerre froide : il participe au *Congrès mondial des intellectuels pour la paix* à Wrocław en 1948, et rejoint la *Société Européenne de Culture* aux côtés de Croce, Jaspers, Th. Mann ou encore Sartre. D'une

---

[7] Il correspond alors avec nombre d'entre eux : Bally, Brøndal, Havránek, Hjelmslev, Jakobson, Sechehaye, Trubeckoj et ses compatriotes néerlandais.
[8] Jakobson (1973b), p.138.

manière générale, son expérience de la seconde guerre mondiale semble l'avoir radicalisé politiquement puisqu'il est désormais clairement favorable aux idées communistes. Son attachement profond aux principes du libéralisme le retient toutefois d'adhérer au Parti Communiste Néerlandais et de s'identifier avec la politique de l'Union Soviétique, une position idéologique nuancée qui lui vaut de l'incompréhension de toute part et un isolement social et intellectuel croissant.

Dans cette période d'après-guerre très frustrante pour lui, Pos est souvent malade et sa vision de l'homme se fait plus sombre, comme en témoigne par exemple ses articles « De filosofie der wetenschappen en de crisis der beschaving (La philosophie des sciences et la crise de la culture) ou « Het dal der na-oorlogse filosofie » (Le passage à vide de la philosophie d'après-guerre). Il se détourne toujours plus résolument de l'idéalisme allemand et de la phénoménologie husserlienne (à laquelle il reproche son tournant transcendantal), orientant sa pensée dans une optique franchement relativiste, anthropologique et historisante (mais en revanche très méfiante de l'existentialisme heideggérien, que Pos dénonce comme une philosophie irrationnelle). Pos restitue ses propres conceptions du langage, de la métaphysique et de la connaissance dans un horizon à la fois plus concret (parfois même biologique) et plus relatif, celui du « vécu ». Il publie dans cet esprit des articles importants : « Valeur et limites de la phénoménologie », « Betekenis als taalkundig en als wijsgerig fenomeen » (La signification comme phénomène linguistique et philosophique), « Le langage et le vécu ». Sans du tout délaisser ses thèmes de toujours, il s'intéresse plus à des questions d'ordre éthique, politique, social ou encore religieux : il s'interroge ainsi sur l'intersubjectivité, l'histoire ou le devenir spirituel de l'homme et de la société dans des textes tels que « Geschiedenis als geestelijke werkelijkheid » (L'histoire comme réalité spirituelle) ou « De eenwording der mensheid » (L'unification de l'humanité).

Malgré les doutes et les déceptions qu'il doit affronter durant cette période, Pos n'abandonne à aucun moment une vision profondément universaliste, humaniste et optimiste de l'homme, de la culture et du langage. Comme le fait remarquer Kuypers dans sa tentative de synthèse de l'œuvre thématiquement disparate et souvent contradictoire de Pos, s'il y a bien une constante dans la pensée de ce dernier c'est son attachement à une certaine forme de rationalisme, sa foi dans le rôle multiple mais toujours présent de la Raison au cœur même de toute expérience[9]. Hendrik Pos meurt le 25 septembre 1955 à Haarlem, à l'âge de 57 ans. À l'instar de nombreux penseurs de l'entre-deux-guerres, il tombe rapidement dans l'oubli.

L'esquisse biobibliographique qui vient d'être tracée offre un premier balisage de la pensée de Pos et de son évolution : partant d'une réflexion épistémologique sur la linguistique clairement inspirée par l'idéalisme transcendantal de Rickert, Pos a rapidement réorienté ses recherches dans la perspective plus descriptive et soucieuse des « choses elles-mêmes » de la phénoménologie de Husserl, avant d'élargir son champ d'investigation à une analyse de la connaissance scientifique et philosophique en général et de rejeter à son tour la phénoménologie en faveur d'autres modèles (Marx, Bergson), mieux à même selon lui de prendre en compte les dimensions vécues et situées historiquement, culturellement et socialement aussi bien de la connaissance que de l'expérience empirique. Dans son domaine d'étude privilégié, le langage, Pos semble être passé de façon similaire d'une approche strictement « logique » du langage conçu comme un objet de connaissance idéal saisissable exclusivement par la réflexion théorique, à une étude phénoménologique des propriétés du donné linguistique concret et ses liens à la conscience préthéorique originaire, pour aboutir finalement à un concept relativiste et historisant de la parole comme une forme expressive parmi d'autres dans l'horizon lui-même relatif, dynamique et signifiant du vécu humain.

---

[9] Cf. Kuypers (1958). p. 59, cf. aussi Willems (1994), p. 244.

Une telle image, bien qu'elle possède ses mérites, présente deux regrettables défauts. Pour commencer, elle associe de façon trop étroite et peu critique la pensée de Pos à un nombre limité de présumés « modèles » successifs (Rickert, Husserl, Bergson), lui dérobant de ce fait la cohérence et l'originalité de ses propres problématiques et négligeant le rôle d'une foule d'autres sources d'inspiration au moins aussi décisives (la phonologie pragoise, Bühler, Cassirer, Marty, Vossler, Wundt, etc.). Bien que la voix de ses maîtres linguistiques et philosophiques soit clairement audible et facilement décelable dans son œuvre, Pos ne s'est de plus jamais soumis entièrement à leur logique, ne se conformant à celle-ci que dans la mesure où cela était profitable à l'élaboration de ses propres arguments.

Le traitement idiosyncratique et sélectif que fait Pos de ses sources – une attitude qui lui a parfois été reprochée, surtout en lien à la phénoménologie husserlienne[10] – explique pour bonne part la coexistence d'influences concurrentes voire antagonistes dans son œuvre. Elle met aussi en évidence un second défaut dans l'interprétation susmentionnée de sa pensée, défaut qui consiste en une simplification exagérée de la progression linéaire présumée entre la position transcendantale et idéaliste initiale de Pos et son approche empirique, relativiste et historisante plus tardive. Pos, en effet, n'a pas adhéré successivement à différents paradigmes (néo-kantisme, phénoménologie, philosophie de la vie, marxisme) mais les a sans cesse fait jouer l'un contre l'autre. À ce titre, il est donc plus correct de concevoir la dynamique de sa pensée non comme la transition d'une position clairement logiciste et idéaliste à une position tout aussi clairement historique et empiriste, mais comme une oscillation constante entre ces deux pôles.

De fait, un des aspects les plus intéressants de l'œuvre de Pos est précisément son souci de thématiser de façon toujours nouvelle le rapport fuyant entre l'idéalité objective et abstraite de la connaissance scientifique ou a priori et la réalité vécue de

---

[10] Cf. Orth (1967), Aschenberg (1978) qui reprochent à Pos son interprétation à l'emporte-pièce de Husserl.

l'expérience subjective concrète, sans jamais subsumer ou réduire l'une à l'autre. Il n'est ainsi sans doute pas faux de voir dans l'incessante valse des diverses sources – tour à tour plus idéalistes ou plus empiristes – sur lesquelles Pos prend appui, non pas la trace d'une hésitation ou d'une gêne théorique, mais bien le résultat de sa volonté consciente et parfaitement assumée de se tourner sans relâche et dans une perspective essentiellement critique vers de nouvelles inspirations, cela afin d'approfondir – via un constant processus d'autocorrections – son interprétation d'un problème central qu'il n'a jamais considéré comme étant résolu.

La tension « dialectique » qui habite et défini l'œuvre de Pos ne se manifeste pas seulement dans les retours de balancier successifs entre des écrits plus idéalistes ou plus empiristes : elle se niche aussi au cœur même des ouvrages qui en apparence appartiennent le plus clairement à l'un ou l'autre paradigme. Ainsi, *La logique de la linguistique,* une œuvre qui se situe de façon programmatique dans la perspective du transcendantalisme rickertien, contient des éléments étrangers au néo-kantisme. Comme le fait tout à fait judicieusement remarquer Klaas Willems, quand Pos déclare que « même si l'exposition la plus abstraite possible d'un système universel de catégories qui embrasserait le champ entier du pensable réussissait, un retour par spécification à la couche des données originaires resterait inévitable d'une manière ou d'une autre », il superpose *de facto* un principe d'évidence descriptive d'origine phénoménologique au constat méthodologique typiquement néo-kantien qu'il souhaite en vérité appliquer et qu'il formule quelques lignes plus bas seulement en ces termes : « chaque science travaille avec des méthodes et des concepts fondamentaux qui sont dépendants des propriétés de leur matériau et qui ne se laissent découvrir que par une analyse critique de ce même matériau[11] ».

À l'inverse, dans « Phénoménologie et linguistique », où Pos fait le plus expressément l'éloge de Husserl et professe l'utilité

---

[11] Cf. Willems (1994), pp. 218-219 et Pos, ci-après, p. 33.

méthodologique et épistémologique des concepts de ce dernier pour la linguistique et la philosophie du langage, on découvre de clairs restes néo-kantiens qui confèrent un caractère fondamentalement paradoxal à la thèse centrale de cet article. Selon la très pertinente analyse de Willems, Pos tente en effet d'y définir le rôle de la conscience linguistique originaire et préthéorique pour la réflexion scientifique sur le langage. Dans cette optique, Pos croit découvrir avec la phénoménologie husserlienne la meilleure méthode pour expliquer la continuité fondamentale, qui selon lui, existe entre la conscience linguistique originaire et une connaissance scientifique ou réflexive du langage, ou en d'autres termes, entre l'acte de parole concret et sa forme conceptuelle dans l'analyse théorique du linguiste. Pos, ce faisant, continue toutefois de prendre appui sur un principe rickertien lequel dicte, d'une part, que l'objet d'expérience subit toujours une transformation essentielle dans la réflexion théorique et implique, d'autre part, une séparation radicale des sphères de l'expérience originaire et de la connaissance théorique réflexive. Pos aboutit à la conclusion que, dans les mots de Willems, « les activités du locuteur naïf et la réflexion du linguiste sont tout à fait opposées l'une à l'autre », alors pourtant qu'il demeure persuadé que « l'éclaircissement méthodique de l'expérience vécue de la conscience préscientifique sera toujours le point de départ de la science du langage[12] ».

On ne fera pas tort à Pos en disant que de tels paradoxes sont symptomatiques de sa pensée à toutes les étapes de son développement et qu'il n'est jamais véritablement parvenu à les résoudre. Loin de constituer une faiblesse cependant, ces paradoxes reflètent en fait parfaitement la volonté de Pos de confronter sans compromis ou dichotomies méthodologiques simplificatrices la très difficile question de la relation entre les structures transcendantales ou conceptuelles de la connaissance idéale et l'expérience concrète. Malgré certaines apories ou contradictions évidemment critiquables, il est aussi indéniable

---

[12] Willems, op. cit., p. 227.

que Pos a su contribuer positivement à ces questions. Par le simple fait d'insister sur l'existence et le rôle fondamental d'une conscience linguistique originaire et préthéorique, il a ainsi introduit un thème très important dans les débats linguistiques et philosophiques sur le langage[13]. Cette insistance a aussi conduit Pos à aborder des problèmes tels que l'expression de la pensée par le langage, la constitution du sens et de la signification, l'origine du langage ou encore l'arbitraire du signe dans une perspective originale qui cherche à tenir compte autant des moments objectifs et réflexivement idéalisables des phénomènes que de leur ancrage originaire dans un vécu subjectif concret.

Il nous faut constater que, la plupart du temps, Pos se replie sur une solution dualiste pour rendre compte de cette double dimension idéale et vécue des phénomènes. Dans « La signification comme phénomène linguistique et philosophique » typiquement, il invoque la nécessité d'étudier le langage dans deux perspectives distinctes : l'une objective ou « scientifique », qui est fixée sur les phénomènes observables et idéalisables de l'extérieur, l'autre subjective ou « phénoménologique », qui fournit une description introspective du vécu de ces mêmes phénomènes[14]. On retrouve cette dualité méthodologique dans les rôles complémentaires que Pos attribue à la phonologie et à la phonétique[15], dans ses analyses « structurelles » et « génétiques » du langage[16], ou encore dans son étrange façon d'opposer grammaire et syntaxe[17]. Dans tous ces cas, les perspectives objectives et subjectives sont selon Pos toutes deux indispensables et seule leur combinaison peut produire un savoir véritablement adéquat. Le problème récurrent qui mine cette position radicalement dualiste est bien sûr que la détermination des propriétés d'un même phénomène

---

[13] Cf. Willems, p. 222.
[14] Cf. ci-après, pp. 239 sqq.
[15] Cf. ci-après, « Phonologie et sémantique ».
[16] Cf. ci-après, « Problèmes de l'origine ».
[17] Cf. Daalder, « Filologie, grammatica, syntaxis bij H.J. Pos», in: Daalder (1990), pp. 101-122.

dans l'une et l'autre perspective est parfois clairement contradictoire. Pour ne prendre qu'un seul exemple : comment peut-on réconcilier le fait que pour un observateur externe et objectif le signe possède une valeur clairement arbitraire avec le sentiment phénoménologiquement justifié d'un locuteur naïf qui pense qu'il existe entre les mots et les choses un lien naturel et essentiel ?

La réaction la plus fréquente de Pos à de tels paradoxes est d'invoquer la nature historique, culturelle et intersubjective de la conscience : les différences qui se font jour entre connaissance scientifique et expérience vécue sont selon lui liées essentiellement au fait que la conscience subjective ne se déploie que progressivement : elle se déploie en direction du savoir objectif au gré d'un processus historique et au sein d'un horizon socioculturel concret qui limitent provisoirement sa puissance. Dans les mots de Pos, « [la subjectivité] constitue en un sens l'accès à toute connaissance, mais l'ombre de sa propre limitation l'accompagne partout[18] ». La double nature (à la fois essentielle et arbitraire) du signe s'explique ainsi d'abord par la limitation initiale de l'horizon concret de la subjectivité individuelle (qui conduit droit à une absolutisation naïve et objectivement intenable de la relation entre mot et objet), puis par l'extension progressif de cet horizon lorsque la conscience subjective, se saisissant elle-même avec un degré d'objectivité et de distance réflexive croissant, remarque la relativité contingente de ses propres rapports à la réalité et, par la même occasion, la part arbitraire des liens entre mots et choses qu'elle contribue à instituer[19].

Une toute autre réponse à la dualité paradoxale du vécu subjectif et de la connaissance objective se dessine dans l'œuvre de Pos à l'occasion de sa rencontre avec la linguistique structurale et la phonologie du Cercle linguistique de Prague. Dans « Quelques perspectives philosophiques de la phonologie » ou « Perspectives du structuralisme », en effet, Pos

---

[18] Pos (1957), p. 29 [ma traduction].
[19] Cf. ci-après, « La conscience linguistique préthéorique ».

constate que, tel que le défini la phonologie pragoise, le phonème fournit un exemple d'une chose concrète ou donnée concrètement dans laquelle la dimension de l'idéalité objective (ou, pour être plus précis, de la généralité et de la signification) et celle du vécu se rejoignent quasiment sans distance : « Le phonème est un son, élu parmi d'autres pour être un sens. Ce sens ne se circonscrit pas comme il est le cas avec les mots et les phrases : il se sent. La liaison entre l'élément sonore et le fonctionnel est tellement intime ici qu'on arrive à peine à séparer l'un de l'autre dans la pensée[20] ». Le phonème, en d'autres termes, se manifeste comme la réalisation concrète et particulière, vécue subjectivement et originairement par l'auditeur, d'une signification idéale, générale et objective. Au lieu de la dualité habituelle entre moments objectifs et subjectifs, entre objet de connaissance et objet d'expérience, Pos tend donc ici vers une conception qui attribue une certaine intelligibilité ou généralité au concret lui-même et qui implique également une certaine imbrication de l'expérience concrète et originaire des phénomènes avec leur idéalisation objective et réflexive.

À vrai dire, Pos n'a pas beaucoup exploré le potentiel et les implications de l'idée d'un sens intelligible du concret révélée par le phonème. Il faut bien admettre que sa pensée reste généralement bien plus marquée par une tension dualiste entre la connaissance idéale et l'expérience concrète, entre la théorie et le vécu ou encore entre le général abstrait et le particulier concret que par une volonté de synthétiser ces pôles dichotomiques. Dans son commentaire par ailleurs très positif de « Phénoménologie et linguistique », Merleau-Ponty adresse ainsi à Pos le reproche de ne pas faire plus que « juxtaposer » les pôles de l'expérience originaire et de la réflexion théorique, sans véritablement explorer et thématiser leurs interrelations[21]. Il n'en reste pas moins qu'on peut retrouver dans « Phonologie et sémantique » ou encore « La signification comme phénomène

---

[20] Cf. ci-après, p. 117.
[21] Merleau-Ponty (1960), pp. 106 sq.

linguistique et philosophique » de très nettes suggestions quant à de telles interrelations. Dans « La problématique de la philosophie du langage », Pos lui-même souligne en réaction critique à sa propre position transcendantale dans *La logique de la linguistique* qu'une trop grande ou trop nette opposition entre les moments abstraits et réels des phénomènes « ne correspond pas à ce que constate réellement la conscience linguistique, et la distance entre théorie et réalité mène dans cette forme à une aliénation totale entre les deux[22] ».

Quoiqu'il en soit, il importe de souligner que ce sont justement les tentatives faites par Pos sinon pour réconcilier, du moins pour juguler l'objectivité idéale de la connaissance et la subjectivité concrète de l'expérience vécue qui résonnent de la façon la plus intéressante avec les recherches conduites à la même époque par la psychologie de la Gestalt, Cassirer, Bühler ou le phénoménologue russe Gustav Špet. Ce sont elles aussi qui ont le plus attiré l'attention de figures telles que Merleau-Ponty, Eugenio Coseriu ou, plus récemment, Jean-Claude Coquet[23]. Merleau-Ponty semble particulièrement proche de Pos, que ce soit d'ailleurs par le choix de ses thèmes, par la nature dialectique de sa méthode argumentative ou par son positionnement idéologique très nuancé.

En relation à ces dernières remarques et en conclusion de cette introduction encore très schématique et superficielle des thèmes principaux de l'œuvre de Pos, se pose finalement la question de son actualité. Ce qui en a été dit jusqu'ici, me semble-t-il, souligne son intérêt indiscutable dans au moins trois directions complémentaires.

Premièrement, Pos se profile comme un acteur historique très important de l'épistémologie de la linguistique. En effet, il fut l'un des premiers à proposer une réflexion proprement philosophique sur la linguistique et ses méthodes. Le peu d'impact de ses idées a certes réduit Pos à un rôle secondaire,

---

[22] Cf. ci-après, p. 65.
[23] Cf. Merleau-Ponty (1960), pp. 106 sq., 131 sq., Coseriu (1958) et (1962), Coquet (2007), pp. 18-22.

mais le fait qu'il ait été négligé jusqu'ici ne semble vraiment s'expliquer que par l'accès difficile de beaucoup de ses textes (publiés uniquement en néerlandais) et l'attention fort limitée accordée au champ interdisciplinaire que constitue la philosophie de la linguistique[24]. Les liens critiques que Pos a entretenus autant avec la linguistique structurale qu'avec le contexte philosophique et psychologique qui a présidé à la naissance de cette dernière font de son œuvre un instantané précieux des débats épistémologiques et méthodologiques dans les sciences du langage à une époque charnière de leur histoire. En ce sens, l'œuvre de Pos offre notamment une perspective très intéressante sur les affinités entre néo-kantisme (rickertien ou cassirerien) et la linguistique structurale. Il semble de plus, que l'intérêt et l'originalité de certains des arguments et des idées mis en avant par Pos requièrent encore une évaluation comparative sérieuse, notamment par rapport à Saussure, Chomsky ou la linguistique cognitiviste[25]. Sa réflexion sur le statut de l'a priori transcendantal ou sur le sens inhérent du vécu semble offrir des perspectives tout à fait intéressantes relativement à la problématique des rapports entre perception et concept qui, selon Lia Formigari notamment n'a été ni résolue, ni même jamais vraiment débattue par les linguistiques générativiste et cognitiviste[26].

Deuxièmement, Pos revêt une importance évidente pour toute étude de la généalogie du structuralisme, entendu autant au sens d'une théorie proprement linguistique que dans sa dimension de paradigme philosophique plus général. La réception très positive par Jakobson et Merleau-Ponty des réflexions de Pos sur le phonème, l'opposition ou la conscience linguistique originaire laisse entrevoir des synergies entre phénoménologie et structuralisme dont l'existence a certes été

---

[24] Šor (1927), p. 65, note aussi que le compte-rendu très défavorable que fit Meillet de *La logique de la linguistique* dans le Bulletin de la Société de Linguistique de Paris (1922) a contribué au fâcheux discrédit de cette œuvre et de son auteur auprès des linguistes.
[25] Cf. Daalder (1990) et Salverda (1991).
[26] Cf. Formigari (2006).

soupçonnée depuis longtemps, mais dont toute la portée ou les enjeux n'ont pas encore été pleinement mesurés[27]. Cette impression se renforce lorsque l'on considère qu'il existe également des similarités frappantes entre Pos et Špet, que ce soit dans leur rejet d'accorder une source purement idéale et subjective à la connaissance, ou dans leurs définitions essentiellement « collectivistes » de la conscience. Il paraît tout au moins indubitable qu'aucune réévaluation de l'évolution du paradigme structuraliste au cours des années vingt et trente du siècle passé ne saurait être véritablement complète sans rendre un bien meilleur compte des idées, de l'activité et du rôle médiateur de Pos.

Troisièmement, de par son attitude aussi favorable que critique envers les idées marxistes, l'œuvre de Pos constitue une des rares plateformes où ces dernières ont pu être confrontées à des points de vue idéalistes et phénoménologiques d'une façon relativement libre des luttes idéologiques de l'après-guerre. Ici encore s'offre une possibilité de voir à l'œuvre et d'ausculter dans un contexte historique concret la rencontre et les interactions de discours théoriques qui ont souvent été antagonistes. La teinte marxiste de la pensée de Pos est aussi rendue particulièrement intéressante par le rôle d'intermédiaire qu'il a joué pour des théories (on pense ici tout particulièrement à la phonologie pragoise) qui se sont développées avant tout en Russie et en Europe Centrale et dont autant l'évolution dans leur pays d'origine que leur réception ultérieure en Occident ont été fortement marquées par leurs confrontations avec le marxisme.

---

[27] Dans ses analyses bien connues de l'influence de la phénoménologie sur Jakobson, Elmar Holenstein (1975, 1976) ne mentionne Pos que brièvement et se concentre de manière trop exclusive sur Husserl, cf. Flack (2011). Sur cette question, voir aussi Puech (1985), pp. 28-29.

La logique de la linguistique (introduction)

Un des acquis les plus solides de la philosophie moderne est sans doute sa prise de conscience du fait que la logique ne constitue pas seulement une science formelle mais que, en lien étroit avec la théorie de la connaissance, elle doit s'orienter selon le matériau qui lui est fourni par les sciences particulières. Cette idée a été exposée de manière spécialement féconde dans les écrits des logiciens modernes, Sigwart et Wundt notamment. Christoph Sigwart postule ainsi dans sa *Logique* (I, 1911, p. 15), après avoir tout d'abord déclaré que la logique est une science formelle : « Nous ne voulons pas dire que la logique est formelle en ce sens que celle-ci doive tenter vainement de saisir la pensée comme une simple activité formelle qui pourrait être considérée indépendamment de tout contenu ou demeurer indifférente à toute différence de contenu ». Ce point de vue s'est imposé chez Sigwart surtout dans le deuxième volume de son ouvrage: le premier rappelle encore beaucoup la logique formelle (aristotélicienne). Wilhelm Wundt a lui rédigé en 1893 une *Logique* en trois volumes – le premier consacré à la logique générale, le second à la logique des sciences exactes et le troisième aux sciences humaines (voir Vol.1 Introduction §4 [Introduction de l'objet]) – où une méthodologie spécifique des principaux domaines scientifiques vient s'ajouter à la théorie générale de la méthode. La logique des sciences particulières s'est ainsi avérée être une théorie des buts, des méthodes et des concepts fondamentaux de ces dernières. Le double gain offert par cette approche est de permettre désormais à l'analyse conceptuelle d'éclairer autant la structure

---

1922 –Thèse de Doctorat.
Zur Logik der Sprachwissenschaft, Heidelberg, Winter.

objective de l'objet des sciences en question que les conditions subjectives nécessaires à la connaissance de cet objet. Puisqu'il est dès lors naturel de penser que la valeur de telles analyses dérive de leur réponse à la fameuse question « Comment une science particulière est-elle possible ? », un examen plus détaillé de la méthode transcendantale semble ici de mise. Partant du fait de la connaissance scientifique, qu'il n'a d'ailleurs jamais cherché à mettre en doute, Kant s'est demandé comment celle-ci était possible. La manière même de poser la question révèle que la solution ne saurait être recherchée dans les deux parties qui contribuent à la constitution de la connaissance, le sujet et l'objet, mais bien dans un quelque chose qui les unit tous deux et qui rend possible leur relation mutuelle. Cette fonction est remplie par l'appareil catégorial. Certes, il a pu paraître un temps que Kant lui-même ne visait par là que quelque chose de subjectif et toute une série de penseurs éminents a ainsi cru discerner la forme la plus pure du kantisme dans ce subjectivisme. On peut cependant, sans tomber dans le dogmatisme, donner une tournure plus objective à la pensée critique, celle-ci se révélant alors comme étant la plus féconde et la plus adaptée pour les sciences particulières également. Il ne suffit pas de supposer que notre pensée apporte à la réalité – ou plutôt à ses objets – des formes qui seraient tout à fait étrangères à l'objet « en soi ». Dans ce cas, la question de savoir pourquoi la réalité tolère d'être modelée par des formes apparemment étrangères à son essence ou pourquoi elle se laisse pour ainsi dire manipuler resterait sans réponse. De plus, on ne pourrait alors éviter, d'une manière ou d'une autre, d'attribuer un fondement de validité objective à ces formes. Il est par ailleurs bien connu que Kant lui-même – bien qu'il ait apparemment cherché à embrasser la totalité des domaines du savoir avec sa fameuse question « Comment la science est-elle possible ? » – n'a utilisé principalement pour son modèle transcendantal que les sciences naturelles mathématisées, puis la psychologie et la métaphysique. Ce type de réductionnisme fut en son temps particulièrement utile pour les tentatives de généralisation de la méthode des sciences naturelles et leurs conséquences regrettables, maintenant fort heureusement dépassées. Beaucoup de choses ont toutefois changé depuis l'apogée de la philosophie des sciences naturelles. Ayant atteint un stade suffisamment avancé pour questionner ses propres fondements et méthodes, la psychologie s'est débarrassée du joug étranger des sciences naturelles. Le travail que des hommes tels que Dilthey, Windelband, Troeltsch, Rickert et d'autres ont effectué sur le terrain des sciences de l'homme, de la religion et de la culture a été plus pertinent encore à l'émancipation de la recherche hors des sciences naturelles. Il devrait être aujourd'hui indubitable que dans les sciences dites de la culture – aux rangs desquelles nous classons aussi la linguistique, ce qu'il nous faudra encore justifier – nous avons affaire à d'autres concepts fondamentaux et à d'autres méthodes. De même, il est clair que lorsque le matériau des sciences de la culture est saisi uniquement dans des catégories physicalistes, il est réduit à un chaos insensé (cf. H. Maier, *Psychologie de la pensée émotionnelle*, 1908, p. 45 : « Il ne s'est jusqu'à ce jour pas démenti que la logique a initialement porté son attention de façon quasi exclusive sur la pensée des mathématiques et des sciences naturelles »). Il n'est plus possible d'ignorer la tendance toujours plus forte qu'ont ces deux grands domaines du savoir à se scinder. Pour cette raison, on ne peut non plus complètement éviter la question de l'unité des sciences, puisque désormais même la logique et la méthodologie se désagrègent en domaines particuliers. Ces dernières donnaient certes l'impression de préserver au moins une certaine unité formelle là où la réflexion critique avait par nécessité déchiré celle de la conscience originaire, mais cette unité n'était en fait que le symptôme d'une absence de réflexion. Il est en tout les cas évident qu'on ne saurait trouver une telle unité dans le matériau des sciences. La différenciation des sciences particulières est en effet fondée logiquement sur le fait que, dans la totalité du donné, il existe des sphères qui s'isolent et se regroupent autour de points centraux fixes dès que la réflexion théorique se concentre sur elles. Bien que la question d'une logique et d'une méthodologie universelles dépasse en fait le cadre du présent ouvrage, il est néanmoins possible d'en esquisser ici une solution. À défaut, on pourrait à raison nous soupçonner de vouloir renoncer à l'unité totale de la science au profit d'une de ses parties. S'il en était réellement ainsi, toute solution que nous pourrions obtenir pour un domaine partiel serait elle aussi fausse. Ce qui est certain, c'est que l'ancienne logique formelle, notamment la théorie des syllogismes et des lois supérieures de la pensée, fournit l'exemple d'un modèle d'une validité universelle. Ce type de validité universelle est toutefois acheté au prix d'une absence de contenu et de là découlent les limitations et la stérilité de l'ancienne logique formelle. Parce que cette logique se laisse justement appliquer à n'importe quel matériau, elle peut être indépendante de tout matériau, autrement dit être sans contenu. Le matériau ne se laisse saisir en effet que par différenciation. Son caractère de détermination est d'un type tout particulier. La possibilité que l'on puisse peut-être dans le futur tirer quelque chose d'un traitement comparatif des logiques des différents domaines du savoir doit être ici mise en parenthèse. Une telle entreprise vaudrait certainement la peine d'être tentée. Mais plutôt que d'être en mesure de produire une logique générale, elle la présuppose en fait. Selon toute vraisemblance, pareilles tentatives ne pourraient de toute façon pas remplacer ou rendre superflues les fondations logiques des sciences individuelles. Même si l'exposition la plus abstraite possible d'un système universel de catégories embrassant le champ entier du pensable devait réussir, un retour par spécification à la couche des données originaires resterait inévitable d'une manière ou d'une autre. Il est par ailleurs évident que la différenciation est nécessaire à la méthodologie et à la logique depuis qu'il a été établi, d'une part, que la logique formelle est une discipline relativement stérile pour les divers domaines scientifiques concrets, et d'autre part, que chaque science travaille avec des méthodes et des concepts fondamentaux qui dépendent des propriétés de leur matériau et qui ne se laissent découvrir que par une analyse critique de ce même matériau. En effet, c'est un fait historico-psychologique immuable que chaque science approche son matériau de façon naïve dans les stades initiaux de son travail et que ce n'est que plus tard que son travail critique fondamental commence ou peut commencer. Natorp écrit de façon révélatrice dans la préface de sa *Psychologie*, Vol.1, 1912 : « J'ai nommé cela des « questions liminaires » [Vorfragen]. Quelqu'un m'a objecté qu'il s'agissait plutôt de questions subséquentes [Nachfragen] ». Il faut insister avec force sur ce dernier point. La puissance de transformation du matériau est un fait dont l'oubli peut expliquer pour bonne part l'incompréhension qui règne entre science et philosophie des sciences. La philosophie peut tout aussi peu vouloir s'abstraire complètement du matériau des sciences particulières (car même les « formes » les plus abstraites de la connaissance sont les formes d'un certain matériau), que l'on ne peut exiger d'elle qu'elle se dissolve dans les sciences particulières ou qu'elle leur fasse entièrement place. On obtiendrait dans ce cas rien d'autre qu'un retour à un réalisme naïf qui postulerait que les choses sont telles que nous les voyons immédiatement ou qui, bien plutôt, ne constituerait pas un point de vue philosophique du tout mais simplement l'opinion irréfléchie d'un homme ne s'interrogeant pas sur le monde. Cela dit, le type d'intellectualisme écervelé qui, par l'entremise d'une exagération simpliste et d'une vision trop littérale, érige en slogan une Raison prescrivant ses propres lois à la nature est tout aussi indéfendable et peu scientifique. L'idée que la forme n'est donnée au matériau informe de la connaissance que par nous s'oppose de manière irréconciliable avec la détermination constante du matériau « informé » qui, dans la connaissance, est toujours déjà saisi dans une forme. Si le matériau « en soi » est informe et que toute donation de forme provient de nous, d'où proviendrait alors cette détermination ? Elle n'est possible que grâce à une interaction ou un ajustement – qu'il nous est impossible de fonder mais qui peut néanmoins être postulé avec certitude –, entre forme et contenu. Quelle est dès lors, demandons-nous, la place d'une logique des sciences ? Quel est son objet et quelles sont ses tâches ? Il semble que cette discipline, pour autant qu'elle ait un sens, se donne d'autres objectifs que ceux de la science qu'elle cherche à servir. Peut-être peut-on parler d'une différence dans l'orientation de la recherche, car le matériau reste le même. Si, comme on l'a mentionné, chaque science est en premier lieu orientée vers la saisie ou le traitement conceptuel d'un matériau, le concept même de « traitement » présuppose qu'on doive utiliser des concepts qui eux-mêmes ne sont pas le matériau qu'ils traitent. Sans la distinction entre le matériau et le mode de sa saisie, aucune science n'est possible. Kant et la philosophie critique qui se rattache à lui, en particulier les travaux récents de H. Rickert[1], démontrent tout à fait clairement à quel point le traitement modifie le matériau. Nous voulons quant à nous éprouver à l'exemple du matériau linguistique la validité générale de l'idée qui postule que le matériau subit une « transformation » dans la saisie théorique qui le constitue comme objet théorique. Si cela devait réussir, on démontrerait de façon nouvelle la fécondité pour les sciences particulières de délibérations épistémologiques d'ordre général. Ainsi donc, les concepts qui servent le matériau sans pour autant se retrouver eux-mêmes au niveau du matériau originaire peuvent à leur tour être soumis à une étude. Leur propriété particulière est qu'ils ne sont là que pour le matériau, ils le désignent sans eux-mêmes appartenir au matériau mais en étant malgré tout nécessaire à sa saisie. Ces abstractions se révéleront être de véritables concept de « forme », ce qui n'implique toutefois pas qu'ils soient indéterminés ou vides, car même la « forme » ne peut être comprise que comme quelque chose qui a un contenu – et cela quand bien même les faits nous obligent aussi à établir une gradation hiérarchique entre ce qui a plus ou moins de contenu. Il est en tout cas clair que les sciences particulières n'ont jamais reçu beaucoup d'assis-

---

[1] Cf. p.ex. *Gegenstand der Erkenntnis*, 4ème et 5ème éditions, pp. 110 et sqq.

tance de la part d'une logique ou d'une méthodologie universelle. Tout ce qui a pu se détacher, consciemment ou non, de certains champs spécifiques du savoir avec la prétention de four-nir une vraie méthodologie ou une logique universellement valide ne saurait en fait véritablement porter ce nom. Les disciplines usurpées ont d'ailleurs toujours pris leur revanche sur l'intrus en l'ignorant et en poursuivant leur chemin.

Au vu des considérations qui précèdent, l'idée d'une logique des sciences particulières nous semble dans un premier temps justifiée. L'intention du présent ouvrage sera dès lors de contribuer à une telle logique pour la linguistique, tout en étant conscient que cela ne peut se faire productivement que sur la base des recherches déjà existantes. Les travaux de Steinthal, von der Gabelentz, Wundt, Sigwart, Maier, Paul, Dittrich et autres offrent de nombreux éléments de valeur à cette fin. Je dois par ailleurs à Rickert – bien qu'il ne se soit jamais consacré aux problèmes spécifiques posés par la linguistique générale – une grande inspiration en ce qui concerne la théorie de la connaissance. Que ce soit dans les sciences non-exactes en général ou dans la linguistique en particulier, il ne demeure toutefois aujourd'hui plus que de timides restes de la constante relation que les sciences naturelles avaient entretenue depuis Kant avec la philosophie critique. La linguistique moderne semble ne vouloir affirmer son droit d'être une science particulière qu'en se limitant à l'excès au donné empirique immédiat, de sorte que la possibilité d'un approfondissement dans le sens de ses concepts fondamentaux et de ses conditions générales menace de se refermer (cf. Paul, Principes. p. 3). Le présent travail pourra ainsi parfois donner l'impression de se frayer un chemin dans une jungle tropicale qui a certes été éclaircie ici et là, mais où il nous faut continuellement avoir le matériau à la main afin de surmonter des obstacles nouveaux surgissant sans cesse. Avec l'aide des travaux susmentionnés, notre ambition sera de relier notre science aux résultats de la logique et de la théorie de la connaissance modernes. Il n'est pas certain a priori que cela soit possible sans faire violence au matériau. Mais même si le résultat devait s'avérer assez négatif, on gagnerait quelque chose quant à la relation encore peu claire entre la théorie de la connaissance et les sciences particulières. Une chose est d'ores et déjà certaine : la validité de la recherche empirique ne saurait d'aucune manière être remise en cause ou remplacée par nos études. Au contraire, notre but sera seulement d'apporter un éclaircissement conceptuel à la recherche empirique, une réflexion sur ses fondements et ses objectifs. Lorsque la logique interroge les fondements possibles de la connaissance factuelle, cette question n'est elle-même *de facto* possible que là où une connaissance existe déjà. De la sorte, la logique ne peut pas être utile à une science particulière en ce sens qu'elle lui permet de découvrir des données nouvelles et utiles qui sans son aide ne seraient pas accessibles. Pour son propre intérêt, la logique doit laisser la quête des faits à la recherche empirique, car elle ne peut pas subsister en tant que logique sans celle-ci. « Tout fait est déjà théorie », voilà le slogan de la réflexion critique. Pour que cela se vérifie, il faut toutefois d'abord qu'il y ait des faits, et c'est la connaissance empirique qui s'occupe de cela. On peut même déclarer que l'étude critique est dépendante de cette dernière. Il ne s'agit cependant là que d'une dépendance du πρότερον πρὸς ἡμᾶς, autrement dit une dépendance qui attend d'être complétée par une certaine objectivité. Tout cela étant dit, on est en droit d'espérer que l'étude susmentionnée contribuera à résoudre, ou du moins à définir, les questions fondamentales de la science empirique. Les questions dernières ne sauraient en effet jamais être résolues empiriquement (sinon elles ne seraient pas « dernières »), elles se fondent au contraire sur le positionnement de notre pensée face à l'objet. La saisie de cette relation est du ressort de la réflexion logique, laquelle doit s'orienter simultanément selon les possibilités et les limites du rapport forme-matière instauré par la connaissance pénétrant logiquement son matériau. Nous verrons comment les questions de la possibilité de la connaissance en général, de la saisie catégoriale des contenus et enfin de la séparation des moments subjectifs et objectifs dans la connaissance (dont dépend également la distinction bien connue entre catégories constitutives et réflexives), lorsqu'elles sont appliquées à la linguistique, placent toutes de façon similaire la problématique en question dans un éclairage autre que celui auquel on s'est habitué dans les sciences naturelles. Rien ne peut être créé sans recours à une méthode critique et à un matériau linguistique, que ce soit objectivement pour fonder des hypothèses, ou subjectivement pour traiter un matériau. Nous ne voulons faire ici ni de la logique, ni de la linguistique, mais simplement explorer les points de contact entre les deux. Comme, pour des raisons explicables, une telle entreprise n'a été que trop rarement tentée jusqu'à présent, certaines erreurs dans sa réalisation ne pourront être évitées. On ferait tort au présent travail si on le tenait pour plus qu'une pure ébauche, laquelle remplit déjà sa fonction par la pure évocation d'une possibilité. Nous n'avons pu présenter notre sujet de façon partout aussi approfondie et exhaustive que possible compte tenu de la nature de notre objet d'étude. Il est étonnant de constater combien peu l'accumulation incroyable de matériau a été accompagnée en linguistique par un traitement conceptuel. On peut trouver une certaine consolation dans le fait que la situation n'est pas bien meilleure dans d'autres domaines des sciences humaines. Les sciences psychologiques semblent particulièrement touchées par ce retard. Dans son petit livre *La crise de la psychologie expérimentale*, Kostyleff a ainsi montré de quel lourd poids l'accumulation d'un matériau totalement non-systématique et inutile à toute entreprise de synthèse pèse sur la psychologie expérimentale. Delbrück, quant à lui, constate dans son introduction à sa syntaxe comparée des langues indo-européennes (p. 38) que « encore maintenant, l'intérêt du linguiste se limite à ces parties là de la grammaire » (c'est-à-dire l'étude des voyelles et des formes). La même chose a été soulignée avec force par Paul Natorp en relation à la psychologie générale (*Psychologie générale*, p. 191).

Puisque dans les chapitres suivants le traitement de notre sujet sera essentiellement d'une teneur systématique et que nous ne pourrons mener de discussions sur les théories et les représentants historiques ou contemporains de notre science que là où cela ne gène pas la cohérence de notre exposé, il paraît opportun de présenter ici un bref aperçu de l'évolution de la linguistique, même si par ailleurs seul les éléments les plus importants à notre propos pourront être esquissés. Si nous passons outre l'évolution de la grammaire indienne – qui n'a presque pas eu d'influence en Europe et constitue donc un domaine clos sur lui-même – et que nous nous tournons vers la linguistique gréco-romaine (cf. Heymann Steinthal, *Histoire de la linguistique chez les Grecs et les Romains,* Berlin, 1890, 2ème Ed., 2 Vol), nous pouvons constater comment une intuition profonde pour les problèmes fondamentaux de ce domaine scientifique s'est déjà faite jour chez son instigateur, Platon, malgré le manque de données empiriques à sa disposition. Dans le *Cratyle,* les problèmes de la relation du langage et de la pensée ainsi que le comment et le pourquoi de la dénomination sont traités de façon dialectique et une solution y est envisagée : c'est ainsi plus qu'un hasard si l'opposition entre φύσει et θέσει qui est apparue alors, est aujourd'hui encore et en ces mêmes termes considérée comme un problème. Cela dit, l'imperfection de toute la linguistique de l'Antiquité se manifeste aussi déjà chez Platon : le mot individuel est pris comme point de départ naïf et rationaliste, le processus psychique est conçu de manière strictement parallèle avec celui du langage ou ne s'en distingue pas. La complète absence de compréhension pour la méthode psychologico-génétique et comparative représente une lacune supplémentaire. Il est notoire que cette absence a été conditionnée par l'influence dommageable du sentiment national sur de telles questions chez un peuple comme les Grecs. Or c'est précisément dans l'application de cette méthode psychologico-génétique et comparative en sus de l'expérimentation qu'il faut chercher la raison des progrès substantiels auxquels la linguistique moderne doit son incroyable développement vis-à-vis de celle de l'Antiquité. Quand on parle de méthode génétique, on pense d'abord à la découverte de la spécificité du psychique ainsi qu'à la distinction qui s'y rapporte entre explication logico-constructive et psychologique. C'est le mérite spécifique de Wundt que d'avoir sans cesse renvoyé à cette importante distinction (cf. en particulier *Psychologie des Peuples* I, 1 et I, 2 : *Le langage*, 1911, 3ème éd., I pp. 18, 27, 31, 64, 92, 586 ; I, 224, où il combat l'intellectualisme en psychologie et la rationalisation de la psychologie vulgaire). Nous aurons toutefois plusieurs occasions de montrer que la distinction entre psychologie rationalisante et critique ne résout pas encore le problème. Car bien que la psychologie rationaliste soit critiquable en tant que telle, il s'y cache néanmoins un noyau méthodologique auquel on ne peut échapper si la psychologie tient à rester possible en tant que science[2]. Puisque les processus linguistiques continuent de se manifester individuellement ou collectivement dans le temps, l'élément temporel reste lui aussi indispensable à l'explication, ce qui a d'ailleurs conduit même d'éminents philosophes du langage à supposer que la linguistique toute entière n'est qu'une science historique (Cf. en particulier Paul : *Principes de linguistique historique*, 1920, 5ème édition. Le titre de l'œuvre n'est pas le seul à suggérer cette interprétation puisque, à la page 20, Paul rejette toutes les approches autre qu'historique : « On a objecté qu'il existe une autre approche que l'historique. Je dois m'opposer à cette opinion. Ce que l'on tient pour une approche non-historique mais néanmoins scientifique du langage n'est en définitive rien d'autre qu'une perspective historique incomplète – en partie par la faute de l'observateur, en partie par la faute du matériau observé. » Dans sa défense contre une attaque de Dittrich à la p. 20, Paul parle même de sa « thèse » : « Il n'y a pas de différence entre science du langage et histoire du langage ». Le présent ouvrage se place sur cette question du côté du contradicteur de Paul. L'affirmation de Dittrich (cité

---

[2] Cf. Maier, *Psychologie de la pensée émotionnelle*, p. 115.

par Paul, p. 21) prétendant que le livre de Paul constitue en fait un argument contre sa propre thèse, nous rappelle la page 30 de *Psychologie de la pensée émotionnelle* de H. Maier, où ce dernier dit de la linguistique psychologisante de Wundt qu'elle a « le même caractère » que celle de Paul, bien que Paul dans sa préface à la quatrième édition de son œuvre déclare en fait explicitement qu'il rejette les éléments essentiels de l'ouvrage de Wundt. La dispute semble concerner en particulier le concept wundtien d'âme du peuple (Volksseele) ; quant à la réduction du langage à une approche historique, ils sont tous deux d'accord). Dans ce contexte, on peut encore une fois souligner que la linguistique antique, autant que nous le sachions, n'avait pas d'idée de la dimension génético-psychologique du langage. Là où elle ressentait un besoin étymologique de s'appuyer sur des formes (hypothétiques) plus anciennes, elle le faisait sans méthode ni critique et l'apparente évidence de l'interprétation valait pour elle comme raison suffisante de la vérité historique d'une forme. Mais on ne peut enlever à l'Antiquité le mérite d'avoir posé le problème du langage (et ce problème est le commencement logique de la linguistique autant que sa fin). Il est de plus extrêmement gratifiant de retrouver un embryon de l'analyse moderne dans des écrits aussi primitifs que ceux de Denys le Grammairien. Car si notre thèse d'une détermination formelle du matériau est correcte, l'Antiquité doit être parvenue aux mêmes concepts fondamentaux et aux mêmes observations que nous dans son traitement des questions linguistiques. Les limites et les possibilités au sein desquelles les conceptions fondamentales d'un objet saisi théoriquement peuvent se mouvoir en conséquence de la structure de ce dernier sont toujours relativement limitées. Ce n'est que de cette manière qu'il est possible de penser l'Histoire comme la trajectoire de la science dans le sens d'un approfondissement méthodique. Le procédé de la méthode comparative, dont on ne retrouve presqu'aucune trace chez les Anciens, a commencé à être fécond seulement avec Bopp et a été scientifiquement fondé plus tôt que la méthode psychologique. Cela s'explique par le fait que l'on était dès le début habitué à placer au centre de l'attention l'aspect du langage qui est le plus accessible à l'objectivation, c'est-à-dire son aspect sonore, alors que tout ce qui était inobservable, fluide, difficilement saisissable et lié purement au psychique ou à la logique était écarté comme n'étant pas directement utile à la linguistique. Il s'agit là d'une exclusion explicable, par laquelle chaque science commence et doit peut-être commencer, mais qui à la longue devrait être dépassée. Le mot, en tant qu'unité donnée sensible et facilement saisissable, a ainsi fourni le point de départ de toute interprétation linguistique. L'idée qu'une phrase est la combinaison d'un certain nombre de mots s'est présentée ensuite tout naturellement. Le mot, en tant que représentant principal de tout matériau linguistique (bien que ce dernier, comme nous aurons encore à le montrer, ne s'épuise pas dans le mot) offrait de par son apparence limpide de nombreuses opportunités de comparaison avec les phénomènes similaires d'autres langues et c'est ainsi qu'a débuté la méthode comparative. Le langage n'est toutefois pas simplement un arsenal de sons et de mots qui peuvent être soumis à certaines lois et classifications. Un tel usage du langage ne correspond qu'à celui qu'en fait une méthode qui n'est pas fidèle à l'essence de celui-ci. La méthode comparative n'en est d'ailleurs pas restée à cette tâche, mais a progressé vers la comparaison d'entités supérieures, ce qui s'est avéré très utile pour saisir l'essence du langage, en particulier dans les cas où il s'agissait de rassembler des exemples de types de langues fort différentes[3].

Il convient pour finir de mentionner les choses suivantes en rapport à la genèse et à la méthode du présent ouvrage. Il prend sa source dans un intérêt simultané pour des questions linguistiques et épistémologiques. La critique aura donc une double cible. Cela n'est en soi pas un mal et devrait être même plus qu'utile au thème unique dont il est question ici. Nous avons cité aussi peu de littérature secondaire que possible et

---

[3] Cf. von der Gabelentz, *La linguistique*, 2. éd., p. 50.

certainement moins que n'en a été nécessaire à notre préparation. Une raison à cela est que les principaux ouvrages de linguistique sont relativement « riches en matériau » et sont guidés par l'ambition de ne quitter à aucun prix le sol fixe du donné empirique, ce qui se manifeste clairement dans leur accumulation d'exemples pour chaque affirmation « générale ». L'étude des fondements logiques d'une science, en présuppose des détails et des généralités qu'elle n'est toutefois pas obligée de répéter ou de multiplier. Nous n'avons souvent pas pu éviter d'introduire un nouveau terme ou de donner une nouvelle signification à un nom déjà existant afin de dégager la désignation la plus adéquate pour le cadre abstrait et général de notre science. Les concepts de « systématique », de « forme », de « valeur » ou de « positionnement », qui appartiennent plutôt à la philosophie, nous ont paru être adaptés dans ce contexte. Au premier abord, notre analyse a peut-être reçu un tour spéculatif voire « scholastique » à cause de ce procédé. Cela vaut en particulier du prochain chapitre (analyse de l'objet). On peut mentionner en réponse à cela que seule l'ambition critique de découvrir les conditions fondamentales indispensables de la linguistique nous a conduit à mettre en place une telle superstructure, ou plutôt infrastructure. Que, dans le cas d'un objet qui est aussi compliqué et structuré de façons aussi diverses que le langage, on ne puisse échapper à un nombre de présupposés « simplistes » ne paraîtra pas surprenant. Un « concept » qui serait exprimé par des présupposés dans lesquels la structure de l'objet lui-même n'était pas reconnaissable n'est bien sûr jamais souhaitable. Une distinction entre l'objet – auquel tout matériau appartient – et les présupposés théoriques doit toutefois aussi toujours être maintenue. Un travail comme celui que nous avons entrepris ici doit donc s'orienter relativement à ces deux pôles. Nous ne pouvons vouloir viser ni plus ni moins que cela si nous voulons justifier et réaliser notre revendication d'une théorie fondatrice.

41

Aperçu des sources les plus importantes

A. En linguistique

RUD. BLÜMEL, Einführung in die Syntax. Heidelberg 1914.
A. DAUZAT, La vie du langage. Paris 1918.
—— La philosophie du langage. Paris 1917.
B. DELBRÜCK, Einleitung in das Studium der indogermanischen Sprachen. Leipzig, 5. Éd. 1908.
—— Grundfragen der Sprachforschung. Leipzig 1901.
—— Vergleichende Syntax der indogermanischen Sprachen. Leipzig 1893.
O. DITTRICH, Die Probleme der Sprachpsychologie. Leipzig 1913.
G. V. D. GABELENTZ, Die Sprachwissenschaft, ihre Aufgaben, Methoden und bisherigen Ergebnisse. Leipzig, 2. Éd. 1901.
A. MARTY, Untersuchungen zur Grundlegung der allgemeinen Grammatik und Sprachphilosophie. Bd. 1, Halle 1908.
A. MEILLET, Einführung in die vergleichende Grammatik der indogermanischen Sprachen. Leipzig-Berlin 1909.
H. PAUL, Prinzipien der Sprachgeschichte. Halle, 5. Éd. 1920.
A. PICK, Die agrammatischen Sprachstörungen, 1.T. Berlin 1913.
V. PORCENZINSKI, Einleitung in die Sprachwissenschaft. Berlin-Leipzig 1910.
H. STEINTHAL, Geschichte der Sprachwissenschaft bei den Griechen und Römern. Berlin 1890, 2. Éd. 2 Bde.
L. SÜTTERLIN, Das Wesen der sprachlichen Gebilde. Heidelberg 1902.
PH. WEGENER, Untersuchungen über die Grundfragen des Sprachlebens. Halle 1885.
W. WUNDT, Völkerpsychologie, I, 1 u. I, 2: Die Sprache, Leipzig. 1911. 3. Éd.
—— Sprachgeschichte und Sprachpsychologie. Leipzig 1901.

Articles tirés de Indogermanische Forschungen, Indogermanisches Jahrbuch, la Zeitschrift de Kuhns, Germanisch-romanische Monatsschriften, « Mémoires de la société linguistique de Paris », etc.

B. En logique, Épistémologie et psychologie

CHR. SIGWART, Logik, 4. Éd. v. H. Maier. Tübingen 1911.
H. MAIER, Psychologie des emotionalen Denkens. Tübingen 1908.
W. WUNDT, Logik. 3 Bde. Stuttgart, 3. Éd. 1906.
H. RICKERT, Der Gegenstand der Erkenntnis. Tübingen 1915, 3. Éd.
P. NATORP, Allgemeine Psychologie, Bd.1. Tübingen 1912.
A. MESSER, Empfindung und Denken. Leipzig 1908.
E. HUSSERL, Logische Untersuchungen I u. II, 1. Halle 1913.
H. BERGSON, Essay sur les données immédiates de la conscience, 1917, 17. Éd.

Articles tirés de « Logos » par Natorp, Rickert, Vossler.

La conscience linguistique préthéorique

Le point de vue prévalant jusqu'ici qui tenait le langage pour quelque chose d'indépendant en soi, d'opposé à la conscience humaine et comme imposé à celle-ci par un ordre supérieur a laissé place récemment à une conception opposée. Aujourd'hui, il importe de combler autant que possible le clivage qui est introduit par l'étude analytique entre la conscience et le langage et de ramener dans le giron du vivant les éléments que l'analyse avait initialement isolés et mis en évidence. Le gain qu'offre cette nouvelle méthode est de prendre en compte la fonction médiatrice de la conscience, laquelle est en vérité porteuse de toutes les relations qu'un type de connaissance platement schématique a cru pouvoir établir directement entre les phénomènes linguistiques. On ne peut certes pas dire que la recherche se déroule toujours vraiment ainsi dans les faits. Tels qu'ils apparaissent sur le papier, en effet, les phénomènes linguistiques que réunis l'analyse comparative ne présentent en soi pas d'analogies avec la conscience. La majorité des grammairiens parle ainsi exclusivement de mots ou de formes : seul un pourcentage infime d'entre eux mentionne la conscience. Dans l'analyse technique, on ne prend que très rarement acte du fait qu'une personne vivante se cache en tant qu'auteur derrière chaque mot écrit ou gravé. C'est ainsi relativement tardivement, bien qu'il s'agisse d'un fait immédiatement évident, que l'on a découvert que tout manuscrit provient d'un copiste et tout original d'un producteur, autrement dit d'une personne dont il faut tenir compte, quand bien même une

---

1925 – Article.
« Vom vortheoretischen Sprachbewusstsein », *Philosophischer Anzeiger* 1.

œuvre linguistique et sa source puisse au premier abord paraître très éloignées l'une de l'autre. – Mais le « gain » offert par la méthode susmentionnée apporte-t-il quelque chose de plus que le gain d'un nouveau point de vue ? Peut-il aussi nous révéler de nouveaux contenus ? Cela n'est pas évident d'emblée. Il est troublant, en effet, que bien des grandes avancées théoriques, par exemple l'établissement de règles phonétiques complètes ou la découverte de vastes correspondances entre des matériaux linguistiques en apparence très éloignés l'un de l'autre, ont été réalisées à une époque où l'on ne se souciait encore aucunement de la situation immédiatement donnée et analysable du vécu linguistique. Il est certes vrai qu'au cours des siècles s'est fait jour un retour vers l'expérience réelle qui a expurgé de façon critique et ramené à des conditions de possibilités déterminées les hypothèses de transformations complètement folles et arbitraires qui avaient jusque là permis de relier tout avec tout. Mais ce retour vers l'expérience est tombé dans l'excès inverse lorsque, en remplacement des principes arbitraires et jamais réalisés dans le langage qui semblaient justifier la vie mal connue et mal thématisée de ce dernier, a été érigé en principe méthodologique l'idée d'une nécessité d'airain tirée des sciences naturelles. Des étymologies qui nous sautent sans cesse et intuitivement aux yeux ont ainsi été écartées à cause de leur manque d'adéquation à une loi phonétique. Le fait que l'évidence d'une correspondance entre son et signification ait précédé l'établissement de toute loi particulière a ainsi également été négligé. En vérité, l'attitude « naturelle » occupe une position intermédiaire entre la loi et ce qui est nouveau ou inattendu, et ce sont donc ces deux pôles, celui de la loi et celui de l'exception (ou de la nouveauté), que l'approfondissement et le développement de l'expérience peuvent transformer en principe méthodologique. La recherche de lois assemble et réunit ce qui est tout à fait discret dans l'immense flux du vivant immédiat. La découverte de la « véritable » structure d'un phénomène n'en demeure pas moins une expérience absolument singulière. Lorsqu'on ausculte soit un mot que l'on a employé spontanément d'innombrables fois et que l'on perçoit comme une unité, soit une expression figée dont le sens s'est fixé avec l'usage, ceux-ci se décomposent en une sorte d'assemblage constitué d'éléments plus limpides de même type.* À l'inverse, un mot composé peut progressivement se transformer en un mot simple et une expression syntaxique fixe peut ne plus se distinguer d'un mot composé. Dans notre propre langue, on se rend compte de ces faits après-coup, par réflexion. Dans une langue étrangère on les constate d'emblée, immédiatement. – La conscience linguistique originaire, qui se manifeste avant tout de façon active et non-théorique – bien qu'elle recèle un potentiel théorique –, se déploie donc dans deux directions opposées, celle d'une analyse reconstructive de ce qui se donne comme un tout concret dans la conscience linguistique immédiate et celle d'une attitude psychique qui cherche à saisir comme une totalité un matériau qui lui est initialement étranger et qu'elle ne peut mener à une certaine unité qu'en l'épelant.

Arrêtons-nous un instant sur la question de cette conscience linguistique que nous avons initialement caractérisée comme étant originaire. Cette désignation est-elle correcte ? La relation la plus fondamentale au langage est-elle bien celle d'une conscience ? Beaucoup dépend de la réponse à ces questions car toutes les « possibilités » ultérieures y sont investies. Comment le langage se manifeste-t-il initialement dans notre vie ? Quel est notre rapport primitif à lui ? Nous apparaît-il d'abord « autrement » qu'il n'est vraiment ? Reste-t-il inchangé par ce que nous faisons avec lui ou, au contraire, sa rencontre avec nous le transforme-t-elle justement en quelque chose qu'il n'était pas auparavant ? Nous voyons bien que le langage est quelque chose auquel nous avons « affaire ». Mais les éléments qui nous permettent de saisir sa forme se déploient parallèlement dans des dimensions si diverses que même le plus attentif des observateurs ne peut s'en faire une image d'ensemble que de manière extrêmement schématique. Notre objet est simultanément visible dans l'écriture, audible dans le discours et la conversation, palpable sur la pierre ou le papier, sans être pour autant jamais donné « entièrement » ni ici, ni là. Pas même la désignation d'être « réel », qu'il partage avec tout ce qui existe, ne le recouvre entièrement. En sus des nombreuses choses qui sont réelles et réalisées dans le langage, il existe en effet encore beaucoup de choses possibles qui ne se réalisent jamais, en témoigne par exemple le fait que l'on puisse réagir à certaines expressions – à un niveau linguistique qui n'est plus réceptif mais normatif – en disant « on (ne) peut dire cela ». Vossler examine ce fait dans son article « Les individus et le langage », (Philosophie du langage, p. 19) : « l'histoire du langage... doit partir de la prémisse que tout ce qui a été accompli dans une langue à une époque donnée était aussi *possible*... et de la sorte, tout ce qui n'a *pas* été accompli et n'a *pas* été utilisé peut sembler *impossible*. Mais on ne va tout de même pas croire que tout ce qui est *possible* dans l'histoire d'une langue a été réalisé. » L'impossibilité d'une détermination *hic et nunc* du langage est ainsi démontrée. Certes, tout mot prononcé, toute phrase ou toute conversation au sens large est aussi quelque chose, ici et maintenant, mais l'isolation que mêmes ces déterminations là imposent au langage a aussi comme conséquence d'exclure de l'analyse des strates structurelles plus profondes. Il est déjà artificiel de retirer une phrase unique de son contexte illimité et il l'est d'autant plus d'isoler un mot ou une racine. On ne peut toutefois pas atteindre le contenu du langage sans de telles opérations. L'hypothèse dictant que tout élément individuel n'est compréhensible ou même visible que dans un système constitue en effet certainement un principe de recherche correct. Cette idée ne remplace toutefois en aucune façon la qualité la plus propre de l'individuel, laquelle est donnée avant tout avec celui-ci et non par la force du système. Si l'individuel se dissolvait vraiment dans les relations d'un système, il ne serait plus différenciable en tant que tel. On ne peut faire l'expérience de l'individuel que si tout ce qui est général et relatif est que quelque chose en lui mais n'est pas l'individuel « lui-même ».

On peut déjà constater les deux moments de l'individuel et du relatif dans la conscience linguistique « originaire ». Certes, le langage se manifeste en tant que tel, mot après mot, dans l'environnement indifférencié de l'enfant. Mais, ici non plus, il ne se donne pas comme une série successive clairement identifiable, mais plutôt comme un entrelacement de contenus et d'opinions signifiants, de sorte que toute la complexité de la vie consciente pré-linguistique se projette déjà sur les problèmes linguistiques. Cette projection ne doit cependant pas nous servir d'*asylum ignorantiae* où nous nous réfugierons en réaction contre les platitudes de l'objectivation qu'amène la loi. Toute loi que nous découvrons, en effet, doit avoir plus qu'un pur aspect de régularité. La répétition d'un phénomène linguistique – laquelle, à y regarder de plus près, ne représente dans un premier temps qu'une façon subjective particulière d'ordonner un certain matériau – possède plus qu'une simple valeur de catégorisation, car toute série extérieure est liée de manière immédiate avec une série intérieure psychique qui vise une seule et même chose[1]. À vrai dire, la particularité du langage est justement qu'il n'admet pas de séparation entre ces séries malgré le fait qu'une différenciation soit réellement justifiée. En fait, la différenciation qui unit mot et chose en définissant l'un comme étant le signe de l'autre est elle-même un produit de la réflexion. Il existe ainsi une relation encore plus intime et antérieure à la réflexion, dans laquelle le mot et la chose ne sont encore pas du tout opposés : le mot constitue ici plutôt un aspect de la chose, voire l'aspect même par lequel la chose se présente puisque présentation et représentation sont alors encore étroitement liées. Cet intime entrelacement entre mot et chose, dont on trouve également un certain équivalent chez les animaux, est un fait linguistique fondamental. La conscience linguistique trouve là son commencement le plus concret et naturel. Il n'y a pas d'autre identité entre les mots et les expressions que celle de l'indifférenciation. À ce niveau,

---

[1] Cf. *Zur Logik der Sprachwissenschaft*, Winter, Heidelberg, 1922, p. 34.

même les synonymes, pour autant qu'ils existent, ne « signifient » pas « la même chose » : ils diffèrent déjà dans leur forme externe, et il n'y a ainsi pas de synonymes. Ce fait est aussi à l'origine du premier élargissement qui conduit à l'explosion de l'environnement originaire de l'individu : comme sa conscience linguistique concrète ne connaît encore ni « étrangers », ni « autres » langues, l'élargissement de ses limites originaires intervient en effet d'abord ici. Cela ne veut pas dire que l'horizon initial de la conscience linguistique d'un individu possède une limite claire, marquée par la soi-disant langue maternelle. Car même au sein de cette dernière, le champ de chaque individu est différent. Tout homme commence certes « ponctuellement » par apprendre des mots et des expressions, mais une fois parvenu au point où il peut communiquer avec un interlocuteur sans hésitation et sans se faire remarquer, il entre dans une relation inégale avec les autres. Au sein de l'horizon total de la communauté linguistique, en effet, se détachent comme des îlots d'intérêts ou des groupes sociaux.*
Certaines personnes restent toute leur vie sur leur île, sans prendre conscience du caractère insulaire de leur existence sociolinguistique, alors que d'autres parcourent sans relâche leur pays entier, poussées soit par leur profession, soit par la force d'une grande ou altruiste soif de connaissance. Il faut ainsi opposer un concept de série graduelle à la conception habituelle qui considère chaque représentant quelconque d'un groupe linguistique comme prototypique. Dans la mesure où une telle série n'implique pas seulement une simple juxtaposition de types interchangeables, elle se fonde sur l'idée d'un représentant idéal qui est certes indispensable en tant que support conceptuel mais qui n'existe pas empiriquement puisqu'il est impossible pour un seul individu d'atteindre une connaissance qui serait uniformément développée dans tous les domaines du langage. L'hermétisme et le recentrement plus ou moins forts qui conditionnent les consciences linguistiques individuelles sont donc sources de miroitements phénoménologiques : l'inévitable frottement entre les divers groupes

n'exerce pas seulement une influence sur le matériau linguistique objectif, mais suscite également dans la conscience de ceux qui se rencontrent toute sorte d'impressions qui ne correspondent pas à celles d'un observateur théorique et extérieur à tous les partis, mais qui sont plutôt influencées par de puissants jugements ou expériences subjectives. Pour l'habitant du village reculé, un compatriote de la ville est déjà un « étranger » dont il observe l'apparence et les gestes avec des sentiments partagés. Il serait très intéressant de savoir quelles circonstances et peut-être quelle durée de temps sont capables de rendre vraiment solidaire deux types qui sont à l'origine étrangers l'un à l'autre. À l'armée, où se rencontrent par exemple des gens qui en temps de paix se côtoient avec indifférence, l'ennemi se profile soudain très clairement comme un étranger commun. En dehors de tels événements de réconciliation nationale, les membres d'une tribu ou d'une langue peuvent toutefois être très hostiles l'un envers l'autre. Cet état de fait se reflète linguistiquement dans des incompréhensions volontaires ou des imitations moqueuses dont le caractère exagéré ou déformé permet de décharger soit une vraie antipathie soit du dédain. Si chargée émotionnellement et personnellement qu'elle puisse bien paraître, la conscience s'oriente en fait déjà d'une certaine manière vers la théorie. Il en allait de même pour le fier grec de l'Antiquité qui, bien que ne daignant voir dans l'étranger qu'un « balbutieur », interprétait celui-ci, et ce malgré la coloration fortement subjective de l'attribut susmentionné, dans une perspective linguistique théorique, à savoir comme un homme parlant « autrement » que lui-même. Une description satisfaisante de ce sentiment n'a pas été fournie.

La science est une tentative de dépasser les limites de la conscience linguistique originaire, personnelle, pratique et vouée à la vie. L'existence même de la linguistique prouve que cette tentative est plus ou moins possible. Une analyse plus approfondie de la linguistique révèle toutefois aussi, d'une part, qu'elle contient plus d'éléments psychologiques et relatifs et, d'autre part, moins d'éléments désintéressés que ce que la représentation objective des faits « certains » ne le laissait initialement présupposer. Parce que, en un sens vital, tout chercheur se trouve quelque part « chez lui » et est donc soumis à la condition incontournable d'un fondement concret, sa position est partiale et son approche de ce qui lui est initialement « étranger » doit partir du sol de ce qui lui est connu et propre. Ce fait est une condition naturelle, bien que les limites entre le propre et l'étranger soient en fait relativement fluides. Si une connaissance absolue de la langue « propre » n'est nulle part donnée, on est alors en principe toujours plus ou moins étranger. Quelque chose de mystérieux, d'irréductible se cache au premier abord dans l'interdépendance de l'individu, du peuple et de la langue, mais cette impression semble se désagréger en rapports relatifs lorsqu'on y regarde d'un peu plus près. Avec cette relativisation, on ne différencie plus entre l'authentique et l'inauthentique, mais plutôt entre ce qui est plus ou moins usité ; on ne distingue plus l'ancien du nouveau, mais plutôt ce qui n'est plus d'actualité et ce qui est actuel précisément maintenant. Il est ainsi possible d'envisager un positivisme linguistique qui réduirait à quelque chose d'objectivement exact tous les éléments qui sont les moins facilement saisissables, autrement dit la sphère entière des impressions et des sentiments vagues et généraux qui surgit dans chaque individu lors de l'acquisition d'un « matériau » isolé. Une telle objectivisation exacte n'englobe cependant que les éléments phonétiques et les éléments purement réguliers. Elle ne pourra jamais se présenter avec la prétention d'englober tout ce qui existe si elle néglige les fondations humaines du langage, c'est-à-dire les fondations partielles sur lesquelles chaque chercheur se base pour accomplir son travail d'objectivation et grâce auxquelles cette objectivation représente autre chose qu'un système physique qui existerait en dehors de lui.

Les miroitements inter-individuels du langage dans les rapports quotidiens, c'est-à-dire lorsque l'attention n'est pas exclusivement dirigée sur le contenu de ce qui est échangé, sont très divers. En parlant, nous participons tous avec une certaine distance à notre environnement et, dans un sens spécial, à nous-mêmes. Lorsqu'il nous est adressé, le flux linguistique se dirige vers nous de façon directe, pour ainsi dire de front. En qualité d'observateur silencieux d'une conversation, nous percevons le langage comme de biais, il virevolte entre les interlocuteurs tel une volée d'oiseaux (cf. Homère et son discours « ailé »). En tant que témoins a posteriori de nos propres mots, nous saisissons ceux-ci comme de dos. La spécificité de la condition humaine limite ces trois possibilités : chaque individu ne peut traiter en un certain temps qu'une certaine quantité des choses qui lui sont adressées. Puisque même l'écoute attentive d'une œuvre orchestrale compliquée exige déjà un certain effort bien qu'elle ne nous soit pas personnellement « adressée », il est évident que d'écouter plus d'une personne à la fois nous « sollicite » encore plus. Un orateur politique auquel s'adressent plusieurs voix excitées venant du public se trouve dans la même embarrassante situation qu'un malheureux enseignant faisant face, dans sa classe, à plusieurs voix d'élèves s'interpellant entre eux. Toute autre, et pourtant fort similaire en un certain sens, est la situation que chaque citadin traverse quotidiennement. Tant de mots et de conversations frémissent autour de nous dans la rue et dans les transports en commun, mais si peu d'entre eux nous sont adressés ! Il est impossible de tous les saisir d'une façon informée* : qu'on les désigne comme un tout ou une masse, nous n'exprimons par là que le caractère non-synthétisable du contenu sonore total des énoncés humains au cours d'un certain laps de temps. Même un salon rempli d'invités représente une situation difficilement maîtrisable pour un esprit individuel. Une hôte nous apparait ainsi d'autant plus digne de louanges quand elle réussit à la fois à organiser sa société en groupes harmonieux et à maintenir une certaine unité en s'efforçant, en dispensant un mot amical à chacun, de n'isoler personne complètement. Toujours est-il qu'un tel ensemble constitue une espèce de tout hétérogène, ce dont se rend mieux compte un observateur externe que les participants occupés à leurs conversations. Le contraste est une forme spéciale de l'unité de l'hétérogène. Il est en effet tout à fait possible que tout le monde s'entretienne « de la même chose » en même temps en un même lieu. Mais il n'y aurait alors nulle part de place dans la communauté humaine pour la perspective d'une « différence dans l'unité ».* Bien qu'un certain sens général se dégage de n'importe quelle réunion, même fortuite, celui-ci ne nous donne par lui-même aucune information sur les éléments qui lui sont subsumés et qu'il indique plutôt qu'il ne les saisit. Tant que les personnes individuelles sont considérées indifféremment comme les porteurs et les exécutants de ce sens général, la propriété commune au sens qui les réunit détient également sur une individualisation limitée des personnes ne dépassant pas le stade de la différenciation de leurs noms et du facteur distinctif que ceux-ci recèlent. Que ce soit en tant que témoin, auditeur, participant, lecteur, voyageur, passager, piéton, orateur, communicant ou candidat, des personnes quelconques peuvent être réunies en un tout dont le sens général ne permet pas de déduire la réalité de leur individualité. Ne perdons toutefois pas de l'œil le sens de notre exposé, son fil linguistique. En somme, notre analyse nous a présenté une toute autre forme, encore très directe, de la conscience linguistique, celle d'une communauté linguistique qui se forme en relation au sens ou à l'espace. Victor Hugo propose dans « Les misérables » (Nelson II, 26) une image fort vivace de ce type de communauté qu'il est possible de se représenter mais dont le sens est encore très lâche: « Pendant toute cette conversation,... Cosette, comme si un instinct l'eût avertie qu'on parlait d'elle... Cependant les buveurs,... répétaient leur refrain immonde... Cosette... chantait à voix basse : Ma mère est morte !... Les ivrognes chantaient toujours leur chanson et l'enfant, sous la table, chantait la sienne ».

La possibilité de la « conscience linguistique » à laquelle nous avons abouti s'intéresse certes encore au mot de façon primaire, mais non plus en tant qu'objet : elle est tournée maintenant vers la parole comme l'acte d'une personne. Cette description de la conscience linguistique ne vaut toutefois pas encore pour l'effet de contraste susmentionné. Dans ce cas-là, nous avions affaire à la diversité émotionnelle concrète de tout ce qui peut être dit dans un espace ou pendant un certain laps de temps. On retrouve certes en arrière-plan la figure d'un locuteur quelconque. Mais cette figure ne vient occuper l'avant-scène que lorsque un locuteur exprime quelque chose de frappant par son intensité, sa vitesse, son aisance. Dans tous ces cas, l'attention de l'observateur se déplace alors au-delà du contenu. La cause pratique de ce déplacement réside entièrement dans l'objet (le locuteur) puisque c'est la masse frappante des éléments secondaires « inhérents » à ce qu'il dit qui occasionne un trouble ou une interruption de la compréhension, ou du moins une diversion. Il est vrai aussi que, en pratique, quelque chose qui possède pourtant un intérêt théorique pur dans *toutes* ces formes et degrés ne se constitue en tant qu'objet que dans des cas spéciaux ou frappants. Cela est lié au fait qu'on ne donne d'abord de nom qu'à ce que l'on trouve frappant, dérangeant ou irritant dans une certaine manière de parler – et c'est ce nom qui sert ensuite pour désigner le concept d'une série de mêmes phénomènes de degrés divers, par exemple « chaud », « dur », etc. Si ce n'est donc pas à cause de sa qualité remarquable, mais parce qu'il dérange que nous constituons une chose quelconque en objet théorique, n'importe quoi peut être remarquable pour la théorie et ce qui est nommé en premier ne constitue alors qu'un cas spécial d'une série plus complète. En ce qui concerne la conscience linguistique élargie, tout un chacun possède des caractéristiques particulières et le concept du remarquable reçoit ainsi une signification plus pure, moins sensible. Au premier stade, l'impulsion extérieure ne fait qu'éveiller la pensée. Au second stade, la pensée n'est donc pas moins stable si elle a été mise en mouvement par un cas particulier que si elle a découvert un type universel général par ses propres lois. Cette généralisation idéale de l'orientation théorique de la pensée implique néanmoins au niveau empirique une unification sociologique du champ des individus.

Seule une minorité d'entre eux s'élèvent en effet au-dessus de la vie pratique, c'est-à-dire théoriquement contingente, et atteignent la pure théorie pour laquelle les événements contingents ne représentent que des occasions. Ce saut est à vrai dire quelque chose de fantastique, bien qu'indubitablement réel. On peut supposer qu'au « début » la situation linguistique sociale n'impliquait qu'un locuteur et un auditeur aux intérêts purement concrets. Cette supposition s'appuie négativement sur le constat empirique que les personnes d'une éducation linguistique limitée sont moins promptes que les personnes mieux éduquées à reconnaître un étranger à sa langue. Si le champ linguistique d'une personne plus modeste est plus uniforme et plus complet, ses limites se dessinent d'autant plus clairement. Lorsqu'une telle personne reconnaît quelqu'un comme étant un habitant d'une autre région linguistique, ce dernier lui apparaît immédiatement comme un autre ou un étranger qui lui inspire respect ou antipathie et qu'elle accueille soit avec respect et bonne volonté, soit plutôt avec suspicion et un élan de haine. Par contraste, l'oreille de l'homme éduqué est plus réceptive et son esprit – pour autant qu'il ne soit pas l'opposé arrogant de la méfiance du prolétaire – est plus souple et libre, plus disposé à accepter la multiplicité des différences linguistiques qu'à se livrer à une moquerie incompréhensive. Certains relents du stade initial de l'homme pris dans l'horizon spatial de son environnement concret et réagissant de façon viscérale à l'étranger persistent aussi chez l'homme éduqué. Dans la mesure où on ne s'interdit pas d'emblée de considérer la moquerie et la pruderie (émotions dont même les chercheurs les plus objectifs ne peuvent supprimer les élans lorsqu'ils ont affaire à certaines expressions) comme des catégories constitutives de la connaissance, celles-ci apparaissent comme des formes primitives et socialement conditionnées de la compréhension. Nous parvenons ainsi à une limitation de la prétendue réalité de la situation linguistique sociale initiale, à savoir qu'on n'y trouve pas à la fois tous les individus et toutes leurs sphères de réalité relatives, mais seulement ceux qui partagent un sol commun. La possibilité de la conversation, ce berceau initial de la vie du langage, ne repose pas seulement sur le langage mais aussi sur les choses concrètes. De même, la communauté d'expression ne suffit pas à la compréhension mutuelle. Il y a donc de la place dans le stade initial pour des inhibitions de la conversation et des diversions de l'attention. Des personnes qui ne se sont jamais vues interagissent autrement les unes avec les autres sur un plan linguistique que des personnes qui se connaissent déjà. On peut observer cela dans la vie quotidienne. La situation initiale se trouve ainsi relativisée. Car si deux personnes se rencontrent dans une situation concrète commune, il s'agit alors pour elles de se comprendre mutuellement, et si la communication n'aboutit pas, leur sentiment d'étrangeté mutuelle résulte alors de couches plus profondes que celles du langage.

L'enfant ne perçoit que les choses et les mots alors que l'adulte possède de surcroît une conscience de sa propre parole et de celle de l'autre : pour lui, il y a un locuteur derrière la parole. Cela nous ramène à la profusion des miroitements phénoménologiques. Notre représentation des mots d'une personne se joint en effet à celle de son expression corporelle et du contexte qu'elle évoque. De tout cela, il ne reste rien dans l'étude objective du mot. Les lignes de nos intérêts pragmatico-linguistiques d'un côté et purement linguistiques de l'autre sont perpendiculaires. La conception simmelienne du « changement d'axe », c'est-à-dire le revirement général de l'esprit pratique vers la théorie[2], paraît très bien s'appliquer ici. Il faudrait même approfondir cette image en ce sens que lors d'un second mouvement similaire, l'orientation de la conscience originaire ne peut être reconquise qu'avec le signe négatif de la reconstruction. Dans une coupe verticale sur la ligne du progrès, chaque mot de la phrase apparaît comme une projection indépendante sur l'axe de la parole. La distance entre la conscience linguistique originaire et réflexive est ici la plus

---

[2] G. Simmel, Lebensanschauung, Ch. II.

grande, car on a progressé vers la plus grande isolation statique possible. Un tel procédé est nécessaire pour la théorie, il se profile même dans un premier temps comme la seule orientation possible pour la conscience linguistique théorique. Dans cette perspective, les étapes individuelles du processus linguistique deviennent visibles, mais pas le processus lui-même ou encore la succession définie des étapes. La conversation se transforme en un assemblage de projections tirées soit du « dictionnaire », soit de la totalité conçue statiquement des formes possibles. On exprime aussi ce même fait lorsque l'on dit que les règles d'une langue doivent être appliquées correctement dans l'usage linguistique. Cette projection donne lieu toutefois à un reste vivant, et il s'agit là de la dynamique de la relation elle-même. La théorie doit descendre des hauteurs de l'observation verticale et isolante jusque dans le langage réel (c'est-à-dire usité), et la conscience linguistique, sortant de sa concentration primitive sur la chose et comme se divisant elle-même, accompagne alors réflexivement son propre mouvement. Cela rend possible la détermination du sens d'un mot en dehors d'un contexte réel, alors pourtant que le mot n'est donné « originairement » que dans un contexte. La réflexion peut aussi découvrir des constructions, des manières de parler, des étymologies, de la même manière que les nuances intuitives d'expression dont la signification est objectivement similaire paraissent évidentes à la conscience, mais sans pour autant que cette différence se laisse formuler d'aucune façon.

La réflexion sur la langue propre nous prépare à pénétrer le champ linguistique étranger. Cela aussi est une des capacités de la conscience linguistique. La réflexion sur le propre ne peut toutefois être sollicitée ici que dans la mesure où elle est déjà au fait des nouvelles phrases ou expressions que nous employons pratiquement dans notre propre langue.* La première rencontre avec une langue « étrangère » commence indubitablement avec le mot. L'étrangeté de l'autre langue est ici encore peu marquée : dans ce cas, un symbole linguistique est juste remplacé par un autre. Il est particulièrement facile de saisir sa signification lorsque cet autre symbole ressemble d'une manière ou d'une autre au symbole de la langue maternelle. Au premier abord, un symbole extérieurement similaire peut éventuellement paraître identique. Ceci est une illusion qu'encourage particulièrement l'écriture et qui conduit au constat linguistique théorique suivant : *a* signifie chez les *A* la même chose que *b* pour nous, ou : les *A* nomment *a* par *b*. Le degré d'étrangeté est dans ce cas encore réduit. Le mot de la sphère propre, en effet, sert ici pour la mémoire de substrat conscient à partir duquel un mot étranger est formé ensuite. Dans des langues apparentées, il est ainsi possible de poser des séries de correspondances dont la relation fonctionnelle représente une loi de correspondance déduite par induction. La différence entre langue propre et étrangère se fait toutefois déjà sentir ici et la véritable étrangeté des mots qui semblent se correspondre relativement ou individuellement se dégage de façon toujours plus claire. Il y a évidemment des gens qui ne prennent pas conscience de ce fait. En dessous d'un certain degré de clarté d'observation et de vigilance, on peut envisager de faire dériver les mots similaires de sa propre langue, selon une loi de correspondance tirée d'une induction limitée. La manière dont certains étrangers assimilent sans ménagement ou mauvaise conscience la langue apparentée de leurs voisins à la leur est un bon exemple de tels cas. Une certaine dose de clairvoyance introspective et d'expérience est nécessaire pour pouvoir concevoir sa propre existence, sa propre spiritualité et ses propres expressions linguistiques comme des cas concrets particuliers de possibilités aléatoires. La réflexion sur la langue propre peut y contribuer grandement. L'anomalie dans un mot, la formation ou la liaison d'un mot par rapport à un schéma logique simple est déjà visible dans la langue propre, et il arrive parfois que le schéma de la langue étrangère soit plus conséquent encore que celui de la langue propre. La réflexion constitue également une excellente préparation didactique à l'étrangeté de l'autre langue : du dehors, celle-ci ne semble qu'utiliser d'autres groupes de sons pour former ses mots, certes avec une autre intonation, articulation, etc. Toutefois, les relations complexes autant externes qu'internes de ses sons possèdent en fait des structures tout à fait propres. Pour un observateur attentif, les formes expressives et l'esprit d'une langue étrangère constituent une totalité qui n'est définissable et percevable que de façon approximative. L'autocritique dans l'usage de la langue étrangère doit augmenter dans la mesure où l'expérience apporte un matériau certes toujours plus conséquent, mais dont le véritable esprit semble toujours se situer à une couche plus profonde que celle que l'on vient d'atteindre. Une personne qualifiée se comporte en mystique relativement à l'acquisition d'une langue étrangère, la personne non qualifié en rationaliste.

Les stades de conscience linguistique possibles discutés jusqu'ici sont donc les suivants : 1° le champ de la capacité linguistique ne s'étend qu'à l'environnement immédiat ; 2° on rencontre un étranger ; 3° on réfléchit sur la langue propre ; 4° on s'approprie la langue étrangère comme un simple *analogon* de sa propre langue (rationalisme, outrage de l'esprit de la langue étrangère) ; 5° on découvre la particularité et la distance infinie de la langue étrangère. Comme l'observation de la langue étrangère se répercute toujours d'une certaine manière sur la sienne propre, on a donc aussi une perspective infinie sur sa propre langue, quoique d'une autre manière que sur la langue étrangère. Ce que nous réalisons linguistiquement est une partie du contenu de la langue propre, ce que nous réalisons dans une langue étrangère est toutefois hors-limite. Les modalités de la rencontre entre deux cercles linguistiques dans une conscience sont certes très diverses. L'étape de l'analogie rationnelle, par exemple, dure plus longtemps dans le cas de langues fortement apparentées. Ainsi certains Hollandais pense être capables de produire de l'Allemand par l'entremise de quelques modifications du système phonétique de leur langue. À l'inverse, beaucoup d'Allemands considèrent la langue hollandaise comme un dialecte du bas-allemand. Une telle interprétation est exclue même dans une expérience superficielle du français et de l'italien. Là où la linguistique dépasse le cercle connu d'elle depuis longtemps de l'indo-européen et du sémitique, elle se retrouve face à des possibilités insoupçonnées de construction ou de composition de mots. Cela ne concerne encore que l'état objectif de la langue. Malgré l'existence d'une « humanité » commune, les différences dans la dimension subjective ne sont cependant pas moindres, en particulier là où le point de vue objectivant ne fait rien ressortir de particulier. Certains groupes linguistiques sont plus silencieux que d'autres, les uns sont plus loquaces (les Athéniens), les autres plus discrets (les Spartiates). Dans le cours d'une conversation, l'un ne pourra s'empêcher de faire une remarque alors que l'autre s'en abstiendra, bien que rien ne l'empêche de la faire. La conversation avec des hôtes étrangers devrait révéler des différences intéressantes dans les différents pays. En considérant certaines possibilités générales, on revient au donné empirique à partir duquel on était parti. Le schéma logique des « possibilités de la conscience linguistique » débouche de façon méthodique sur un large champ de recherche. Rétrospectivement, nous voulons encore relever que le chemin à rebours que nous avons rapidement parcouru ici, de la conscience linguistique préthéorique au théorique, n'a pas été rectiligne et que la réalité elle-même nous a conduit parfois à emprunter des chemins de traverses. Mais cela prouve rien de plus qu'un schéma a priori se révèle toujours comme étant trop simple dès que l'expérience qui n'était initialement pensée que sur la base d'une idée générale nous montre son véritable visage. L'expérience, dans le langage également, est toujours au service de nos idées les plus générales car elle les attend. Mais elle est aussi une source qui offre leur élan vital aux idées. C'est avant tout de par cette double fonction que l'expérience de la linguistique, à l'instar de toute science, se fait véritablement philosophique.

La problématique de la philosophie du langage

Les recherches d'Ammann en philosophie du langage touchent de très près et de manière extrêmement instructive pour moi à des questions et à des points de vue qui m'occupent depuis plusieurs années et dont j'ai proposé une modeste première formulation dans ma « Logique de la linguistique » (1922). La méthode et les arguments d'Ammann s'apparentent de manière surprenante aux miens sur plusieurs points et ce fut pour moi une découverte stimulante de constater la convergence de nos pensées pourtant indépendante. Ainsi, je soutiens comme lui que la détermination de l'essence doit préserver une réalité immédiate à l'idée de langage, en contraste au concept d'un « en-soi » de l'objet[1]. L'appartenance de l'idée de langage à l'idée d'homme, la stratification des données empiriques (langage, langue individuelle, mot individuel, homme individuel[2]), l'unité de l'intention non seulement comme facteur régulateur mais aussi comme un fait sans lequel le langage et la linguistique ne peuvent exister[3], ou encore la maîtrise du langage comme condition nécessaire pour la linguistique[4], voilà autant de principes que nous avons établis de façon analogue.

Il me semble que la convergence de nos points de vue ne s'explique pas seulement par notre façon similaire de concevoir notre objet, mais aussi par la similarité de la méthode philo-

---

1929 – Un échange d'idées entre Pos et Hermann Ammann à l'occasion de la parution de « La Parole humaine, recherches de philosophie du langage » « Zur Problematik der Sprachphilosophie », *Philosophischer Anzeiger* 3.

[1] Ammann, p. 5, Pos, 45.
[2] Ammann, p. 16, Pos, 20, 27, 31.
[3] Ammann, p. 20, Pos, 34.
[4] Ammann, p. 5, Pos, 42.

sophique par laquelle nous approchons ce dernier. Ammann se revendique certes désormais avec une certaine prudence de la méthode phénoménologique, mais on peut facilement démontrer que ses arguments recèlent encore une bonne dose du transcendantalisme rickertien qui caractérise ses écrits plus anciens et je reconnais donc là un sol commun sur lequel nous nous sommes tous deux tenus fermement à une certaine époque. Qu'il me soit permis de donner quelques exemples qui feront clairement voir ce que j'entends par là.

1. L'attribution du donné factuel à ses conditions a priori et la profonde nécessité d'une croyance dans l'Idée (p. 6, 7 ; 46).

2. L'usage fréquent du concept de performance pour caractériser les objets linguistiques (p.ex. p. 7, 17, 69, 95, 97, 102, 104(!), 114), point sur lequel je reviendrai plus tard en relation à ma *Logique,* p. 22.

3. La conception de la philosophie du langage comme la recherche de buts et méthodes (même si chez Ammann, la stricte séparation entre philosophie et sciences individuelles est suspendue), p. 8.

4. La conception de la relation entre son et signification comme une valeur [Geltung], p. 42, 46 (la valeur en tant que plan ontologique), 59, 64, 66, 91.

Les points 2 et 4 concernent le plus directement le contenu de la philosophie du langage. Le point 1, c'est-à-dire la recherche des conditions *a priori* – laquelle constitue aussi le procédé universel du transcendantalisme – aurait pu s'avérer être le plus significatif, si ce n'était que la structure du langage exige une prépondérance de la description. Le fait que les concepts de performance et de valeur apparaissent si fréquemment dans la description témoigne toutefois, selon moi, de la présence d'un reste de philosophie de la valeur que, en lien avec la profession de foi phénoménologique d'Ammann dans sa préface, il aurait été au moins souhaitable de remplacer par autre chose.

En sus de la réduction axiologique et de la description phénoménologique, j'identifie encore chez Ammann une troisième orientation fondamentale, que j'aimerais nommer l'*objectivation exacte*. Le fait que ma *Logique* converge essentiellement avec les arguments d'Ammann sur les quatre points susmentionnés semble prouver de quelle manière univoque la force d'une méthode peut influencer un matériau. J'étais à l'époque convaincu que seule la réduction axiologique pouvait saisir la vraie forme des phénomènes linguistiques dans la conscience linguistique vivante. Cette conviction découlait de mon concept naturaliste de réalité qui tolérait que le son mais jamais la signification, que le monde extérieur mais jamais l'intention, soient réels. Il ne me restait alors quasiment aucune autre possibilité que de scinder le phénomène du langage dans son entier en matériau sonore réel et en valeur-signification irréelle, un procédé dont je ressentais alors déjà la nature inadéquate et forcée. L'opposition de deux moments si hétérogènes – l'un réel et dénué de sens, l'autre irréel et atemporel – ne correspond pas à ce que constate réellement la conscience linguistique. La distance entre théorie et réalité mène sous cette forme à une aliénation totale entre les deux.

J'aimerais de ce fait aller un peu plus loin qu'Ammann dans mon rejet du moment axiologique, quoique j'accepte néanmoins comme une aide bienvenue le fait que la valeur semble être liée de façon particulière avec le réel chez Ammann aussi : sa définition de la signification au début du chapitre 5 comme étant à la fois « un fait historique » et la durée d'une valeur me convainc pleinement de la stérilité de l'atemporalité dans laquelle j'avais voulu à l'époque fonder la réalité des faits. Cette définition sonne pour moi comme un avertissement exigeant un « retour à la véritable réalité ». Je souhaite encore indiquer comment le traitement axiologique du matériau linguistique prend forme de façon similaire chez Ammann et moi en me référant aux pages 37 : « Sans recours à la catégorie de valeur, le problème de la relation entre son et signification reste insoluble[5] » et 67 : « On dira de façon logiquement plus correcte que l'une ou l'autre valeur sonore *vaut* pour une signification déterminée, plutôt que de dire que les sons ont une signification[6] ». Je m'étends peu sur ces démonstrations car, autant que je sache, la tentative de fonder la linguistique dans une perspective philosophique transcendantale est déjà bien établie. Et comme je l'ai déjà dis, je formulerais désormais ces questions tout autrement.

Ajoutons à ces remarques méthodologiques préliminaires et générales quelques notes sur certains passages du livre d'Ammann qui pourront éclairer le sens de la tripartition qui vient d'être faite. Je tiens à relever une fois encore que le travail d'Ammann m'a beaucoup appris et que là où je ne peux être d'accord avec lui, j'en attends malgré tout de nouveaux enseignements et une clarification de l'objet que nous servons tous les deux.

Les pages 10-14 (sur la question des déterminations essentielles du contenu) sont particulièrement intéressantes pour moi d'un point de vue thématique et personnel car, sur la base d'un rejet, désormais très courant en phénoménologie, de toute définition ou détermination conceptuelle, Ammann y prend position vis-à-vis de ma caractérisation du langage en tant qu'« expression ». En lieu et place d'une fixation conceptuelle du langage, Ammann propose une saisie immédiate et non formulée de son essence. Comme nous savons déjà ce qu'est le langage, selon Ammann, nous n'avons pas besoin de reformuler explicitement ce qu'il est. Ainsi, le langage est tout simplement le langage. J'aimerais tout d'abord demander dans une perspective méthodologique générale : lorsqu'un phénomène est donné avec un nom quelconque, le but de la théorie est-il atteint si je dis : 1° Il existe quelque chose tel que a (dans notre cas : le langage) ; et 2° a est comme il est, c'est-à-dire a, tout un chacun le connaît ? On peut certes croire que la proposition « a

---

[5] *La logique de la linguistique.*
[6] *La logique de la linguistique.*

est *a* » possède une signification, mais ce n'est pas la signification susmentionnée. Une vraie signification implique l'obligation de comprendre par *a* toujours un même phénomène et non quelque chose d'autre. Cette obligation est cependant purement formelle et elle n'a pas de conséquences directes quant à la structure de l'objet – à moins que l'on veuille postuler que dans ce « savoir » (p. 10) se trouve déjà incluse une détermination plus étroite de l'objet qui soit également utile à la théorie. Ammann ne veut certainement pas dire qu'il n'y a jamais et nulle part de signification en dehors du donné naturel, ni que l'on ne peut pas définir un phénomène par analyse et synthèse conceptuelle. On ne manque certainement pas d'exemples, dans les domaines du droit, de la morale et du langage, de phénomènes définissables qui deviennent justement accessibles *per definitionem* à ceux qui n'en savaient rien au départ. Certes, Ammann ne parle pas ici d'un principe d'une stricte généralité (comment la science pourrait-elle sinon encore être possible ?), puisqu'il en exclut les phénomènes naturels. Mais on souhaiterait ici élargir la sphère de ces exceptions et il est à mon avis incontestable que, dans les sciences humaines, la définition sert d'appui à la connaissance théorique. Cela dit, il semble possible de montrer pourquoi le phénomène du langage peut paraître propice à une saisie sans définition. Le mode particulier de donation du langage est la *possession* [das Haben], et celle-ci se distingue spécifiquement de la possession de représentations, de concepts ou d'intentions. Il s'agit dans ce cas d'une possession ultime, un mode de possession auquel appartiennent beaucoup de choses concrètes (définissables), partielles, fragmentaires, qui contient toutes ces choses mais qui lui-même n'est toutefois pas contenu de cette même manière. En ce qui concerne ma subordination du langage au concept d' « expression », je l'échangerais volontiers contre quelque chose de mieux, mais il n'en reste pas moins, pour moi comme pour Wundt[7], que le langage – indépendamment de la manière dont on détermine sa particularité la

---

[7] Völkerpsychologie I,1 : Die Sprache, pp. 253 ss. Et I, 2, p. 650.

plus spécifique – trouve sa place dans l'ensemble des fonctions humaines. Il me paraît impossible de poser la relation du langage à l'idée de l'homme, comme Ammann ou moi-même le faisons, dans la perspective d'une détermination absolue.

En relation à la pénétrante analyse du quatrième chapitre, je remarque qu'elle vaut aussi pour les significations des mots allemands. Il est tout à fait conséquent, si la véritable essence du langage est déjà connue, de vouloir chercher un éclaircissement de phénomènes spécifiques adjacents dans la conscience linguistique « habituelle ». Mais comme Ammann lui-même le craint (p. 13), une analyse de l'essence qui ne se base que sur les significations empiriques des mots doit nécessairement rester fragmentaire et, d'une certaine manière, arbitraire. En hollandais, nous avons *spreken* et *praten* [parler] comme équivalents approximatifs de *sprechen* et *reden*. Mais *Redner* [orateur] se dit *spreker* (dans le cas particulier de la performance, mais aussi : *een goed spreker* [un bon orateur]). *Rede* [discours] se dit *rede*, qui signifie aussi raison en hollandais. Nous avons aussi le mot *redenaar*, qui ne désigne que l'orateur doué, alors que *feestredenaar* se dit de n'importe quel *Festredner* [orateur de cérémonie], mais pas du *spreker* d'une présentation quelconque. On peut dire au choix que quelqu'un est un excellent *spreker* ou *redenaar*, le second recevant toutefois une connotation plus festive et moins moderne. Il existe aussi « redeneeren » [discourir], qui recouvre en partie *reden*.

Il n'en va pas autrement dans le cas des analyses du chapitre suivant. Que *beduiden* soit l'(ancien) équivalent de l'allemand *bedeuten* est vrai dans « Wat beduidt dat ? », qui signifie « que veut-on par cette action ou ce discours ». Sinon, l'allemand *bedeuten* équivaut au hollandais *beteekenen*, qui apparaît dans les vieilles traductions de la Bible dans le sens de « indiquer, faire allusion à », mais qui aujourd'hui correspond exactement à l'usage de « bedeuten » proposé par Ammann. (Bedeutung = beteekenis = sens et importance). Le *beduiden* actuel signifie « donner à comprendre par un signe » ou « faire sentir par allusion indirecte ». L'allemand *bezeichnen* [désigner] se dit en hollandais *aanduiden*, i.e. exactement par son contraire[8]. Il y a aussi un adjectif *onbeduidend* = unbedeuteund [insignifiant], je soupçonne toutefois ce mot d'avoir une origine d'emprunt puisqu'on peut aussi dériver l'adjectif *onbeteekenend* de beteekenen. Il est donc parfaitement clair que des expressions qui ont sans doute possible la même origine étymologique peuvent recevoir des fonctions aux nuances directement opposées. Je dois remarquer encore à ce sujet que pour nous autres Hollandais, l'allemand présente des difficultés toutes particulières en vertu de l'apparence trompeuse des correspondances étymologiques. On pourrait ainsi être tentés, puisque les expressions sont trompeuses d'un point de vue phonétique, de se rattacher à l'existence de différenciations intentionnelles similaires. Mais cela n'est pas tenable non plus car, en allemand autant qu'en hollandais, une même expression possède plusieurs nuances qui aux yeux d'une théorie stricte ne peuvent coexister dans un seul et même mot (qui serait alors ambigu). L'hypothèse qu'une langue empirique quelconque surpasse une autre en clarté phénoménologique est bien sûr absolument arbitraire et on se demande dès lors si la description de ce moment essentiel du langage ne devrait pas s'orienter selon une instance plus concrète et moins contingente que ne l'est la référence à des différences que l'on trouve dans une certaine langue donnée. Ce qui est exprimé par les synonymes reste un pur mais néanmoins fragmentaire éventail de moments dont le contexte total et essentiel doit être découvert par un approfondissement difficile de l'idée du langage.

Toujours au sujet du chapitre V, on peut dire que le problème de la signification concerne, pour moi aussi, le noyau essentiel du langage. Ce problème nous ramène donc à la relation entre son et signification. Tout dépend de comment on formule les faits fondamentaux auxquels cette problématique se rattache. La méthode de la détermination des faits est

---

[8] Ndt : Là où l'allemand utilise « deuten » (indiquer), le hollandais utilise « teken » (signe) et inversément, là où l'allemand utilise « Zeichen », le hollandais utilise « duiden ».

ici absolument décisive. Si on réussissait à trouver un point où la séparation conceptuelle sans issue qui marque l'opposition entre son et signification n'existait plus ou n'était pas encore là, on pourrait remplacer cette formulation du problème par une autre et on atteindrait la solution simplement du fait que cette rigide opposition serait alors à mettre au compte de la méthode. La conception objectivante des phénomènes linguistiques s'exprime dans des catégories qui constituent un pôle opposé à la description phénoménologique. Je pense pouvoir montrer cette différence en testant ces deux méthodes par rapport au même matériau :

Descriptif	Objectivant et normatif
Dans cette optique, on ne s'oriente pas vers la langue mais vers l'objet. Parler, écouter, travailler se relaient. On traite de personnes, de choses, d'objets, d'états. Les fragments de conversation suivants peuvent éclairer la perspective phénoménologique :	Parler est une activité humaine exécutée via les organes de la parole. Parler donne lieu à une compréhension mutuelle. Les organes produisent des sons aux-quels sont rattachées des significations pour le locuteur et l'auditeur. Le lien entre son et signification a le caractère d'une valeur. Il n'est fondé ni dans la nature du son, ni dans celle de la signification. Il est institué par les hommes et, puisqu'il n'est pas essentiel, il est contingent, éphémère, limité. On ne peut donc enregistrer à partir des différents systèmes de sons et de significations que les attributions
1.A : Quelle est cette chose ? Je ne la connais pas.	
B : C'est un chameau. Sais-tu ce qu'est un chameau ?	
A : Non, je n'en ai jamais entendu parler.	
B : C'est un animal qui vit dans le désert.	
2.A : As-tu jamais entendu parler de N (Nom) ?	

B : Non, je ne le connais pas.
3. A : Käse, qu'est-ce ?
B : La même chose que fromage.
A : Est-ce un vrai mot ?
B : Oui, en allemand.

Position de base : des mots qui ne sont pas de vrais mots n'existent pas, le mot est la signification.

4. A : Pourquoi cela s'appelle-t-il un arbre ?
B : Car c'est un arbre.

Ces remarques impliquent les principes suivants :

1. Ce qui s'appelle *a* s'appelle toujours ainsi ;
2. Ce qui s'appelle *a* s'appelle partout ainsi ;
3. Qui dit *a* dit toujours la même chose ;
4. *a* est partout *a*.

Lorsqu'on parle d'une chose, il s'agit toujours de la même. S'il s'agit toujours de la même chose, alors c'est vraiment la même (confiance naïve dans la répétition identique du mot et de la persistance de la chose). Il est tout à fait naturel d'appeler les choses de leur vrai nom : seul l'étranger a des noms « étranges » pour elles.

fondées spatialement, temporellement et personnellement.

Voici ce qui correspond aux principes phénoménologiques adjacents :

1. Ce qui s'appelle *a* s'appelait autrement avant;
2. Ce qui s'appelle *a* ne s'appelle pas partout ainsi ;
3. Qui dit *a* ne dit jamais le même *a*, il le vise simplement ;
4. *a* est partout *a*.

Il y a autant de langues que d'individus. Les étrangers et les indigènes sont égaux au regard du langage parce que la relation son-signification n'est que normative et relative.

À la page 59 se trouve un passage où l'on peut très clairement observer la transition de la philosophie du langage à l'ontologie. Je constate avec plaisir que la pensée pragmatique d'Ammann souligne les rapports de la logique et de l'ontologie avec la linguistique, brisant ainsi l'isolation dans laquelle certains spécialistes aimeraient maintenir cette dernière. Je me suis moi aussi efforcé de démontrer ces rapports[9] et les trouve exposés dans les parties épistémologiques du livre d'Ammann (par exemple pp. 97-106) de façon plus claire et plus concrète que je n'y ai réussi moi-même. Il m'incombe dès lors d'être d'autant plus critique dans les cas où, selon moi, ces rapports nécessaires ont été établis de façon trop rapide ou n'ont pas été suffisamment pris en considération, ainsi que là où une confusion entre la conscience linguistique concrète et la réflexion ultérieure se substitue au lien structurel entre linguistique et épistémologie. Ammann dit à la page 59 que « le langage contient des éléments dont la signification ou la valeur linguistique s'épuisent dans le fait qu'ils expriment certaines positions de conscience se rapportant aux contenus exprimés ». Le contraste entre positions de conscience et contenus n'est-il pas un produit de la réflexion au même titre à peu près que la scission entre son et signification ? Cette opposition n'a-t-elle pas un corrélat dans la pensée linguistique, c'est-à-dire là où elle se manifeste véritablement ? Des mots tels que *mais, maintenant,* ou *pas*, qui souvent soulignent ce qui est important dans une phrase, n'ont pas pour but de mettre en évidence pour l'auditeur la position de conscience du locuteur, mais bien de souligner ce qui est concrètement important dans le contenu prononcé. L'apprentissage correct et objectiviste – qui nous apprend à différencier entre le propre et le concret puis à préférer le second au premier – est ainsi étranger à la parole réelle.

Si je ne fais erreur, les frontières entre les perspectives phénoménologique et objectivante sont tout aussi fluides à la page 71. L'identité nominale [Nämlichkeit], selon Ammann, « en

---

[9] Notamment op. cit. p. 162, « Relation au donné objectif au sens large ».

toute rigueur ne s'applique qu'à l'homme ». Si Ammann entend fournir par là une indication relative à l'emploi théorétique et scientifique de cette catégorie, il est compréhensible qu'il fasse plus tard mention de l'unité biologique de l'homme. Mais il est alors difficile de comprendre de quelle manière l'unité matérielle puisse constituer un « tout autre fondement de l'unité ». Le fait que l'unité biologique ne soit pas matérielle – puisqu'il est bien connu que « les composants matériels du corps se renouvellent au bout d'un certain temps » (p. 71) – ne saurait être invoqué comme étant à l'origine phénoménologique du concept organique d'identité nominale : ce fait est de toute évidence une découverte tardive qui semble plus apte à bousculer le concept d'identité nominale qu'à le fonder. Si l'unité biologique est présentée malgré tout comme le véritable fondement de toute identité nominale, cela démontre alors plutôt qu'une différence d'unité matérielle et biologique – je parlerais d'ailleurs plus volontiers d'identité nominale – n'est pas originairement donnée. Si on savait vraiment que le substrat matériel se renouvelle régulièrement, on chercherait plutôt un fondement fixe à la catégorie de l'identité nominale dans quelque chose comme « l'anneau du grand-père » qui ne serait pas soumis à un changement matériel en ce sens. Même si toujours plus de choses « nominalement identiques » se dispersent au regard de la perspective critique ou, par contraste, même si les sciences naturelles aboutissent à une certaine unification (qu'Ammann décrit à la page 102), la continuité que l'on peut constater autant dans une chose matérielle que dans une créature vivante demeure un constituant essentiel pour les deux, et je ne saurais décider si celle-ci n'est pas autant présente originairement dans la chose que dans la créature vivante. Il est bien sûr possible que l'on projette une certaine unité dans le monde des choses à partir du vécu intérieur, mais cette possibilité résulte tout aussi peu de notre observation des choses que la perception des couleurs ne dépend de la disposition de la rétine ; l'explication (objectivante) que l'on peut faire de l'apparition d'un nouvel emploi de la catégorie d'identité nominale ne remplace en effet pas la description de l'évidence grâce à laquelle on perçoit que des choses et des personnes se correspondent nominalement.

Il me semble qu'une extension excessive du concept de performance, laquelle constitue selon moi un reliquat transcendantal et téléologique, pèse sur la détermination essentielle du nom propre (voire chapitre VI). La performance du nom propre dans certains emplois consiste à différencier les personnes, mais il ne s'agit là de loin pas de son essence. On pourrait tout aussi bien penser que la fonction de différenciation est une performance du mot. À vrai dire, la philosophie transcendantale possède une conception très simple de la totalité : elle ne reconnaît que ce qui est naturel ou ce qui a une valeur et elle force donc toutes les multiples structures intermédiaires du réel dans ses schémas. Le nom, coincé qu'il est entre le son naturel et la « performance différentielle », ne représente rien de statique pour l'analyse téléologique : son essence est la performance. Mais la performance n'est pas son mode de donation originaire : sa véritable essence propre n'est ni la fonction de différenciation, ni ce qu'il accomplit parfois, mais bien ce qu'il est toujours. Si plusieurs personnes ont « le même » nom, cela n'est pas grave dans la mesure où ce qui est essentiel dans le nom est évident de cas en cas. Si l'essence du nom dépendait vraiment de la différenciation, ce dernier fait serait déjà impossible. La vraie « performance » n'est ainsi pas tant que chaque homme possède un nom, mais qu'il possède justement tel nom donné et qu'il le considère comme un aspect de son essence ; la vraie performance du nom n'est pas de détacher négativement un individu d'un arrière-plan de personnes qui se confondraient sans leurs noms, mais d'instituer une relation immédiate et positive à l'être propre de cet individu. Même si on constate après coup qu'un nom est ambigu, cette ambiguïté résulte en fait d'une objectivation qui transcende l'unité essentielle originaire de l'une ou l'autre chose dans l'acte de comparaison. Le constat grâce auquel un « même » nom s'avère être le nom autant de A que de B prend dans ce cas la place de la correspondance qui est originairement ignorée.

Si le nom possède en effet une relation fixe à son essence, cette relation peut aussi « accomplir » la différenciation. Mais cette performance se trouve aussi peu dans l'essence originaire du nom que le nom lui-même est lié à une telle performance ; les ajouts qui résultent du besoin de différenciation le démontrent très clairement. Initialement, la perspective de la différenciation était encore très distante. Aujourd'hui encore, pour nous non plus, le processus de rationalisation n'est pas assez avancé pour que la performance de différenciation soit devenue la seule. Cette performance ne serait de plus pas spécialement efficace, car on évite de confondre des personnes non pas grâce à la différentiation de leurs noms, mais grâce à l'attribution univoque d'un nom à une personne.

Je n'interprète pas la relation fixe à l'essence comme si toute l'essence d'une personne était présente dans un nom, telle qu'elle l'est par exemple dans une image : le lien originaire consiste bien plutôt à ressentir immédiatement un nom comme quelque chose d'essentiel. Si irrationnelle, conditionnée historiquement ou inadéquate que soit cette relation, elle se révèle lorsque le regard se tourne vers l'objectivation et que l'identité du nom est comparée à l'identité des personnes qui le porte. – Le cas « il y a un vrai N » (nom de famille) constitue une transition du lien essentiel vers l'objectivation, analogiquement au cas dans lequel une stricte différenciation est exigée. La performance est donc une fonction dérivée. La connexion entre les conceptions primitives et rationalisantes des sciences naturelles (qui selon moi, ne constituent pas nos conceptions habituelles ; cf. p. 103) devrait justement être visible dans nos intentions quotidiennes.

J'aurais encore beaucoup d'autres choses à dire sur le livre d'Ammann et la discussion que j'en propose est également partiale du fait qu'elle mentionne plus les aspects philosophiques que les questions spécialisées de notre problématique. Ce sont toutefois justement les problèmes philosophiques effleurés par Ammann qui répondent le mieux à l'intérêt du cercle élargi des lecteurs de ce journal. La philosophie du langage d'Ammann est un champ où les méthodes transcendantale et phénoménologique se rencontrent. Que soient donc nombreux ceux qui ne fassent pas ici qu'observer, mais sautent sur l'occasion !

H.J. Pos

Dans les formulations que Pos et moi-même partageons, on trouve un nombre de choses qui sont à vrai dire immédiatement évidentes et qui n'ont besoin d'être encore et toujours rappelées que parce qu'en science l'arbre cache parfois la forêt. On peut mentionner en ce sens l'appartenance de l'idée de langage à l'idée de l'homme, l'unité du mot relativement aux transformations qu'il reçoit dans la langue, l'unité de la signification relativement à ses représentations changeantes. Sur d'autres points, la correspondance de nos idées ne me semble pas aller aussi loin, à voir par exemple la conception des langues individuelles qui me parait être chez Pos (p. 44) encore influencée par la pensée humboldtienne. Pour Pos, le plus important dans le langage c'est sa systématicité particulière, pour moi c'est sa dépendance vis-à-vis d'une communauté humaine.

En ce qui concerne les traits dans lesquels Pos croit reconnaître un transcendantalisme rickertien, il me semble que, dans mon cas au moins, on ne peut en fait pas dire que je me sois tenu « fermement » sur le sol de cette tradition. Je reconnais avec gratitude avoir été l'élève de Rickert, mais je me sens néanmoins plus à l'aise avec ses arguments méthodologiques qu'épistémologiques. À ce titre là, Pos a sans doute raison lorsqu'il décèle une influence de Rickert sur la conception qui fait de la philosophie du langage une question de buts et de méthodes. Par ailleurs, je tiens à ce que des mots tels que *valeur* et *performance* (= « fonction ») soit défini de manière relativement immanente, la valeur au sens donc d'une véritable reconnaissance, et la performance comme quelque chose qui se trouve dans le vécu immédiat du donné auquel on reconnaît une valeur.

En ce qui concerne les idées de Pos sur la valeur de la définition, je souhaiterai peut-être une fois m'exprimer à ce sujet dans un autre contexte. Il est évidemment nécessaire de préciser le sens que possèdent aux yeux d'un locuteur des mots dont la signification est ambigüe ; mais il me semble que le mot « langage » – une fois la structure de sa signification expliquée – ne nécessite pas d'autres délimitations, puisque l'usage d'un mot transmis consciemment s'efface de toute façon par lui-même. En philosophie, par ailleurs, on devrait justement éviter toute déviation inutile de l'usage linguistique le plus simple. Ce ne peut être qu'à l'avantage du philosophe que de se laisser guider par la sagesse de la langue.

Pos touche à un point très important avec la question du sens de discussions synonymiques qui se meuvent sans cesse dans le cadre d'une langue définie ou, encore mieux, dans celui de plusieurs langues comparées arbitrairement entre elles. Puisque Pos admet la justification relative de ce procédé et que je ne le considère moi-même que comme un moyen heuristique pour introduire les problèmes, nous avons affaire ici non pas tant à une différence fondamentale de nos points de vue qu'à une différence graduelle d'évaluation. Je maintiens néanmoins que notre pensée n'est pas liée absolument au langage, mais bien à « cette » langue dans laquelle nous pensons ; celui qui possède plusieurs langues possède aussi plusieurs façons de penser. Des langues de formes internes et externes aussi proches que l'allemand et le hollandais se prêtent ici peut-être moins à la comparaison : mais l'opposition entre allemand et français ou, bien plus encore, l'opposition entre les langues classiques et modernes sont utiles sur cette question.

Il est difficile de dire comment la conscience linguistique naïve évalue la valeur de mots comme *mais, pas, maintenant* car ceux-ci n'apparaissent qu'en contexte et, même là où ils apparaissent comme des « équivalents de phrase », ils sont encore essentiellement dépendants d'un contexte. Le moment subjectif et la dépendance à la conscience du locuteur ne peuvent toutefois pas être éliminés du contexte de l'énoncé : ce que je « communique » est toujours ma connaissance propre des événements ou des relations au sujet desquels je parle. Ainsi, la communication apparaît aussi à l'auditeur naïf comme une communication de ce que je sais moi. De ce fait, on ne peut en donner une alternative concrètement signifiante que dans la mesure où j'en ai aussi conscience. Je ne pourrai m'exprimer plus en détail sur tout cet ensemble de questions que quand la seconde partie de mon ouvrage sera publiée. Pour le moment, je peux dire seulement que les particules *mais, pas, maintenant* ne sont en tous les cas pas des indications de l'opposition, de la négation ou du présent dans le sens qu'ont les mots abstraits *opposition, négation, présent*.

L'opposition des procédés « descriptifs » et « objectivants » nous révèle les grandes difficultés qui se situent au cœur du problème, à cause surtout de l'étroite relation qui unit la parole, la pensée et l'objectivation. On passe soi-même très facilement de la description d'une attitude réflexive à la réflexion et, inversement, l'objectivation se transforme très vite en une simple description du procédé objectivant. Le point de départ de l'attitude descriptive est correctement choisi et rendu clairement reconnaissable par Pos ; même ses petits dialogues illustratifs sont très convaincants tant que l'on ne réfléchit pas au matériau linguistique. À ce niveau, la relation entre chose et nom constitue également un simple rapport concret ; la distinction entre être et appellation n'est encore pas du tout faite. Les concepts de « correct » et de « faux » (« *cela ne s'appelle pas comme ça, mais comme ça* »), qui ne peuvent faire défaut ici, appartiennent également à ce niveau de la pensée. Ce qui suit me satisfait moins. Dans le cas de l'opposition entre mots allemands et français, il me semble que le fait qu'il s'agisse là d'une conscience des limites de la valeur est masqué par le choix d'une expression forcée et psychologiquement invraisemblable. Il me manque de plus une justification psychologique pour le questionnement de l'authenticité d'un mot dans la question « Pourquoi cela se nomme-t-il un arbre ? ». Dans un mot comme *arbre*, il n'y a pas de « séparation préparatoire » ; celle-ci dépend d'un sentiment d'inadéquation qui ne s'active que là où une signification est reliée à une autre, comme c'est le cas des énoncés dérivés, composés ou retransmis, autrement dit des « expressions », mais pas des simples noms.

Je ne peux pas non plus attribuer à la relation entre son et signification l'importance centrale que lui donne Pos. Il n'y a des « sons » dans le langage que pour la réflexion, qui doit d'abord détruire les mots ou les unités de signification pour parvenir aux sons sans signification. Je pourrais tout au plus coordonner « son » et « expression » – car tout son, même celui qui est produit mécaniquement, est en un certain sens expressif ou est interprété comme une expression –, mais pas « son » et « signification » ; le porteur de la signification est le mot qui, justement, est plus qu'une simple somme de sons. La question de la relation entre son et signification ne me semble pas avoir de solution fructueuse. On peut se demander, dans une optique génétique, comment des mots signifiants sont produits à partir d'énoncés sonores dénués de sens ; je me suis exprimé à ce propos dans les deux derniers chapitres de mon ouvrage. On peut aussi explorer la relation entre l'image sonore et la signification des mots avec les moyens de la recherche empirique, comme je l'ai fais dans mon article « Le son et la signification des mots dans le nouvel haut allemand écrit[10] ». En revanche, le son en lui-même, en tant que donnée physique, possède une relation tout aussi peu évidente avec la signification historique des mots que la composition chimique de l'encre que j'utilise pour écrire ne l'a avec le contenu de ce j'écris.

Mon avancée dans le très difficile domaine du problème de l'identité avait pour objectif de démontrer que la catégorie de l' « identité nominale » [Nämlichkeit] est indépendante de celle d' « égalité » [Gleichheit] ; le vécu originaire de l'identité no-

---

[10] Neue Jahrbücher für Wissenschaft und Jugendbildung 1925, pp. 221 sqq.

minale, la conscience de l'unité du Moi n'a rien à voir avec l'équivalence, mais repose sur la continuité de ma propre conscience. Le constat que toute autre continuité perçue par nous sur la base de la répétition d'impressions semblables est secondaire et dérivée face à ce vécu originaire me semble tout de même être philosophiquement bien plus essentiel que l'aperçu de Pos sur la relation de la structure rétinienne et la sensation des couleurs.

Il ne pouvait être mon intention de vouloir traiter de façon définitive le problème du nom et sa relation à son porteur ; ma présentation a ainsi parfois été un peu partielle. Il m'était essentiel d'établir négativement que l'attribution d'un nom à une personne n'a pas la valeur d'une relation de signification au sens linguistique. Ce que Pos apporte de positif à cette relation constitue certainement un complément précieux à ma propre présentation. Je ne peux cependant admettre, à l'instar de Pos, que la fonction de différenciation du nom, que j'ai peut-être trop mise en avant, soit originairement étrangère à l'essence du nom – on peut comprendre le mot *originaire* ici autant au sens génétique que conceptuel –, ou alors seulement dans la mesure où l'expression « différencier » vise quelque chose de purement théorique. Le nom personnel sert en effet depuis toujours d'appel et il est dans son essence que celui qui est appelé à la fois ressorte du nombre de ceux qui entendent l'appel simultanément et qu'il sache que c'est lui qui est visé. Ce moment efficace ne peut tout simplement pas être éludé ; s'appeler ainsi ou ainsi implique aussi de se faire appeler ainsi ou ainsi (χαλεῖσθαι, *vocari*). Le nom est donc depuis toujours l'appel que celui qui est appelé « entend ». Sa fonction différentielle est fondée ainsi.

H. Ammann

La réponse de mon collègue Ammann à mon commentaire de son livre contribue grandement, il me semble, à une clarification mutuelle de nos points de vue. Je ne souhaite dès lors aborder encore que quelques points sur lesquels la discussion pourrait être poursuivie de manière fructueuse.

De ce que dit Ammann sur la valeur et la performance (fonction), il ressort que lui aussi envisage un usage « immanent » de ces concepts, ce dont je déduis qu'il veut les comprendre comme les éléments d'un constat descriptif. À cela s'ajoute aussi le fait qu'il est une fois question d'une conscience des limites de la valeur. Bien que je salue avec joie cette intention descriptive et non-objectivante, la question de la justification du contenu de ces éléments précis s'impose néanmoins d'autant plus fortement : la « valeur » et la « performance » appartiennent-elles vraiment au constat descriptif ? Sans parler du fait qu'ils n'appartiennent certainement pas à la même sphère (la « performance » est bien plus objectivante), j'ai aussi des doutes quant à la soi-disant conscience de la valeur et ses limites. J'observe en effet que, dans le contexte linguistique, les expressions négatives primaires sont « on ne dit pas cela ainsi » ou « on ne peut pas dire cela ainsi », alors que les énoncés normatifs corrects se formulent de la façon suivante : « on ne peut, on ne devrait pas dire cela (de cette manière) ». Les deux derniers exemples possèdent cependant un sens pragmatique et non pas linguistico-normatif. Cette différence devrait signifier que la conscience linguistique vise d'abord des faits et non pas des valeurs quand elle s'interroge sur les « limites de la valeur ». La différence fondamentale dans nos deux conceptions réside donc dans l'évaluation de la pensée réduite à ses conditions préalables : alors qu'elle semble directement contenir des contenus descriptifs chez Ammann, je crois moi qu'elle dépasse absolument ce qui est effectivement donné. Mais j'espère traiter de ce problème dans un autre contexte.

En ce qui concerne la remarque d'Ammann sur l'absence de raison psychologique autant pour la question sur l'unité d'un mot que pour la question « pourquoi cela s'appelle-t-il un arbre ? », je fais remarquer que ces questions révèlent déjà une intervention de la réflexion. La seconde en particulier est une question polarisante que précédent clairement les deux questions primitives « qu'est-ce que cela ? » et « comment cela s'appelle-t-il ? ». Je crois moi aussi qu'il existe « à peine » une relation entre son et signification. Cet « à peine » est pour moi précieux parce que l'imitation artificielle de la parole parvient quand même à éveiller de manière approximative l'impression d'une véritable parole. Je visais moi aussi la production humaine de son avec l'expression « son », mais je ne vais pas aussi loin dans ma séparation que ne le fait Ammann, car je maintiens que la parole, en tant que chose sensible et audible, doit d'une façon ou d'une autre rester en contact avec la science du sensible, même si cela ne devait être le cas que dans une analyse déjà extrêmement avancée. Je suis d'accord avec Ammann qu'on ne peut atteindre une « solution » via cette extrême opposition, mais je tenais à indiquer que la solution ne doit pas être recherchée dans ou après ce processus de séparation croissante, mais bien avant celui-ci, quelque part dans le donné immédiat.

À l'origine, le nom n'était qu'un appel. « Appeler » correspond certes au latin *vocari* mais, de façon toute à fait significative, il ne donne pas *nomen* (le nom) et dérive en fait de *vox* (la voix). En grec, la situation est comparable, puisque ὄνομα permet la dérivation adverbiale de nommer. Le fait que le latin *nomen* est apparenté à *gnosco* semble certes constituer un indice de l'essentialité du nom, mais il me semble plus correct de séparer l'étymologie historique et la description de l'originaire.

H.J. Pos

L'unité de la syntaxe

> « ...au-dessus du mot et au-dessus de la phrase il y a quelque chose de beaucoup plus simple qu'une phrase et même qu'un mot : le sens... Le mouvement caractéristique de tout acte de pensée amène cette pensée, par une subdivision croissante d'elle-même, à s'étaler de plus en plus sur les plans successifs de l'esprit jusqu'à ce qu'elle atteigne celui de la parole. Là elle s'exprime par une phrase, c'est-à-dire par un groupe de mots préexistants ; mais elle peut choisir presque arbitrairement les premiers éléments du groupe pourvu que les autres en soient complémentaires : la même pensée se traduit aussi bien en phrases diverses composées de mots tout différents, pourvu que ces mots aient eux le même rapport. »
>
> (BERGSON, *l'Intuition philosophique*.)

I. Introduction

A. LE PROBLEME DE L'UNITÉ DE LA SYNTAXE. – Le langage construit diverses unités complexes avec les éléments significatifs dont il dispose. Ces unités consistent tantôt en un groupe de mots, tantôt en une phrase, tantôt en un ensemble de phrases. Pour notre objet, les différences entre ces trois sortes d'assemblages importent peu, et on pourrait à la rigueur en distinguer quelques-uns de plus. L'essentiel est que, dans la masse infinie des données linguistiques, certains types de construction se retrouvent constamment. C'est la syntaxe qui classe les constructions d'après leur type. Il y a, par exemple, le

---

1932 – Article.
« L'unité de la syntaxe », *Recherches philosophiques* 1.

modèle de construction *substantif* + *attribut* qui englobe d'innombrables données linguistiques. Or, on peut dire qu'en conformant certains groupes d'éléments à un modèle déterminé, la syntaxe unifie ces groupes. Il est évident, par exemple, que les parties du discours sont les résultats de telles unifications. D'où la question que voici. Si la syntaxe va toujours en unifiant les données linguistiques, ne finit-elle pas, en subsumant les synthèses inférieures sous de plus vastes, par réduire progressivement le nombre des unités ainsi constituées – et même celui des facteurs unifiants – pour aboutir à une dernière et unique unité contenant toutes les autres ? La réponse va presque de soi : jamais la syntaxe n'achève ce processus ; l'unification s'arrête bien avant son terme et ne dépasse pas un certain niveau. Arrivé là, l'esprit unifiant ne peut plus que rebrousser chemin, car au-delà, ce serait le vide.

Et pourtant, ne pourrait-on pas admettre que ce sommet hors d'atteinte, qui domine la pyramide des unifications linguistiques, doit exister, qu'il est au fond la syntaxe même, c'est-à-dire que toutes les unités subordonnées en sont le produit et que c'est lui qui les relie ? Supposition qui n'empêche nullement de s'en tenir en fait au plus haut degré d'unification réellement atteint, au degré de ce qu'on appellera avec Aristote les catégories fondamentales, et qui, pour être pratiquement le plus élevé, ne paraît pas très proche de l'unité suprême. Bien que résultant d'une unification longtemps poursuivie, les catégories syntaxiques restent en effet fort distinctes. Ces fruits si tardifs de l'effort unifiant, loin de se ressembler en tous points, conservent des différences notables et persistantes. Dans la phrase, le sujet, le prédicat, le complément, le nom, le verbe jouent chacun un rôle dont l'importance tient justement au niveau élevé auquel ils appartiennent, rôle d'autant plus important que le nombre des éléments concentrés est plus petit – il n'y a que peu de catégories essentielles – et que leur coordination est tardive. Nous concevons ainsi que la syntaxe arrivée à son plus haut degré d'unification semble y manifester une tendance contraire, une tendance à la diversification, qui impose aux unités aspirant déjà à se fondre en une unité supérieure des distinctions plus rigoureuses encore qu'aux étapes précédentes. Mais le but de la présente recherche n'en est pas moins de montrer qu'en un autre sens ces différences particulièrement tenaces des catégories grammaticales s'effacent malgré tout et tendent d'une façon moins directement saisissable vers une ultime unité. Sans être chose palpable, l'unité des phénomènes syntaxiques est à notre avis bien autre chose qu'un mot. Sa trace ne pourra être suivie qu'à travers le domaine de la linguistique historique et comparée. Elle se dissout quand on essaie de la saisir hors de ce champ fécond.

B. LE MOULE. RÉDUCTION DE LA FORME « SUJET-PRÉDICAT ».

Une première orientation vers l'unité de la syntaxe se dessine quand on essaie de trouver le moule commun d'où procèdent les principales catégories. Un tel moule devra envelopper toutes les applications pratiques des catégories. Or ce moule existe, nous semble-t-il, et on peut en déterminer la formule. S'il n'a pas de nom grammatical, s'il n'est pas un phénomène linguistique classé, c'est précisément parce que la grammaire est déjà le domaine des distinctions, parce qu'elle ne commence qu'avec les cas concrets, alors que, par définition, le moule sera pré-grammatical ou, si l'on veut, hyper-grammatical, puisque les catégories de la syntaxe en dérivent. Il nous paraît être simplement l'unité de sens de toute suite d'éléments significatifs. Et comme une série contient au moins deux termes, c'est *l'unité de deux termes successifs* qui constitue à notre avis le fait fondamental du langage. C'est là une unité d'ordre interne et intellectuel. Elle ne coïncide pas avec la forme « sujet prédicat » qu'on présente habituellement comme le moule de toute phrase. Justement parce que la dualité « sujet-prédicat » se limite à la phrase – et dans ce domaine même elle souffre des exceptions – elle n'est qu'un cas spécial d'un genre supérieur. *L'unité de deux termes successifs,* dont nous voulons parler, comprend d'autres entités linguistiques que la phrase : la construction attributive, le mot composé, le substantif déterminé, etc. (qu'on met ordinairement à part, parce qu'on les considère comme des éléments de la phrase et non comme des constructions coordonnées à la phrase). La forme binaire générale qui leur sert de base est aussi bien représentée par *homo gaudens* et par *hominis gaudium* que par *homo gaudet* : elle s'étend à toutes ces formes sans exception. Les deux premières ne diffèrent pas essentiellement de la dernière, prétendons nous, et si d'aventure la langue ne disposait pas des différences entre l'indicatif et le participe, ou le nominatif et le génitif (ni de tous les avantages qui s'y rattachent), elle s'en passerait sans trop de dommage, *hominis gaudium* étant l'équivalent de *homo gaudet* et capable, le cas échéant, d'en faire fonction. Sans doute, *homo gaudet* donne plus nettement l'impression d'une proposition achevée, alors que *hominis gaudium* ne paraît être qu'un énoncé incomplet. Mais entre ces deux expressions il n'y a guère d'antre différence objective qu'entre une indication de réalité, d'une part, de pure possibilité, de l'autre. *Homo gaudet* est une affirmation, *hominis gaudium* exprime une simple représentation. Toutefois, cette différence est-elle profonde et irréductible ? Si l'on s'en tient au contenu même des données linguistiques, il devient très difficile de distinguer rigoureusement le possible du réel. Ils ne se dissocient que lorsqu'on les sépare du reste et qu'on leur applique les dénominations abstraites de réalité et de possibilité dont nous venons de faire usage ; mais la distinction s'efface dès qu'on se reporte à la teneur concrète d'un énoncé quelconque. D'ailleurs *hominis gaudium* n'exige pas nécessairement et partout un prédicat, car le second terme en contient tout l'essentiel.

 L'équivalence de *homo gaudet* et de *hominis gaudium* est attestée par une construction telle que *homo bonus*, équivalent latin de *l'homme est bon, un homme bon, un homme qui est bon.* La deuxième traduction peut sembler exiger un prédicat ; et pourtant le latin n'exprime pas autrement cet assemblage en apparence incomplet que la phrase entière formulée dans la première traduction. Point n'est besoin de nier que la construction latine a tantôt la valeur d'un groupe de mots et tantôt celle d'une proposition : il suffit que la langue latine n'ait pas éprouvé le besoin de distinguer autrement qu'à l'aide du contexte les trois sens ci-dessus indiqués. Ainsi il reste vrai que la construction «sujet-prédicat» (que nous désignerons dorénavant par *SP)* donne un sentiment d'unité plus fort que l'autre. Cela explique que la syntaxe ait élevé *SP* à la dignité de modèle et qu'elle ait refusé de mettre les autres unités complexes sur le même plan. L'institution d'un modèle conduit facilement à croire que tous les phénomènes similaires en dérivent. Mais c'est une injustice envers beaucoup d'entre eux. Bien que la construction *SP* soit présentée comme le moule de toutes les constructions qu'on trouve dans la langue, il n'en manque pas qui ne sont pas sorties de ce moule. L'illusion que nous combattons est analogue à celles que provoquent les autres unités grammaticales. Par exemple, on dit souvent qu'un substantif est un nom désignant une chose, ce qui revient à penser que la notion d'objet est le modèle du substantif, et pourtant bien des substantifs incontestables, tels que *mouvement, plaisir, néant,* etc., ne désignent pas d'objets. L'idée de chose ou d'objet ne peut être le modèle sémantique que d'une minorité de substantifs. Ou encore l'adjectif est censé exprimer la qualité, alors que des mots comme *gauche, réciproque, futur,* sont certainement des adjectifs tout en n'indiquant pas des qualités. Pour être la plus frappante et celle qui nous donne le plus fort sentiment d'unité, la construction *SP* n'est donc pas le moule que nous cherchons, parce qu'elle ne peut avoir produit toutes les autres. *SP* est simplement, parmi les constructions syntaxiques, celle qui a le plus de relief. Nous voulons dire par là que l'unité de sens s'y accuse le moins. Rien, en effet, dans la forme *SP* ne témoigne particulièrement de cette unité. Celle-ci est purement intérieure et intellectuelle ; au dehors, elle ne se trahit ni par la ressemblance des éléments (qui sont généralement de radical différent), ni par leur succession indissoluble, puisque S et *P* ne peuvent être séparés par d'autres éléments de la phrase.

À proprement parler, la construction *SP* masque ainsi de plusieurs façons l'unité de son sens et en prouve indirectement la nature tout intérieure en montrant à quel point cette unité est conciliable avec la diversité et la distension des éléments linguistiques destinés à l'exprimer. L'unité interne peut être la plus forte et la plus sensible au moment même où la disparité et le développement des éléments deviennent extrêmes. On est ainsi naturellement amené à se demander si cette hétérogénéité et ce déploiement ne sont pas les conditions les plus favorables aux unités internes fécondes. Pour répondre à cette question atténuons progressivement le relief qui caractérise *SP* et l'empêche d'être la forme fondamentale que nous cherchons. C'est par ce procédé que nous découvrirons le moule originaire dont toute construction syntaxique porte l'empreinte.

On atteint déjà une forme plus simple quand on réduit le relief de *SP* en n'y laissant subsister que la différence grammaticale entre le sujet et le prédicat, qu'on prendra à cet effet parmi des mots de même racine : *rex regnat, la fleur fleurit.* Mais, d'abord, toutes les langues ne s'y prêtent pas également. *Imperator imperat, dux ducit* ne peuvent se rendre en français par des termes se ressemblant autant. En second lieu, et le fait est plus important encore, même quand une combinaison de ce type est possible et tolérée par l'usage, le sentiment immédiat du sujet parlant la rejette et, loin de la considérer comme la construction la plus satisfaisante et pouvant servir de modèle, n'y voit qu'une forme mutilée ou déchue. *La fleur fleurit* ne nous offre pas de sens assez plein parce que nous attendons du prédicat tout autre chose que la simple répétition du sujet. En simplifiant *SP* dans l'espoir d'atteindre le moule originaire, nous voilà donc arrivés à une forme plus secondaire que celle dont nous étions partis !

Dans *dux ducit,* la différence grammaticale entre les deux dérivés de la racine *duc* est conservée. Les désinences nominale et verbale marquent une distinction qui est comme un lointain souvenir de l'hétérogénéité prononcée du type normal *dux contionatur.* Qu'est-ce qui résultera de la suppression du dernier résidu ? Une forme *SS* où le second *S* ne se distinguera du premier que par sa position. Ici le relief est moins prononcé encore que dans l'exemple précédent. Que se produit-il alors ? Le sentiment linguistique commun, habitué qu'il est aux différences bien marquées entre *S* et *P,* tiendra le deuxième *S* pour une répétition involontaire de sujet plutôt que pour un prédicat authentique. Mais, si l'on franchit le pas d'y reconnaître un prédicat, on s'aperçoit – en même temps qu'on vide la phrase de sa signification pour ne plus s'attacher qu'à la forme – que le symbole le plus sobre de l'unité binaire, c'est l'un répété. Mieux que la forme *SP* où sujet et prédicat restent différents, *SS* représente le moule du langage. *L'un* reproduit après soi-même et distingué de soi par l'intervalle de temps, *l'un* conservé dans ce qui suit et distingué du conséquent par la seule succession des termes peut paraître la véritable forme originaire.

Cependant tout est-il dit et n'y a-t-il pas lieu de procéder à une troisième réduction ? Il ne subsiste que *S* et la distinction entre *S* et *S,* qui est la succession même. Des deux éléments, le plus fondamental est la succession. *S,* pouvant être mille choses différentes mais déterminant toujours la succession, ne saurait surgir sans celle-ci. Et la succession, tout en étant déterminée par au moins un *S* concret demeure invariablement succession, ses différentes actualisations ne se distinguant que par d'accessoires qualités concrètes.

La vraie base de *SS* est donc la succession. Et celle-ci, n'ayant pas en soi de contenu linguistique, n'est que le silence du pur devenir. C'est ce silence qui est à l'origine de toute expression. La succession – la moins stable des dualités et la plus identique à elle-même – est l'origine du moule même d'où sort toute construction linguistique. Il n'est donc pas permis de prendre la succession pour ce moule. Ce dernier en provient avec bien d'autres formes. Ce qui distingue chaque couple *SS* de la succession pure ne saurait être la dualité qui le constitue ; cette différence provient seulement de la langue ; c'est la langue qui fournit à la succession la matière grâce à laquelle elle peut être moins vide que le temps sur lequel elle prend appui. Plus vide que la langue, la succession est en un sens plus puissante, car l'articulation qui commence et finit ne fait que se relever et replonger dans la succession.

Revenons maintenant à la forme *SS* que nous considérons comme l'origine de *SP,* bien que nous ne l'ayons obtenue que par une réduction de *SP*. Est-il concevable que *SS* soit aussi le moule de *SP ?* Ce n'est possible que si le moule ne doit pas être plus complexe que ce qui en sort. Mais déjà la base du multiple, c'est l'unité, l'origine des unités le néant. En matière de linguistique, la variété de ce qui s'exprime relève de l'unité qu'elle a dans l'intelligence. Le moule n'est du reste pas seulement une forme qui transcende la réalité du langage ; il lui arrive aussi – encore que ce soit rare – d'y prendre place ; *SS* s'emploie quelquefois. Dans la hiérarchie d'importance figurée par l'échelle que nous venons de parcourir, *SS* n'est que la forme la plus humble et *SP* la combinaison la plus féconde et la plus fréquente. N'empêche que *SS*, première réduction réussie de la différence entre le sujet et le prédicat, succession pure et vide, est le récipient commun de tous les contenus linguistiques.

II. Types de construction

A. SUBSTANTIF + SUBSTANTIF. – Dans ce qui suit, nous emprunterons nos exemples au grec, au latin et aux langues modernes. Commençons par les constructions substantives. Quelle forme prend la construction *SP* si on n'y admet que des substantifs, limitant par là le relief de l'expression ? La tendance au plus grand relief n'en est pas supprimée. On observe les degrés suivants de tension sémantique entre les deux termes : 1° *S* et *S* sont un même nom ; 2° Ce substantif unique prend deux cas différents, le nominatif et le génitif, par exemple, ou le nominatif et l'accusatif ; 3° *S* et *S* sont deux noms différents au même cas ; 4° Noms et cas différent.

La dernière variété jouit de la plus grande faveur ; c'est aussi celle qui donne le plus de promesses de fécondité. La troisième pourrait à la rigueur recevoir le second rang. Quoi qu'il en soit, en se combinant, les substantifs exploitent bien toutes les possibilités de relief, dans la mesure où leurs propres lois le permettent. La déclinaison leur en offre le moyen. Le cas d'un substantif ayant été déterminé par le contexte, tous les substantifs qui dépendent du premier prendront de préférence un autre cas. Dans nos langues, c'est le génitif qui sert ordinairement à établir la relation. Dans les langues classiques, où d'autres combinaisons font défaut, le génitif prend toutes les significations que nous exprimons par des moyens différents, et ces significations sont si variées qu'on ne saurait les résumer en une seule formule. Le génitif est alors tantôt possessif, tantôt objectif, tantôt subjectif, et tantôt il exprime l'origine, ce qui revient à dire qu'en soi-même il a tout au plus la signification générale de rapport. Encore n'est-ce pas là caractériser la fonction du génitif, qui est proprement de rehausser, suivant la loi du plus grand relief linguistique, les rapports déjà établis et exprimés par la seule succession des termes.

Dans l'analyse précédente, le type *SS* nous a paru plus originaire que son voisin plus différencié *SP*. Nous ferons une constatation analogue à propos des variétés de *SS*. La simple répétition d'un même nom est le prototype, l'union de deux termes différents une combinaison dérivée. Toutefois, la forme originaire (et qui en prend une dignité plus haute) est-elle aussi susceptible de remplacer effectivement les formes les plus relevées et les plus riches ? La plus grande fréquence de ces dernières n'est-elle pas la preuve que le sentiment linguistique commun a raison de leur conférer une valeur supérieure ? Mais, à y regarder de plus près, il semble bien que l'usage commun ne soit que le produit du sentiment commun et qu'il ne saurait donc servir de critère absolu, car on trouve chez les poètes des tournures plus essentielles.

En effet, dans la poésie grecque, le génitif est parfois remplacé par la juxtaposition de deux substantifs différents mis au même cas. Restreint en prose à quelques exceptions, cet usage est plus étendu dans la langue poétique. Sans doute, du point de vue de la prose et de ses lois, c'est une licence, et l'expression peut sembler moins adéquate. Mais ce n'est qu'une apparence. Une fois vaincu le manque d'habitude, on s'aperçoit que la tournure d'ordinaire plus relevée vient du langage plutôt que de la pensée. Si le poète renonce à cette tournure, c'est qu'il réussit à se faire comprendre tout en se libérant d'une distinction inutile, ou pour le moins, extrinsèque. Les formes se justifient en définitive par leur intelligibilité. Et puisque la « licence poétique » s'entend fort bien, c'est que la façon de parler habituelle n'est pas la seule légitime. Des formes telles que οἰκέτην βιόν (Eur., *Ion,* 1373) et γέροντ' ὀφθαλμόν (Eur., *Or.* 529) peuvent passer pour au moins supportables, puisqu'elles sont compréhensibles, même quand on y voit des altérations du type normal. Mais il faut aller plus loin encore et montrer que la construction poétique est plus fidèle à l'intuition originaire que la forme plus distincte et plus répandue. À cet effet, faisons remarquer que le morphème distinctif (désinence exprimant un cas ou mot vide tel que *de, à,* etc.), bien que destiné à préciser le rapport entre deux substantifs *A* et *B,* est de nature à masquer ce qu'il y a d'essentiel dans ce rapport, c'est-à-dire ce qui le caractérise en toute circonstance. Examinons d'abord la nature du morphème, plus spécialement sa contribution à la structure sémantique *A* + *morphème* + *B,* dans l'exemple *pater consulis.* Indiquant la dépendance entre *A* et *B,* le génitif accentue leur distinction qui, autrement, ne se marquerait que dans leur succession. Par le morphème du génitif, le rapport entre *A* et *B* devient irréversible : *pater consulis* n'équivaut ni à *patris consul* ni à *pater consul.* Le morphème spécifie que *A* n'est pas à *B* ce que *B* est à *A.* Il n'en est pas de même dans la forme encore indifférenciée *pater consul,* dont l'ordre est réversible. Si ce rapport est exprimé tant par *pater consulis* que par *pater consul,* – et, tout compté, pas mieux par l'un que par l'autre – c'est que toute expression de rapport est immanquablement tronquée et partiellement fausse. Le pur rapport comporte nécessairement la possibilité du choix dans l'ordre des termes. Déjà la simple succession des mots (sans morphème additionnel) ajoute donc au rapport une détermination qui le dénature en le limitant. À plus forte raison en sera-t-il ainsi de la détermination par le génitif. Νεανίας λόγους (Eur., *Alc.*, 679) évite cette dernière altération, On dira qu'en évitant toute détermination excessive νεανίας λόγους suggère que λόγοι = νεανίαι, alors que l'auteur n'a pas voulu dire cela mais : λόγους νεανίου ou νεανιῶν. L'objection ne serait pourtant valable que si la juxtaposition de deux noms au même cas devait obligatoirement faire fonction de toutes les autres combinaisons. Mais pareille exigence supposerait que n'importe quel cas précise, détermine, spécifie le rapport des deux termes, alors que, selon toute vraisemblance, ce pouvoir de détermination n'appartient qu'à la différence des cas. Voilà pourquoi il semble plus juste d'admettre que dans λόγους νεανίας la fonction de détermination dont se charge si volontiers le langage est suspendue par l'identité des cas. Si λόγους et νεανίας sont tous deux à l'accusatif, cela tient au verbe dont ils sont des compléments, et non à leur rapport mutuel. Ce n'est pas l'identité du cas, mais la juxtaposition de *A* et *B*, qui exprime leur rapport. Ayant renoncé à la précision qu'aurait apportée la différence des cas, le poète est parvenu à maintenir l'expression sur un plan plus voisin de la pensée originaire.

Considérons maintenant le changement apporté par l'introduction d'un morphème, en nous en tenant pour plus de clarté au morphème *de*. Quand on dit que *de* met en rapport *A* et *B*, on suppose que sans *de* le rapport n'existerait pas. Mais n'est-ce pas oublier que *A* et *B* sont réunis par la pensée même ? Là est le véritable rapport qui sert de base à toute spécification linguistique ultérieure. *De* n'est donc que l'expression d'une précision apportée à ce rapport, et, à son tour, cette précision peut non seulement être conçue, mais encore signifiée sans *de*, par la simple réunion concrète de *A* et *B*. *De*, mot vide et non indispensable, est bien plutôt déterminé par *A* et *B* qu'il n'en précise la relation, et nous allons même voir que, tout en ayant l'air de modifier assez profondément cette dernière, *de* la laisse à peu près intacte.

Cette contradiction entre le service apparent et la quasi-nullité du service réel vient justement de ce que *de* est un mot vide. En effet, si on y a recours, c'est que, comme nous l'avons déjà dit, on recherche un relief ou un appui que n'offre pas l'union pure et simple des termes[1]. Ainsi *de* n'équivaut pas tout-à-fait au pur intervalle qui unit *A* et *B* ; et, comme nous l'avons montré le rapport *A-B* est réversible, tandis que le rapport *A de B* ne l'est plus. Sans donc rien apporter de bien substantiel *(A-B* étant intelligible indépendamment de toute addition), l'introduction l'élément *de* renverse d'une façon particulière la suite *AB :* l'antécédent *A,* reconnu dépendant de *B,* devient logiquement le conséquent de *B* dont il est *A.* Mais on voit aussitôt que la relation précisée par *de,* et à laquelle ce morphème semble avoir donné un « sens » unique, reste mutuelle et non pas unilatérale : un *A* ne saurait s'accompagner d'un *de* sans qu'il y ait aussi un *B,* et c'est ce qui rend *A* dépendant de *B* bien qu'il le précède ; or dépendre, c'est venir logiquement après, et, comme antécédent et conséquent s'impliquent mutuellement – le conséquent supposant nécessairement un antécédent et celui-ci se concevant par rapport au conséquent, c'est-à-dire, au moins en partie, grâce à lui – nous retrouvons ainsi la réciprocité fondamentale de la relation, réciprocité que *de* voile mais ne supprime pas. En sorte que, lorsqu'on dresse le bilan des services rendus par *de,* on s'aperçoit que la valeur sémantique en est presque nulle, malgré l'air

---

[1] Avantage d'ailleurs aussitôt compensé par un inconvénient : par cela même qu'il est un troisième terme, l'élément accessoire qu'est le morphème tend à s'arroger une valeur égale à chacun des deux premiers termes et ainsi à les séparer. Si ce danger n'est pas très grave pratiquement, c'est que la manière même dont le morphème détermine le rapport entre A et B favorise le passage de l'un à l'autre, puisque *de* ne saurait être compris sans que le soient aussi son antécédent et son conséquent.

que se donne le morphème d'être « quelque chose ». La contradiction signalée vient donc bien du « vide » de *de*.

Mais cette nullité compliquée du morphème ne s'aperçoit pas d'emblée et il s'agit de mieux l'expliquer. Il nous semble qu'on peut en rendre raison de la manière suivante. Comparons les diverses combinaisons de deux substantifs reliés par *de*. Que les morphèmes soient des prépositions ou non, il y en a moins que d'éléments réunis par leur moyen. Par conséquent ces éléments sont plus importants. Et leur combinaison, nous l'avons vu, vient plutôt du rapport inexprimé, mais compris, que du mot additionnel servant indistinctement à relier tant de termes différents (eau-de-vie, eau de mer, eau de Cologne, eau de pluie, espèce de géant, force de géant, aspect de géant, etc.). Or, ce que nous venons de dire de *de* s'applique exactement à *en, à, pour, vers*. À la vérité, ces morphèmes se distinguent dans une certaine mesure, dans la mesure où leur emploi les oppose, et ils en tirent une certaine importance : *pot d'eau* signifie autre chose que *pot à eau*. Mais l'emploi n'est pas toujours aussi spécialisé ; et quand l'usage relie invariablement deux termes par un unique morphème, qu'il s'agisse de signifier la provenance, l'appartenance ou la matière, il devient manifeste qu'un tel passe-partout peut être supprimé sans dommage.

Insistons, pour mieux mettre en relief ce qu'on pourrait appeler l'indistinction fondamentale des morphèmes. Souvent ils se remplacent indifféremment les uns les autres. S'ils ne sont pas toujours interchangeables dans une même langue et n'y remplissent pas tous la même fonction, cette limitation de leur emploi disparaît au fur et à mesure qu'on élargit l'horizon linguistique, apportant ainsi une confirmation empirique à l'unité des phénomènes syntaxiques que nous nous efforçons de dépister.

a) Morphèmes interchangeables et *équivalents.* – La préposition *pour* se rend en hollandais par *voor*. Ces deux congénères de *de* sont identiques, sauf pour ce qui est de la langue à laquelle ils appartiennent. *Pour* n'est donc pas exclusivement *pour*, mais aussi, en certains lieux et à certains moments, *voor*. Toutefois, l'équivalence entre *pour* et *voor* n'est pas parfaite : *départ pour Paris* se traduit par *vertrek naar P*. Est-ce à dire que *pour* ne signifie pas seulement *voor*, mais aussi parfois *naar* ? Ou bien *voor* équivaut-il non seulement à *pour*, mais encore à *naar* ? Si l'on observe que même en français *pour* se remplace souvent par *à* et par *vers*, ce fait reste incompréhensible tant qu'on s'en tient à cette seule langue, puisque ce sont là trois mots assez différents. Mais des mots qui ont tout intérêt à ne pas se confondre dans le rayon d'une seule langue peuvent sans danger abandonner ce quant-à-soi dans des langues différentes. Ainsi les prépositions *voor* et *naar* restent elles bien distinctes en hollandais ; mais ce particularisme n'est qu'idiomatique et disparaît dans la traduction française. De là la difficulté d'établir une équivalence exacte entre prépositions appartenant à deux langues très voisines. Malgré le nombre restreint de ces morphèmes dans toutes les langues, leur emploi y varie considérablement. (Comparer, par exemple, le français *en classe* aux deux expressions allemandes *in der... in die Schule*, *en route* au hollandais *onderweg*, *par erreur* à l'allemand *aus Versehen* et au hollandais *bij vergissing*, le hollandais *invullen* à l'allemand *ausfüllen*.)

Cette facile substitution des morphèmes – dont les exemples abondent – est de nature à éclairer leur intime parenté et cohésion sémantique, qui dénonce à son tour l'unité de leur origine. Certes, nous nous écartons ici de la conception ordinaire, qui voit dans l'irrégulière correspondance entre prépositions appartenant à diverses langues le signe de différences irréductibles et croit devoir nous mettre en garde contre des assimilations précipitées ou injustifiées. C'est ainsi que R. Kühner-Gerth dit dans son *Ausführliche Grammatik der griechischen Sprache* (II, 2, § 428) : « La variation dans la correspondance des prépositions d'une langue à une autre ne nous autorise pas à attribuer à une préposition toutes les significations qu'elle semble prendre dans les traductions ». Et un peu plus loin, l'auteur ajoute : « Chaque langue a sa façon particulière de voir les choses et demande par conséquent à être expliquée par elle-même et non par une autre langue. » Eh bien, il nous paraît impossible d'appliquer ce principe en toute rigueur. Quand, par exemple, le grec ἀυτί est expliqué par Kühner lui-même au moyen des expressions allemandes *vor, im Antlitz, gegenüber,* n'est-ce pas là une preuve que l'ensemble des emplois d'ἀυτί ne peut être entièrement compris qu'à l'aide d'une pluralité de traductions ? Comprendre les divers sens d'ἀυτί n'est rien d'autre que lui substituer tantôt l'un, tantôt l'autre de ces équivalents. C'est par là que le texte grec devient parfaitement intelligible. Déjà la division en plusieurs groupes des divers emplois d'ἀυτί suppose une référence implicite à une autre langue, puisque, précisément, la langue grecque ne marque pas formellement ces différences. C'est donc surtout la nécessité de faire un choix parmi les différentes traductions possibles, qui montre explicitement tous les sens que le mot ἀυτί possède en réalité[2].

Comment donc Kühner a-t-il pu vouloir confiner toute l'intelligibilité d'une langue dans les seules formes dont elle fait usage ? C'est en se trompant sur la portée d'une constatation qui ne demeure juste qu'à la condition de ne pas être trop généralisée. Incontestablement, les langues présentent des différences sémantiques non négligeables, et les cas où un morphème doit être rendu par plusieurs équivalents dans une autre langue peuvent provenir de telles différences. Le tout est de

---

[2] Ces traductions n'ont pas besoin de satisfaire parfaitement aux règles syntaxiques de l'allemand, pourvu seulement qu'elles permettent de bien apercevoir le sens du texte grec. En pareil cas, elles peuvent suggérer au traducteur de nouvelles possibilités de construction dans sa propre langue, des constructions encore inconnues et cependant pourvues de sens, qui, une fois employées, passeront peut-être dans l'usage. Si, pour nous en tenir à l'exemple d' ἀυτί, nous décidions de traduire constamment ce mot par *en face de*, il est probable que la traduction française resterait compréhensible malgré ce qu'elle aurait parfois d'insolite. Que si nous voulons éviter les tournures étranges (mais intelligibles) auxquelles nous condamnerait l'emploi exclusif d'*en face de*, nous sommes obligés soit de recourir à plusieurs traductions, c'est-à-dire d'employer *envers* et *contre* concurremment avec *en face de,* soit de trouver une périphrase qui remplacera ἀυτί par toute une proposition et donnera la clef de tous ses emplois.

savoir si ces différences sont irréductibles ou si elles ne sont pas au contraire propres à faire ressortir l'unité insoupçonnée des morphèmes. Le principe proposé par Kühner est donc renversé par les faits mêmes auxquels son auteur a voulu les rattacher : l'examen attentif d'un texte étranger fait refluer la pensée du traducteur vers sa propre langue ; il y prend conscience de certaines possibilités d'expression réservées à celle-ci ; puis muni de ces renseignements, il retourne au passage et en saisit alors les nuances d'une façon si claire et si certaine que l'original même paraît en fin de compte porter *vor, gegenüber, im Antlitz* à la place d'ἀντί. En revanche, ce qui demande vraiment explication, c'est-à-dire ce qui doit être ramené à quelque chose de plus fondamental, ce n'est pas l'identité d'ἀντί dans tous les cas où le grec s'en sert, mais la diversité de ses équivalents allemands ou français. Or, la projection du grec sur l'une ou l'autre de ces langues montre la relativité de certains cadres syntaxiques de cette dernière, et par contraste, une intelligibilité qui déborde largement ces cadres contingents. Qu'on imagine maintenant poussée à la limite une semblable interpénétration des langues. On verra s'effacer les restrictions accidentelles imposées par l'usage idiomatique ; ces particularités, une fois remises à leur vraie place, au lieu de continuer à occuper le premier plan, laisseront transparaître le langage universel que dissimulent les langues. Par l'adoption des tournures les plus essentielles, fussent-elles surprenantes à première vue, une langue tend à devenir dépositaire de tout ce qui peut être exprimé. Le rapprochement avec des expressions étrangères, une connaissance élargie de sa propre langue et l'utilisation habile (mais hardie, quand c'est nécessaire, et non pas uniquement conservatrice) de toutes les ressources qu'elle offre montrent bientôt à l'écrivain comme au philologue que chaque chose peut être dite de plus d'une façon. L'irrégularité des correspondances entre prépositions appartenant à diverses langues nous est sur ce point un indice de grande valeur.

Pour mieux l'apprécier, comparons cette correspondance avec d'autres. Nous pourrons établir l'échelle suivante :

1° Entre le latin *fero* et le grec φέρω, l'accord est complet jusqu'à effacer momentanément la différence des deux langues : même corps phonétique, même fonction grammaticale (puisque les deux mots sont des verbes), même sens et emplois à peu près identiques ;

2° Mais déjà *feram* ne correspond plus qu'imparfaitement à οἴσομαι; racine et flexion diffèrent ;

3° Ἀντί répond à la fois à *contra, pro, ante* et *adversus.*

4° Ἄν a tant d'équivalents latins qu'il est difficile d'en faire l'énumération exhaustive.

Quelle sera pour nous l'importance de ces diverses sortes de correspondances ? Celle du premier type concerne non seulement les radicaux, mais encore les catégories grammaticales et n'est donc pas susceptible de faire disparaître la distinction de ces dernières. Substantif et verbe demeurent chacun dans son domaine, tant qu'on leur trouve des pendants aussi parfaits. Mais une théorie n'a d'importance que dans la mesure où elle réussit à réduire de grandes différences. Nous n'avons donc à nous soucier que médiocrement de symétries achevées qui ne menacent en rien les frontières entre catégories. Pour prendre encore un exemple, l'équivalence entre le mot français *père* et le mot allemand *Vater* est d'autant moins instructive qu'elle est univoque et réciproque, c'est-à-dire que les deux mots se traduisent toujours exclusivement l'un par l'autre, parce qu'ils désignent une seule et même classe d'êtres. Le cadre grammatical du substantif n'est pas franchi, et cette catégorie continue dès lors à paraître foncièrement différente de toutes les autres. D'ailleurs le nombre des mots aussi parfaitement équivalents est peut-être moins grand qu'on ne pense ; mais cette discussion sortirait de notre sujet. Ce que nous nous proposions en donnant des exemples d'une telle équivalence, c'était surtout de mieux faire ressortir le caractère plus complexe et moins stable des équivalences du troisième et du quatrième type. À voir comment se correspondent les prépositions, on dirait qu'elles ont de la peine à sauvegarder leur individualité, alors qu'en raison de leur petit nombre elles devraient la maintenir plus facilement. Il y a là un problème qui mérite une étude approfondie. Bornons-nous à éclaircir l'affinité de la préposition et du morphème. En découvrant les raisons de cette affinité, nous saisirons mieux l'unité des catégories.

b) Équivalence des prépositions et des morphèmes. Explication sémantique de cette équivalence. – Les prépositions se remplacent plus facilement dans leurs emplois et dans leurs traductions que d'autres morphèmes, et c'est un signe de l'unité de leur origine. La difficulté de se maintenir dont chacune fait ainsi preuve montre bien qu'elles ne se sont pas suffisamment éloignées de leur source commune pour atteindre une réelle indépendance. Le vide sémantique que nous avons observé dans le morphème *de* n'est pas moins sensible dans tous les autres. Cette faiblesse caractéristique des mots chargés de préciser les rapports peut, sans excès de hardiesse, être rattachée à la catégorie sémantique même dont ces mots font partie. Car, pour l'intuition concrète et originaire, la catégorie du rapport, c'est l'espace. L'espace est le vide qui relie les choses et les situe les unes par rapport aux autres. Tout ce qui exprime la manière dont les choses sont reliées n'est pas représentation d'un objet, mais simple détermination de ce vide. Sans manquer entièrement de contenu positif, une telle détermination continue toujours à participer de la nature du vide. Voilà pourquoi les diverses expressions des relations spatiales, *pour, par, de, à*, sont si voisines de sens et si transitives qu'elles se remplacent à tout moment les unes les autres. Car les positions dans l'espace changent plus vite et plus facilement que leurs objets. Un simple déplacement suffit pour *que devant* devienne *derrière*, pour *qu'avant* se transforme en *après*, *sur* en *dans*, *dessous*, *dehors* ou *en travers*. Enfin, ces relations s'impliquent toutes plus ou moins. *Devant* a pour corrélatif *derrière*, *sur* ne saurait être conçu que par rapport à *sous*, *en travers* que par opposition à *dans le même sens,* et ainsi de suite. Au contraire, les réalités substantielles, leurs propriétés et leurs actions sont beaucoup plus indépendantes, et c'est pourquoi les verbes, les adjectifs et surtout les substantifs sont moins sujets au remplacement. Sans doute on y trouve aussi des variations. Une même chose a bien des aspects et paraît toute autre ou se transforme à nos yeux, suivant qu'elle est désignée par un nom ou par un autre. Aussi les langues contiennent elles plus de substantifs qu'elles ne désignent de choses réellement distinctes. Mais la proportion est beaucoup plus forte pour les morphèmes qui renvoient tous, en somme, à une seule et même chose, à l'espace. La grande affinité des morphèmes exprimant des rapports tient, nous a-t-il semblé, à ce que le modèle de tout rapport est en définitive l'espace. L'étendue est l'origine de tout ce qui la meuble, le vide indéfini est le fond sur lequel se détachent toutes les formes qui en dérivent, et, de même, tous les morphèmes proviennent du morphème zéro.

Mais ne nous trompons-nous pas ? Comment le vide morphologique peut-il être l'origine sémantique des nombreux objets acoustiques que sont les prépositions et les morphèmes ? Ce vide n'est-il pas plutôt un simple résidu, l'effet d'une abstraction supposée parvenue à ses dernières limites, la notion d'une forme dépouillée de son contenu ? La question revient à cette autre plus fondamentale : comment les éléments d'une combinaison, au moins deux en extension, peuvent-ils ne faire qu'un en compréhension ?

Bien qu'étant l'origine de tous les morphèmes servant à combiner des substantifs, le morphème zéro peut aussi exprimer lui-même un rapport quelconque, et, quand il remplit cette fonction, il abandonne son rang et ses prérogatives. C'est parce qu'on le voit figurer parfois au milieu des morphèmes dérivés qu'on en arrive à le tenir pour le moindre d'entre eux : en quittant momentanément la première place, il s'expose à se voir assigner la dernière. Mais, en réalité, ce n'est pas à côté des autres morphèmes qu'il figure, c'est au-dessus d'eux. Sa moindre détermination n'est pas un déficit et ne provient pas de la négation successive de tout ce qu'il y a de positif en eux ; elle est l'indétermination pleine de virtualités du morphème originel qui enveloppe tous les rapports possibles entre *A* et *B,* de *ce morphème qu'est la réunion même* de *A* et de *B* en *AB.*

B. LE MOT COMPOSÉ. - La combinaison réalisée par le morphème zéro (c'est-à-dire par la simple réunion des termes) étant antérieure à celles qui précisent et spécifient le rapport, il s'ensuit que *SS* est à son tour antérieur à *SP.* Et de même que la phrase *SP* a pour modèle la construction *SS* (dans laquelle les deux termes ne se distinguent que par leur forme), de même cette phrase en miniature qu'est le mot composé parcourt toute une série de degrés allant du moindre relief au relief le plus accusé. C'est ce qu'il s'agit maintenant de démontrer. On ne nous reprochera pas d'introduire à tort le mot composé dans des considérations sur la syntaxe. Car, tout comme la combinaison de deux substantifs ne se distingue pas radicalement de la phrase, de même le mot composé a ceci de commun avec la construction syntaxique qu'il réunit deux éléments en un seul. Au surplus, la transcription d'un mot composé démontre souvent son affinité avec la construction syntaxique. Par exemple, signifer – *signa ferens, signa fert* ; πατρ-ἀδελφος – πατρός ἀδελφος ; ἀκρόπολις – ἀκρα πόλις.

Le mot composé, lui aussi, a son morphème. C'est également le morphème zéro, dont l'importance vient d'être démontrée. Étudions-en maintenant le rôle sémantique.

Le principal morphème du mot composé consiste dans la place assignée aux éléments. Ce morphème n'est pas aussi variable que toute une masse de morphèmes interposés. Il ne peut choisir qu'entre les formes *ab* et *ba.* Ce choix est imposé par la succession inévitable des éléments. C'est cette nécessité temporelle (extrinsèque à l'unité du mot composé) qui, premier résultat de la chute de l'unité sémantique dans le temps, distingue ou oppose *ab* et *ba.* Cette chute aura encore pour effet de donner un sens différent à deux expressions d'une même pensée : *ab* prend facilement une autre signification que *ba*. Cette différence sémantique n'est qu'une conséquence (nullement la cause) de la différence morphologique ; bien qu'elle soit difficile à éviter, ce n'est qu'un accident, car il s'agit en principe de formuler intégralement le rapport entre *a* et *b*. Ainsi *ab* acquiert un sens qu'on figurera soit par *a de b,* soit par *b de a, ba* prenant alors le sens inverse. De par sa nature même, la différence entre *ab* et *ba* ne requiert qu'une expression vague ; et le morphème amphibologique *de* semble tout à fait propre à rendre le caractère incertain de cette différence. Néanmoins *a de b* et *b de a* se distinguent plus que *ab* et *ba*. La pure succession est plus ambiguë que l'expression, même indéterminée, d'une dépendance.

Si, dans telle ou telle langue, *ab* signifie surtout *a qui dépend de b,* c'est que cette suite de trois éléments y a pris un sens fixe et que cette langue a opté pour la dépendance *ab,* à l'exclusion de la dépendance également possible *ba*. Que ce choix ait quelque chose d'arbitraire et de contingent, c'est ce que prouvent : 1° sa fréquente inconstance dans une même langue, 2° le choix inverse opéré par d'autres langues. En grec ancien, par exemple, *ab* prend presque toujours le sens *a qui dépend de b* : αστύ-αναξ, πτολί-πορθος, μητρό-πατωρ, οἰκο-νομος. Et pourtant cette même langue présente des cas tels que ἀυδροπορ-φυρεύς et ἀνδροκογχυλευτής, cités par Hésychius. Cela prouve surabondamment que *ab* admet aussi bien l'interprétation *b de a* que l'interprétation *a de b*. Si l'une de ces interprétations prévaut dans une langue, l'autre n'en est pas absolument éliminée et n'attend, pour ainsi dire, que l'occasion de s'y faire habiliter. Elle s'introduit dans les composés où le rapport sémantique entre *a* et *b* est assez clair par soi-même pour se passer aisément de toute détermination grammaticale extrinsèque. Quand, malgré le sens habituellement donné aux diverses suites *ab,* un certain *ab* concret a une autre signification assez évidente et vigoureuse pour ne pas se plier à l'usage, il pourra devenir le modèle de nouvelles combinaisons ayant un sens analogue. Et partout où le rapport ne peut être qu'unilatéral et irréversible, comme dans le mot composé hollandais *boomstronk,* il importera peu que l'ordre habituel soit respecté ou non. Si un étranger commet l'erreur de renverser l'ordre, on ne l'en comprendra pas moins. Quand donc le rapport sémantique des éléments est univoque, le choix de l'ordre devient facultatif. C'est seulement lorsque ce rapport est équivoque que l'ordre adopté prend de l'importance en fixant le sens de la suite *ab.* Mais, si fort que soit l'usage, il peut toujours être vaincu dans un cas où la signification n'est pas douteuse et où toute indication formelle serait inutile. Une telle évidence se soustrait sans peine à la règle jusqu'alors suivie. On s'en aperçoit bien dans les langues où abonde le mot composé. En voici quelques exemples. En premier lieu il est impossible de rendre par une même périphrase le sens formel de toutes les combinaisons appartenant à un même type ; en allemand *Kriegszeit* signifie aussi bien « temps de guerre » que « durée de la guerre » et « époque de la guerre », *Kriegsgefangener* = « prisonnier de guerre », *Weltfreude* = *Freude an der Welt* ou « joie de vivre », *Weltweiser* = sage dans toutes les circonstances de la vie. En deuxième lieu on trouve des composés pouvant être formés dans l'un ou l'autre ordre, comme en grec moderne λαιμόπονος = πονόλαιμος ψωμοτύρο = τυρόψωμο.

Dans les mots composés on retrouve par ailleurs les mêmes degrés de relief que dans la forme *SP* :

1° le pur redoublement, type peu répandu pour les mêmes raisons que dans la phrase ;

2° la coordination de termes appartenant à la même catégorie, par exemple ἰατρό-μαντις ;

3° la combinaison de termes appartenant à des catégories apparentées (substantif et adjectif), par exemple ῥοδοδάκτυλος ;

4° la combinaison de termes appartenant à la même catégorie, mais remplissant des fonctions différentes, par exemple en grec moderne λαιμό-πονος et πονό-λαιμος ;

5° la combinaison de mots appartenant à des catégories aussi différentes que possible : νουν-εχής, ἐχέ-φρων, ται-αρχος, περι-πλους.

On voit donc le mot composé parcourir une série de degrés comparables à ceux de la forme *SS* qui, partie de la simple répétition aboutit à la forme *SP*. La structure du mot composé est une réduction de la phrase et sa parenté avec celle-ci est bien certaine. La faveur dont jouit le mot composé du type le plus relevé n'est qu'un cas de la tendance syntaxique générale à combiner des éléments aussi dissemblables que possible.

C. SUBSTANTIF + ADJECTIF. – Le mot formé de deux substantifs n'épuise pas toutes les possibilités de composition. Le relief dû au substantif dépendant et modifié n'est pas le seul réalisable ni le plus prononcé, puisque la catégorie grammaticale reste la même. Sans doute, l'adjonction d'un adjectif à un nom peut sembler ne pas être une cause de relief bien supérieure à l'adjonction d'un substantif modifié, *domus patris,* par exemple, équivalant à *domus paterna.* Mais avec l'adjectif surgit une qualité nouvelle, le morphème du genre, que détermine le contact entre les termes. En effet, en soi-même, l'adjectif ne dépasse pas la simple disposition à recevoir la marque sensible du genre, et il ne la reçoit qu'à la faveur d'un rapprochement avec un nom. Ainsi le genre morphologique a une double racine : l'aptitude de l'adjectif à se modifier et l'action modifiante du substantif. C'est dans l'influence qu'il exerce (et sur d'autres mots encore) que consiste le soi-disant « genre » du substantif. En grec et en latin, l'adjectif a jusqu'à trois genres, et l'unique « genre » du nom se réduit au comportement des adjectifs (et d'autres mots) quand ils sont mis en présence du nom. L'adjectif « s'accorde » avec le substantif sans se fondre avec lui et s'unit ainsi à lui à distance : union semi-interne et semi-externe. À son tour, la combinaison *substantif* + *adjectif* manifeste une propension à réunir des éléments aussi peu semblables que possible. L'emploi d'un adjectif ne se distinguant du substantif que par la forme catégoriale, comme dans *justa justitia,* est rejetée par le sentiment linguistique tout autant que la construction du type *un singe qui singe.* Du point de vue du sens il est même presque impossible d'unir un adjectif à un substantif de même racine, qui n'est en somme que le même mot. Car, tout comme ce n'est justement pas le singe qui singe, ce n'est pas la justice qui est juste : juste, ne peut qualifier proprement que des actes de justice. Il en est ici comme de ce que Plotin faisait remarquer sur un autre plan d'argumentation : ὥσπερ τὸν αἰῶνα αἰώνιον *(Ennéades,* II, 7, 2). En affirmant que *ce n'est pas l'éternité qui est éternelle,* Plotin (qui ne songeait pas le moins du monde à l'expérience linguistique) exprima une vérité tout à fait conforme à l'expérience linguistique : l'adjectif ne s'applique proprement qu'à un substantif différent. Toutefois la formule même de Plotin prouve que la forme *SS* n'est pas absolument dénuée de sens dans le domaine de l'abstraction. La forme relevée courante et concrète n'est pas essentielle, nous l'avons déjà dit, et la pensée originaire est plutôt de la forme *SS.* Leibniz l'exprimait bien en admettant que toute vérité vient de ce que « le prédicat est contenu dans le sujet » *(proedicatum inest subjecto).* Autrement dit, le sujet ne saurait légitimement recevoir des qualifications qui ne répondent pas à son essence, et par conséquent tout degré d'identité entre le sujet et le prédicat est possible. De ce point de vue il n'est pas étonnant – et ce n'est pas un pur hasard – que les expressions du type *dépourvu de relief,* tant évitées par le langage ordinaire, soient relativement fréquentes dans la spéculation abstraite ; ἔστιν εἶναι et νόησις νοήσεως en sont des exemples.

D. LE VERBE. - Dans les langues classiques et jusque dans les nôtres, le verbe est une catégorie d'une richesse si différenciée qu'à lui seul il reflète toute la matière des autres catégories. Si l'indicatif est son mode essentiel, l'infinitif remplit la plupart des fonctions du substantif, le participe celles de l'adjectif. Disposant d'une telle variété d'articulations internes, le verbe suffit à réaliser des constructions du plus haut relief, telles que *facere decerno, maneas quaeso, lubens fecit*. Les unités ainsi construites posent, elles aussi, la question de la dépendance de leurs éléments. Le participe est à l'indicatif à peu près ce que le génitif est au nominatif, cf. λανθάνω ποιών et *oblivio facti*. Mais à côté de λανθάνω ποιών on trouve la forme converse λανθάνων ποιώ. Une seule pensée est donc à la base de ces deux expressions, ce qui atténue considérablement leur différence apparente : λανθάνω ne dépend pas plus de ποιώ que ποιώ ne dépend de λανθάνω. Si une telle réversibilité devenait la règle, si chaque suite consacrée *AB* avait pour complément une suite *BA*, la fonction du morphème, qui est précisément de fixer le sens (en même temps que l'ordre) des termes, en serait réduite à néant. Le morphème deviendrait plus vide encore que lorsqu'il se borne à signifier une vague dépendance. Mais cette neutralisation totale ne se produit jamais. Grâce au nombre très supérieur des cas où le participe exprime l'accessoire et l'indicatif le principal, un ordre prévaut qui permet d'appliquer la construction partout où se dessine une différence entre le principal et l'accessoire. Mais cet ordre fixé par l'usage fait aussi croire à une semblable différence quand il n'en existe pas réellement dans la pensée.

Conclusion

Arrêtons ici notre étude. Si la méthode que nous avons suivie est valable, il doit être possible de parvenir aux plus hautes et dernières équivalences, à l'unité fondamentale de la syntaxe. Cette unité s'annonce dans l'unité des catégories (encore peu sensible et qui ne se laisse discerner que lorsqu'on élargit beaucoup l'horizon de la linguistique comparée). Disons seulement sous quelle forme nous imaginons l'achèvement de notre recherche.

Les catégories voisines comme le substantif et l'adjectif décèlent leur unité originaire par bien des traits communs.

L'histoire des langues nous apprend à connaître de fréquentes transitions entre ces catégories. En outre, les adjectifs faisant fonction de substantifs et les substantifs servant d'adjectifs sont nombreux. Il est moins facile de voir ce qui unit le nom au verbe. Leurs domaines sont particulièrement séparés dans nos langues indo-européennes. Il y a cependant des dérivations tendant à débarrasser les substantifs et les verbes de leurs différences fonctionnelles, puisque les substantifs abstraits peuvent indiquer aussi bien l'action que l'acteur. Plus significative encore est cette curieuse particularité de certaines langues américaines que des formes verbales y désignent des objets (un oiseau = il vole). Ces données comparées viennent confirmer notre thèse statique, fondée sur l'équivalence de *gaudium hominis* avec *homo gaudet* et *homo gaudens*. Les grammaires des langues extra-européennes citent de nombreuses données de ce genre. On n'en trouve pas dans le domaine restreint de la souche indo-européenne, où la distinction entre nom et verbe est justement très marquée. Les équivalences qui apparaissent quand on élargit l'horizon linguistique se dissimulent dans nos langues sous des distinctions particulièrement raides. Réservons ces enquêtes complémentaires pour un travail plus poussé et résumons, pour finir, les points établis ici (qui recevront de plus amples développements). Nous sommes partis de l'unité de deux termes, base essentielle de toute intelligibilité et équivalence. L'équivalence est la plus simple quand la dualité se réduit au strict nécessaire, autrement dit à la pure distinction de deux mots. Puis l'équivalence se complique au fur et à mesure que se diversifie cette distinction primaire ; l'équivalence persiste et s'élabore à travers une richesse croissante de distinctions. Celles-ci n'ont cependant pas de valeur absolue. Le but dernier de notre marche est de fondre les distinctions les plus résistantes, de manière à en établir l'ultime et concrète équivalence. Ainsi se réaliserait l'unité de la syntaxe, ainsi serait opéré le retour au moule originaire à travers les multiples formes et différenciations concrètes de la réalité linguistique.

Quelques perspectives philosophiques de la phonologie

Quand on cherche des perspectives philosophiques dans une théorie qui est limitée à un domaine spécial d'une science empirique comme la phonétique, on n'a pas la prétention d'ajouter à cette théorie de nouvelles matières ni de vouloir en indiquer les limites. La tâche à laquelle le philosophe doit se borner est plutôt d'interpréter la nouvelle théorie d'après sa portée la plus générale, qui est la plus éloignée de toute application concrète. À ce travail il mettra tout son zèle. Par la distance même qui le sépare des recherches de détail il semble particulièrement disposé à dégager de la théorie comme elle est émise, sa formule la plus universelle, qui sera plus serrée d'après le degré auquel elle sondera les profondeurs qui relient les faits à leurs principes. Cette fonction d'interprète respectueux d'un ensemble de conceptions dont l'origine est étrangère à toute préoccupation synthétique n'oblige cependant pas moins à rester critique qu'à se pénétrer des matières où la théorie est située.

Ici on bornera ses réflexions à trois points : 1° la nature du phonème, la question de sa réalité et de sa fonction ; 2° la nature du système de phonèmes et 3° la question de l'importance de la théorie phonologique pour la théorie générale du langage.

La phonologie est sortie de la phonétique en opposant à la dernière le nouveau concept du phonème, ou, si on préfère, en mettant ce concept déjà connu au premier plan. Parmi les objections et les malentendus que cette notion a rencontrés, il

---

1933 – Intervention au 2ème Congrès International des Linguistes, Genève. « Quelques perspectives philosophiques de la phonologie », *Archives néerlandaises de phonétique expérimentale* 8/9.

y en a de très philosophiques : le phonème serait une abstraction sans réalité, ou bien, ce qui est plus dire, il n'existerait tout simplement pas. En effet, la définition du phonème paraît se prêter à ces objections, puisqu'en premier lieu elle est négative : le phonème n'est pas le son réalisé (qui est évidemment une réalité), il n'est aucun son réalisé, il ne saurait être réalisé, il est quelque chose d'idéal. D'où la conclusion de la part de certains phonéticiens soucieux de ne jamais transcender le réel : le phonème est une chose inexistante. Cette conclusion tient à un préjugé qui est des plus naturels et des plus difficiles à démasquer, celui que la seule voie donnant accès aux réalités de la langue est celle de l'observation des sons comme tels. Eh bien, c'est un principe qui parait simple, mais qui est plutôt simpliste. Il y a lieu de distinguer entre deux sortes de simplicité, qu'on peut appeler la subjective et la véritable, ou, si on veut, celle du point de vue et celle du principe. Alors la prétendue simplicité de l'observation des sons comme tels n'est pas autre chose que la simplicité simpliste. Ceci me paraît s'éclaircir par l'analogie avec une science dont le passé remonte bien plus loin que celui de la phonétique.

Il est connu qu'en astronomie le système de Ptolémée après avoir prévalu dans l'antiquité, a été remplacé définitivement par celui des temps modernes. Et pourtant le système antique est bien plus convaincant pour celui qui se place sur la base de la simple observation que la théorie pleine d'abstractions mathématiques qui est la conception moderne des mouvements des corps célestes. Ici le progrès a consisté justement en ce que de la simplicité simpliste qui amenait à une infinité de données toujours nouvelles et jamais en accord avec les explications projetées sur la même base, l'esprit ait su se libérer pour atteindre l'attitude vraiment simplifiante qui l'a rendu capable de calculer les événements sphériques en les soumettant aux quelques règles du calcul différentiel. Simplicité simpliste amenant aux embarras infinis de la théorie des cycles et épicycles de Ptolémée ; simplicité véritable, qui par un puissant effort d'abstraction a rendu l'esprit maître des objets.

Dans le domaine des sons il n'en est pas autrement : la théorie des phonologues, c'est la révolution de Copernic en ce sens, que c'est la façon la plus simple de présenter les phénomènes sonores. Par contre la phonétique antérieure, si elle se tient strictement à sa méthode d'observation tout court, ne saurait éviter de tomber dans un abîme de phénomènes individuels et toujours nouveaux. Même si, de sa façon elle arrive à des classifications, les cadres qu'elle dresse ne sont pas d'une valeur explicative égale à celle de la phonologie.

Mais, a-t-on objecté, ces éléments dont la phonologie fait cas, ne sont que des constructions ou des abstractions. Nouveau malentendu : ils le sont si peu qu'il importe de souligner que ce sont des faits d'expérience, qui se manifestent dans la réalité ou nous vivons et qui sont expérimentales à plus juste titre que les prétendus sons objectivement perçus, lesquels personne ne perçoit à moins de se décider à devenir phonéticien. Si les explications que les phonologues eux-mêmes en ont donné ont pu fournir quelques armes aux défenseurs de l'ancienne phonétique et s'il n'est pas trop abusé qu'en philosophe on ose vouloir aider à la défense, il importerait de relever que le terme visé ou intentionné (all. gemeint) qu'on emploie pour caractériser le phonème en opposition au son réalisé, prête à des confusions puisqu'il ne relève que très unilatéralement la nature du phonème. Si ce dernier n'était que « gemeint », il serait purement subjectif et individuel. Il varierait autant que varient les prononciations infiniment nuancées d'un même mot ; avec cela il perdrait tout ce qui le rend précieux pour la compréhension des phénomènes.

Il est bon de souligner, que le phonème est dans la conscience linguistique, que ce n'est pas une chose inconsciente, que sa connaissance intime est présente à chaque membre d'un groupe linguistique, mais il est insuffisant de le caractériser seulement comme « visé ». Ce qui est visé par un individu peut très bien ne pas être compris comme tel par un autre.

Le phonème est aussi peu visé qu'il n'est une norme idéale ou une moyenne statistique. Au sujet de ce qu'il vise, l'individu peut rester solitaire. Mais cela n'est jamais le cas avec le phonème parmi les membres d'une collectivité linguistique. Le phonème ne peut justement pas rester auprès de l'individu qui le vise ou réalise, il est aussi essentiellement reconnu par le sujet écoutant qu'il est visé par le sujet parlant. Et entre ces deux l'entente est des plus parfaites, à ce point qu'il y ait moins de malentendu sur les phonèmes que sur n'importe quel autre instrument de l'expression linguistique. S'il en est ainsi, il faut aller plus loin en se disant, que l'ensemble des phonèmes d'une langue, par son caractère bilatéral, représente une valeur tout objective. Cela posé on peut entrevoir que ce ne sont pas les individus qui dressent entre eux les phonèmes dans le but de s'entendre après, mais que plutôt inversement, c'est dans les phonèmes que les membres de la collectivité linguistique se retrouvent, que les phonèmes sont et l'instrument et le contenu originaire de leur entente. En le prenant de ce biais le phonème se définirait comme le plus petit élément sur lequel les individus d'une communauté linguistique s'entendent en ajoutant, que toute entente d'ordre supérieur est plus problématique et plus menacée que celle-là. En même temps le phonème se rangerait parmi les contenus significatifs de la langue et la sémantique commencerait à un degré plus bas qu'il na été conçu avant. Le son serait au phonème ce que le mot serait au sens.

Chaque langue ayant son système particulier de phonèmes, le problème se pose, quel travail interne de la conscience collective a produit pour une langue déterminée ce système et pas un autre. Tous les systèmes phonologiques ont ceci en commun, qu'ils se présentent comme des ensembles de sons, choisis non sans ordre, parmi les possibilités infiniment étendues. Le phonème est un son, élu parmi d'autres pour être un sens. Ce sens ne se circonscrit pas comme il est le cas avec les mots et les phrases : il se sent. La liaison entre l'élément sonore et le fonctionnel est tellement intime ici qu'on arrive à peine à séparer l'un de l'autre dans la pensée. On ne peut demander aux membres d'une collectivité linguistique l'explication du phonème *k* de l'angl. *c*ool, *k*eep, *c*all, sans entendre produire ce *k* dans ses manifestations différentes. Et pourtant, si intimement que le phonème relie le son au sens, la pensée les distingue et la question se justifie : pourquoi ce son-ci est-il ce sens-là ? Autant que cette question se pose, il reste dans l'union du son au sens un facteur contingent, irrationnel. Cette contingence paraît se réduire quand on considère le phonème isolé jusqu'ici, dans l'ensemble du système, de son système. C'est en choisissant les phonèmes corrélatifs que la langue arrive à effacer le contingent provisoire du choix de n'importe quel phonème particulier, c'est en procédant systématiquement dans la réunion des phonèmes qu'elle légitime ce qui paraît irrationnel d'un point de vue limité.

Pour terminer, quelques mots sur la réception des découvertes phonologiques dans la théorie générale de la langue. Ces découvertes paraissent signaler le provisoire de la distinction entre une science des sons et une science des significations. La science des phonèmes est déjà de la sémantique, à savoir la plus élémentaire et celle qui doit être la base pour comprendre les étages supérieurs. Si nous comprenons, grâce à la théorie phonologique, que la sémantique commence à un étage plus bas qu'on n'avait supposé jusqu'ici, il importera de trouver la loi qui ferait comprendre le système phonologique comme premier terme d'une série ascendante de complications, ou toujours un même principe fondamental est appliqué. Une telle formule paraît se dessiner, quand on compare le phonème avec le mot, le mot avec la phrase.

Il est généralement reconnu que le mot n'existe pas isolément, qu'il fonctionne toujours dans un ensemble. Cependant personne n'ira jusqu'à nier que le mot n'apporte son secours à la construction de la phrase, à dire qu'il n'est rien. Le mot, en prêtant son secours à la construction de l'ensemble qui est la phase, n'y figure pas comme il figure à l'état isolé ; il prend un autre aspect, il s'efface dans les services qu'il rend. Cet effacement s'impose aux sujets linguistiques avec une telle force qu'on ne pourrait se représenter aucunement la façon dont le mot se présente à l'état isolé, autant qu'on est emporté par le courant de la phrase. Il ne paraît pas être autrement du phonème : lui aussi s'efface plus ou moins, mais sans disparaître entièrement dans les ensembles qui sont les mots. C'est une sorte d'oubli de la valeur du phonème isolé que la conscience linguistique s'impose pour arriver à faire fonctionner ces unités supérieures qui sont les mots. La supériorité sémantique du mot envers le phonème consiste dans ce que le phonème n'admet pas la séparation entre son et sens, tandis que le mot dispose de la possibilité d'être expliqué par d'autres moyens linguistiques. En même temps au sujet du mot il y a plus de malentendus possibles qu'au sujet du phonème, mais moins qu'au sujet de la phrase et des autres unités plus complexes.

Dans l'hiérarchie qui monte du phonème au mot, du mot à la phrase deux lois directrices et dont l'union est étroite, se font entrevoir, celle du choix systématique qui règle les rapports des éléments sémantiques et celle de la synthèse, qui met ces éléments au service de buts expressifs qu'à l'état isolé et distinct ils ne pourraient remplir. Les sons sont élus pour être des phonèmes, les synthèses de phonèmes pour être des mots, les synthèses de mots pour être des phrases. Les sons qui restent en dehors de ce choix restent des sons, et ainsi les synthèses de phonèmes et de mots. Choix et synthèse constituent les lois fondamentales de la langue, conçue comme système sémantique à plans superposés, dont le plus bas est celui des phonèmes et dont le sommet ne se laisse jamais fixer en définitive.

Pas de discussion.

Le langage comme fonction symbolique

La signifique[1] parle d'« actes de langage ». Elle entend par là que le langage n'est en fait rien d'autre qu'un usage linguistique qui, lui, n'existe que comme une compréhension mutuelle entre quelqu'un qui parle et quelqu'un qui écoute. Les signifistes insistent avec force sur le caractère « actuel » du langage ; selon eux, le langage n'est jamais donné indépendamment de l'acte qui en fait usage et cet acte, à son tour, est toujours donné conjointement avec un utilisateur et un but déterminé par un usage, par exemple celui d'influencer autrui. Excepté dans le cas d'exercices de langue et de conversation, on ne parle pas juste pour parler mais bien pour communiquer quelque chose à autrui. En ce sens, il est vrai qu'il n'y a pas de langage en-soi, il s'agit là d'une abstraction que l'on ne rencontre réellement que comme un moment de la relation entre locuteur, intention, auditeur, etc.

C'est le bon droit des signifistes que de souligner qu'il n'y a pas de langage en soi. Ce faisant ils s'attaquent à une conception suscitée de façon involontaire par le mot « langage », lequel donne à penser que le langage est une sorte de chose existante en-soi et détachée de tout usage. Au siècle passé,

---

1933 – Cours *ex cathedra* donné à l'Université d'Amsterdam.
« De taal als symbolische functie », in: L.E.J. Brouwer, *De Uitdrukkingswijze der wetenschap,* Groningen, Noordhoff.

[1] Théorie sémiotique proposée dans les années 1890 par Victoria, Lady Welby (1837 – 1912) en lien avec les idées de C. S. Peirce. Reprise au Pays-Bas par le « mouvement signifiste néerlandais » (Nederlandsche Signifische Beweging), lequel comptait des figures telles que le psychiatre Frederik van Eeden (1860 – 1932) et le mathématicien L.E.J. Brouwer (1881 – 1966).

d'éminents linguistes tels que le romantique Wilhelm von Humboldt et le positiviste Hermann Paul ont précisément mis ce fait là en évidence. À l'époque, il s'agissait d'une découverte qui amenait une vision plus ample et stimulante. On s'avisait alors que le caractère inanimé du langage tel qu'on l'avait envisagé jusqu'alors n'en constituait pas l'aspect essentiel. La découverte de la vitalité du langage comme parole semblait aussi promettre une nouvelle vie aux concepts de la linguistique.

L'insistance de Humboldt, de Paul et des signifistes sur le lien entre langage et acte de langage ou entre acte, intention et effet est toutefois si partiale qu'elle est contredite en permanence par la réalité. En effet, l'objet même auquel on refuse une existence autonome et qui soi-disant ne peut être quelque chose qu'en connexion avec la réalité empirique, est justement traité de façon indépendante par la linguistique, dont le nom [taalwetenschap – science du langage] démontre bien qu'elle a pour objet le langage et le langage seulement. Ainsi, les deux positions sont correctes : le langage n'existe jamais que comme acte de langage, comme moyen orienté vers un but externe ; mais il existe également une science du langage qui ne prend pour objet ni l'acte, ni le but, ni l'effet, mais bien le langage lui-même et qui, de plus, ne pourrait être la science autonome qu'elle est si en un certain sens son objet n'était pas lui aussi donné de façon autonome. L'opposition entre le langage pris comme une chose à part et le langage considéré dans le contexte concret de l'action humaine se réduit ainsi à une opposition de point de vue : la signifique *envisage* unilatéralement l'acte de langage et ses effets ; la linguistique *envisage* en lui-même le facteur qui ne peut manquer d'apparaître en tant que moyen dans ce contexte concret, c'est-à-dire le langage.

Le langage est donc un *moyen* qui peut être étudié tant en lui-même qu'en relation aux buts qu'il sert. La linguistique étudie le moyen en lui-même ou, tout du moins, elle part du moyen et se demande quels buts peuvent être atteints grâce à lui. Elle ne pourrait pas faire cela si le moyen était quelque chose de contingent et d'arbitraire au regard du but qu'il poursuit. Il n'y aurait alors pas de véritable relation entre le moyen et le but : un moyen identique serait par exemple en mesure d'accomplir plusieurs buts et ce serait parfois un résultat, parfois un autre qui serait atteint. La relation entre but et moyen doit se conformer à une norme pour qu'une connaissance scientifique du moyen soit possible.

Puisque nous définissons désormais le langage comme un moyen, il faut nous occuper dans les pages suivantes des questions de sa création et de son fonctionnement. Cette démarche est hypothétique : nous ne pouvons que demander comment nous nous représentons les modalités de la genèse de ce moyen à partir du donné et des instruments conceptuels dont nous disposons. À côté de cette vision hypothétique et donc constructive, il existe une approche empirique qui répertorie et classe les ressources que met à notre disposition le langage tel qu'il se constitue dans une tradition historique.

La naissance du langage ne peut pas être observée, elle ne peut être que pensée. La question est donc ici de savoir quelles conditions ont rendu possible le langage. Qu'existait-il déjà, dans quelle nouvelle situation le langage est-il apparu et que s'y est-il ensuite ajouter ? Pour que le langage soit possible, l'homme devait déjà exister comme être de volonté et d'ambition. La volonté humaine est une condition certes nécessaire mais pas suffisante pour expliquer le langage. En sus de l'ambition, il faut une deuxième force fondamentale : l'intelligence. Ces deux forces sont données avec l'être humain : elles ne sont pas dérivables l'une de l'autre et ne peuvent pas non plus être réduites à un fondement unique. Leurs relations réciproques se laissent mieux décrire que leur existence séparée. Telles qu'elles apparaissent dans l'expérience, elles peuvent d'ailleurs entretenir des relations variées. L'ambition, prise en elle-même, reste sans direction, sans fondement, aveugle. On ne peut comprendre pourquoi elle devrait exister plutôt que non, elle est contraire à l'intelligibilité et à l'entendement. Mais, prise en elle-même, l'ambition est aussi une abstraction qui n'est jamais réellement donnée. Dans la réalité nous ne trouvons en effet que des ambitions *particulières* qui sont toujours liées à l'intelligence ; il ne peut y avoir d'ambition déterminée qui ne s'oriente vers un but et son horizon. Une ambition guidée par un but n'est plus aveugle : elle fait face à son but. L'intelligence qui définit ce but n'est ici encore que subsumée à l'ambition ; elle ne fait que guider l'ambition vers son but, sans lequel celle-ci ne peut conduire à l'action. Définir un but est la fonction la plus primaire et la plus simple de l'intelligence. Mais l'intelligence peut aussi aider à la réalisation d'un but après l'avoir défini, elle peut aider à surmonter la distance qui sépare l'ambition du but à l'horizon : l'intelligence semble donc autant en mesure de définir un but que de sélectionner les moyens. Bien qu'elle propose à la volonté les moyens et les chemins à emprunter, l'intelligence n'équivaut pas elle-même à la volonté. Elle apparaît certes à l'origine entièrement au service de la volonté, mais elle n'est pas liée à elle de façon nécessaire, elle est libre par rapport à la réalisation des buts et la mise-en-œuvre des moyens qu'elle-même préconise à la volonté. C'est sur la base d'une connaissance des moyens qui permettent d'élaborer ou d'obtenir quelque chose que l'intelligence voit comment quelque chose peut être accompli. Cette connaissance rend possible, mais n'induit pas l'emploi de ces moyens. Le champ de l'ambition est limité par la manière dont les buts, les moyens et les chemins à suivre sont mis à sa disposition par l'intelligence.

Le langage est donc un des moyens que l'intelligence emploie afin de rendre possible la réalisation d'une ambition et grâce auquel, de plus, de nouveaux buts sont proposés à la volonté. Que ceci constitue l'origine du langage, on ne peut l'établir qu'hypothétiquement à partir du fait que : 1° le langage semble être utile à l'ambition et que l'accès au langage et l'accès au domaine des buts dépendent l'un de l'autre ; 2° les éléments du langage peuvent être compris comme une série de groupes de symboles de complexité croissante qui se présentent comme la continuation des moyens qui étaient à la disposition de la volonté avant l'apparition du langage.

Le langage n'est en effet pas le premier moyen que l'intelligence ait inventé au profit de la volonté. Un être psychophysique précède le langage : le corps. Il n'est pas nécessaire de croire la métaphysique de Schopenhauer et de concevoir l'organisme dans son entier comme une manifestation de la volonté pour reconnaître le caractère médiateur et soumis à la volonté des organes particuliers que sont les yeux, les dents ou les mains. Similairement, on peut constater qu'à chaque organisme dans son ensemble correspond une ambition spécifique, qui n'est pas guidée par une représentation consciente et qui contribue à maintenir son unité. Alors que les besoins liés à la conservation de l'organisme s'expriment dans des organes déterminés, les organes des sens constituent eux des formes de connaissance qui sont liées à l'organisme et qui produisent le matériau nécessaire à l'existence. Le langage au sens large a dû exister avant la parole, qui n'a pu commencer qu'avec l'apparition de l'organe du son. En tant que moyen pour réaliser des buts, le langage constitue la continuation des moyens fournis directement par l'organisme, c'est-à-dire les organes. Là où il n'apparaît pas spécifiquement comme parole, le langage doit être compris comme la continuation des organes de la vue et de l'action par excellence, les yeux et les mains. Ceux-ci possèdent la fonction la plus différenciée dans le système opératoire de l'organisme. L'œil n'est pas seulement l'organe de la reconnaissance par excellence : la vue possède également un pouvoir originel de signification et, avec le geste de main, elle constitue un moyen pour transmettre la volonté. La main ne dispose pas uniquement de la fonction du toucher, qui sert de connaissance approximative ; elle est en même temps un moyen pour prendre, retenir, soutenir. En plus de toucher, elle peut, guidée par l'œil, saisir et atteindre. Grâce à cette coopération de la main et de l'œil, l'homme est en mesure de s'orienter vers des buts hors de son entourage immédiat ; en plus d'être un organe de connaissance, la main constitue un moyen pour atteindre des buts éloignés et aspirer à d'autres encore plus lointains. Elle est la ressource originelle de l'organisme et, en même temps, de la main part l'initiative vers d'autres moyens qui la dépassent elle-même. Tout acte de fabrication prend sa source dans la main, la technique poursuit à plus grande échelle ce que la main a commencé. Les objectifs que cette dernière ne peut réaliser ont ainsi besoin d'elle pour créer des moyens qui la complémentent et s'y substituent là où elle n'est pas suffisante. Ici également, l'intelligence est nécessaire pour déclencher l'emploi des moyens. Le complément artificiel le plus primaire de la capacité préhensive de la main est exhibée déjà par les anthropoïdes de W. Köhler : il s'agit de l'idée qu'un bâton puisse servir de prolongement de la main pour atteindre de la nourriture et, à un stade supérieur, qu'un autre bâton puisse servir pour encore prolonger le premier. Ici l'intelligence inventant des moyens ne se limite déjà plus à prolonger inconsciemment des organes particuliers. Chez l'animal déjà, elle produit avec les organes, dans des situations favorables, des outils qu'il ne serait pas possible de créer sans au moins une lueur d'intuition quand au matériau dont ils sont tirés.

L'outil est donc un moyen que l'intelligence découvre et que la main contribue à fabriquer. L'outil élargi le champ d'action des organes, il s'y substitue et les soutient ; il surmonte les limitations auxquelles le corps se trouve confronté ; il vise et obtient plus de force, de rapidité et d'endurance, ainsi qu'une économie d'énergie et de temps ou encore un dépassement de tous les obstacles auxquels le corps et ses organes se trouvent confrontés.

Le langage est lui-même aussi un outil qui permet de dépasser les limites initiales des possibilités humaines. En contraste avec tous les instruments qui servent à conquérir la nature et grâce auxquels l'homme, en tant que créature intelligente, s'affirme et s'enrichi face à la nature morte, le langage est un instrument au service des rapports entre les hommes, c'est-à-dire de la compréhension mutuelle. Les moyens créés par l'intelligence au service de la volonté se divisent donc en deux groupes : ceux qui sont dirigés vers la nature et ceux qui rendent possible et encouragent la compréhension humaine. Cette division s'opère bien sûr à partir d'un tronc commun ; les instruments dans l'un ou l'autre sens ne peuvent à l'origine pas être pensés de manière vraiment distincte. Aussi convient-il ici de se demander si une structure commune sous-tend ce lien génétique. Une telle structure existe : ce sont les mêmes organes qui servent d'outil, qui servent à créer des outils et qui donnent lieu à la compréhension. *La main, qui est à l'origine de toutes sortes d'instruments, est aussi à l'origine du langage.* Dans les deux perspectives, *l'outil* apparaît parce que *l'organe* est insuffisant. Ce résultat négatif et l'insuffisance des moyens donnés avec le corps deviennent quelque chose de positif parce que l'intelligence ne s'en contente pas. L'intelligence surmonte l'échec de ses tentatives dans deux directions : dans le sens de la nature, par le prolongement et l'accroissement artificiel des ressources (la technique) et dans le sens de la société humaine, par la compréhension mutuelle dans le langage. L'acte de langage originel est le geste, lequel prend sa source dans le mouvement de la main. La main tendue qui n'atteint pas son but se convertit en une main qui réalise un acte de langage ; alors qu'en soi elle reste un organe qui n'atteint pas son but, elle est comprise et finalement se comprend elle-même comme une main qui *indique*. Avant le langage, il y a donc le geste et, comme toute première origine du langage, le geste de la main tendue. Sans l'intelligence, ce geste ne pourrait ni être reconnu comme une main qui indique, ni se connaître et se vouloir lui-même comme tel.

De même que l'acte de tendre la main n'équivaut pas à indiquer quelque chose, mais est converti à cet emploi, l'acte d'indiquer ne revient pas à montrer. Une main indiquante ne se montre pas elle-même, elle montre plutôt qu'elle n'atteint pas ce vers quoi elle est tendue et elle se mue alors en une indication de l'objet désiré. L'intelligence qui fonde la communication saisi l'aspect négatif du geste de la main indiquante, mais elle l'interprète avec sympathie et lui attribue alors la signification d'une demande d'aide. Parce qu'elle est comprise avec sympathie, la main se transforme d'un phénomène négatif en un phénomène positif ; interprétée comme une demande d'aide, elle reçoit une nouvelle chance de succès. La main interprétée comme acte de langage ne se comprend tout d'abord pas elle-même comme étant déictique : elle ne se connaît que comme main tendue, elle continue à vouloir obtenir ce qu'elle désire et éprouve sa propre incapacité à atteindre son objet désiré alors même qu'elle se tend vers lui. Il faut un second acte de l'intelligence pour que la main découvre comment elle est perçue et pour qu'elle obtienne alors une connaissance d'elle-même et de sa fonction déictique. Seul ce savoir propre lui fait découvrir le moyen pour dépasser son incapacité à atteindre l'objet. Ce moyen est la compréhension sympathique de l'autre. Se sachant compris, l'organe du toucher peut donner un nouveau sens à son échec, il peut être interprété comme déictique.

La main déictique s'élabore donc à partir de l'échec de la main tendue, qui est réinterprétée de façon positive et se découvre elle-même comme étant déictique. Initialement, seule une main qui n'atteint pas son but est déictique ; la main qui atteint son objet rempli adéquatement sa fonction dans l'acte d'atteindre l'objet et ne reçoit dès lors pas d'autre fonction, telle que l'indication. Le fait d'atteindre son objet fait s'assimiler entièrement l'organe en question à sa fonction, car un but qui est atteint par des moyens déterminés ne soulève pas de nouvelle question quant aux moyens mis en œuvre. Toute nouvelle fonction qui est découverte par l'intelligence peut toutefois s'émanciper de la situation initiale dans laquelle elle a été découverte. Au début, seule une main qui n'atteint pas son objet se transforme en une main qui indique : l'indication est d'abord le moyen par lequel l'échec de la main tendue est remplacé. Après avoir apporté sa solution au problème, l'indication persiste cependant, pour ainsi dire, comme une puissance libre. De la sorte, une fois découverte comme moyen secondant l'incapacité d'atteindre quelque chose, l'indication peut aussi apparaître là où cette dernière fonction s'accomplit bel et bien. Dès ce moment, atteindre ou indiquer un objet deviennent des fonctions indépendantes l'une de l'autre : on peut indiquer également ce que l'on pourrait atteindre. Le problème initial et sa solution restent utiles dans d'autres domaines. Après être venu en aide à l'acte d'atteindre quelque chose, la fonction déictique s'en sépare et permet d'indiquer tout ce que la main peut atteindre, indépendamment du fait que la main atteigne l'objet ou non. On assiste ainsi aussi à une extension de la sphère de l'intelligence et à un refoulement de la volonté : ce que l'on désir atteindre, on peut simplement l'indiquer ou se le laisser indiquer. C'est le début d'une *compréhension* où il ne s'agit plus seulement d'atteindre et d'obtenir.

Nous avons analysé soigneusement le premier acte de langage accompli par la main, dans la mesure où sa genèse renferme le principe de toute langue des signes supérieure. Lorsque la main qui n'atteint pas son objet est comprise et se sait comprise comme étant déictique, sa fonction première se trouve restreinte, d'abord de façon contraignante, puis par libre choix : on ne saisit pas ce que l'on indique, on ne se l'approprie pas, mais on le rend accessible aux autres. Le geste déictique, qui n'est plus au service de ce que l'on veut saisir, crée de la communauté. On peut indiquer toutes les choses que l'on peut saisir et bien plus que cela. Une compréhension mutuelle s'établit avec autrui grâce à l'indication, au début dans un rapport de demande d'aide, puis dans un sens plus libre.

Le geste déictique est encore limité dans ses possibilités, bien qu'il dépasse le domaine initial du simple geste de tendre la main. Il ne permet la compréhension que de ce qui peut être indiqué. La main qui indique demeure liée de façon externe à son objet. En indiquant, elle fait une distinction entre le proche et le lointain, l'ici et l'ailleurs, mais elle ne distingue pas encore la manière dont elle indique. L'acte linguistique de l'indication attribue cette dernière fonction à l'œil, à l'observation : la main qui indique est insuffisante pour déterminer les particularités de l'objet observé, elle ne peut *que* l'indiquer. Le geste déictique ne peut dépasser la distance entre lui et l'objet qu'il indique ; celui-ci lui demeure extérieur, quelque soit la manière par laquelle il s'y rapporte.

Cette limitation de l'indication peut être transcendée quand la main n'est plus étrangère à l'objet présent, mais le fait apparaître elle-même, grâce au mouvement particulier qu'est le geste mimétique. En imitant, la main comble le défaut qui caractérise le lien entre ce qui indique et ce qui est indiqué ; elle ramène ce qui est indiqué à l'indication elle-même. Le geste devient alors à la fois déictique et préhensif, autrement dit il donne lieu à une synthèse, à partir de la distinction initiale entre préhension et indication. Cette synthèse, le geste mimétique, constitue un nouvel élargissement des possibilités de la main sur la base de l'intelligence. Ce geste engendre une re-présentation de l'objet visé, indépendamment de l'observation. À l'origine, il a émergé là où l'indication ne suffisait pas, là où une observation de l'objet visé ne paraissait pas possible, et la main cherchant à indiquer tournait en rond sans que son acte d'indication trouve d'accomplissement. Lors d'un geste déictique, l'objet est déterminé comme une partie ou un morceau de l'espace, ce qui est indiqué se trouve quelque part. L'imitation quant à elle transforme ce quelque part en un « ici », non pas de telle manière cependant que cet ici soit autre chose que la place initiale de la préhension, de l'atteinte et de l'indication ; compris littéralement, le « ici » du geste mimétique n'est justement pas ici ; le « ici » reçoit un nouveau sens via l'imitation, sens qui coïncide avec celui du geste. La personne qui interprète littéralement le « ici » du geste mimétique de la main ne peut que mésinterpréter cette imitation comme une simple présentation de la main. En tant qu'imitation accomplie « ici », l'objet visé ne se trouve en un sens plus dans l'espace où on cherchait à l'indiquer ; mais en même temps, il ne se trouve « ici » que comme imitation. L'imitation se défait donc de la détermination spatiale de son objet ; elle passe à une détermination générale, une image de l'objet indifférenciée au point de vue du temps et de l'espace, autrement dit elle passe à son essence. En résumé, l'acte de langage mimétique ne fournit pas seulement la possibilité d'abstraire quelque chose du donné spatial, mais il n'en rend pas pour autant possible la projection d'objets observés dans l'espace. Initialement, l'imitation doit à nouveau s'en tenir à des objets que le geste déictique *ne peut pas* trouver. Mais, tout comme l'indication, l'imitation peut devenir une imitation libre – c'est-à-dire une projection – d'objets qui n'ont pas été appréhendés et qui n'ont pas encore été indiqués. Tout comme l'indication est un acte préhensif émancipé – puisqu'on peut indiquer plus de choses que l'on ne peut atteindre –, l'imitation est une indication qui dérive en premier lieu d'une impossibilité d'indiquer, mais qui ensuite amène à dominer le champ de ce que l'on peut bel et bien indiquer : l'imitation dépasse son origine de tout côté en tant que moyen auxiliaire. Il ne s'agit plus d'indiquer quelque chose dans un espace déterminé, mais de montrer un être possible qui se trouve ici ou là, ou qui tout du moins pourrait l'être. Le geste mimétique conduit à la fantaisie pure, laquelle constitue l'espace le plus large du geste ; de même que le possible contient le réel comme une partie, de même l'objet libre contient l'imitation, l'imitation contient l'indication, et l'indication contient la préhension.

Le langage a donc inventé les symboles tour à tour pour ce qui ne se laisse pas atteindre, pas indiquer, pas imiter dans l'espace. Une nouvelle phase du geste est apparue à chaque fois que la précédente atteignait sa limite et échouait dans son but ; à chaque fois l'intelligence a su apporter un sens positif au résultat négatif. Après le geste mimétique apparaît encore le geste signifiant ou symbolique au sens restreint du terme. Le geste signifiant ou le signe n'évoquent plus un contenu qui possède une similarité externe avec quelque chose d'observable ; le signe est bel et bien lié à une observation, mais sans représenter celle-ci. C'est un véhicule de la sphère abstraite des concepts, lesquels sont la véritable œuvre de la raison. Un geste peut ainsi représenter l'objet qu'il vise de manières différentes, de façon soit plus complète, soit plus suggestive. Moins la représen-tation est complète et plus elle est schématique et suggestive, moins il y aura de coïncidence externe entre le geste et la signification. La coïncidence est la plus faible dans le cas des significations abstraites puisque le geste reste toujours lié à des organes qui s'expriment dans l'espace. L'abstrait ne forme pas pour autant un monde à part qui ne pourrait être exprimé par des gestes spatiaux et qui dès lors ne pourrait être visé avec des gestes que par une coïncidence contingente et arbitraire. La grande différence entre un geste et sa signification abstraite ne vient pas du fait que la volonté, afin d'exprimer l'abstrait, emploie autant que faire se peut des moyens spatiaux et qu'elle passe outre tout lien entre geste et signification : la distance entre les deux n'est pas le résultat d'une incompatibilité que l'intelligence s'efforce de réduire à un lien assez faible. Cette distance est *devenue* si grande parce que *le geste finit par adopter la signification abstraite.* Tout geste ou signe qui exprime des contenus abstraits possède une histoire antérieure au cours de laquelle il a possédé une fonction plus représentative que symbolique. Ce n'est pas la signification abstraite, pensée comme quelque chose d'existant toujours en elle-même, qui cherchait et a trouvé par hasard un signe capable de l'exprimer ; la signification abstraite n'était pas déjà ce qu'elle est devenue, après qu'elle a été fixée et exprimée par un geste ou un signe. L'évolution ne s'est pas déroulée comme si la signification abstraite avait finalement trouvé un geste, par ailleurs peu adéquat. Bien au contraire, elle est partie du geste lui-même. L'évolution du geste vers sa propre fonction symbolique s'est accomplie comme celle de la main préhensive qui *devient* l'expression d'une indication en tant que geste et ce n'est pas à l'inverse, l'indication qui trouve dans la main préhensive un moyen adapté à son expression. Le même geste, qui d'abord était une représentation, abandonne en bien des cas sa fonction représentative et passe à une fonction symbolique. L'arbitraire dans la relation entre geste et signification abstraite ne subsiste que tant que l'on considère la relation entre les deux en elle-même et qu'on ne fait pas attention aux significations que ce geste ou signe a traversé avant d'obtenir sa fonction symbolique. Exprimer ce qui n'est pas observable constitue la plus haute et la plus importante fonction du signe linguistique et cela mène de façon contingente à vouloir examiner le lien entre symbole et signification justement là où il est le plus intériorisé : l'abandon du lien observable entre signe et signification est juste une condition négative dont dépend la possibilité d'une fonction supérieure et plus large du geste.

Il est possible de tout exprimer dans la langue des signes, même ce qui est abstrait. Cette langue offre une analogie parfaite avec le langage parlé, lequel traverse les mêmes phases que la langue des signes (*déictique, mimétique-analogique* et *symbolique*) et n'est pas plus riche qu'elle en termes de possibilités intellectuelles. L'organe de la parole n'est pas la main, mais la bouche et le palais. Le son produit par articulation est d'une autre sorte que le geste, mais du même genre. Alors qu'on peut différencier l'usage de la main en technique d'une part, et en compréhension d'autre part, le son, de par son genre, sert plutôt à la compréhension. L'action et les possibilités d'action du son de la langue sur la nature sont négligeables : la voix n'offre pas de moyens comparables à ceux de la main pour contrôler la nature. Tout au plus dans les conceptions magiques de la parole chez les peuples primitifs attribue-t-on au son comme une puissance sur les choses. Mais la magie est un vestige obsolète qui ne se mue pas en technique. Considérons encore brièvement les phases de la langue parlée. La phase la plus inférieure est celle de l'unité immédiate entre son et signification – Wundt parle dans ce cas de geste-sonore : l'état subjectif d'un individu se manifeste dans le son. Moyen et but sont ici encore à peine séparés. La langue obtient une fonction objective et médiatrice seulement lorsqu'elle indique quelque chose d'autre, au sujet duquel le locuteur et l'auditeur cherchent à se comprendre. Dans ce cas, le son apparaît comme une imitation, de la manière la plus simple en tant qu'imitation d'un autre son. Mais de même que la réalité ne peut être imitée dans toutes ses relations par des gestes, elle ne peut l'être d'autant moins par des sons. Initialement, les sons du langage représentent mimétiquement ce qui constitue en soi aussi un son, puis ils représentent ce qui produit un son et enfin ce qui ne produit aucun son. Cette dernière représentation constitue la fonction symbolique du mot. Ici aussi la situation est semblable à celle du geste : si l'on part d'une langue complètement développée, le lien entre un mot déterminé et sa signification est incompréhensible. Seule la familiarité d'un mot nous suggère une intuition quant à sa signification, mais cette intuition est limitée aux mots de la langue à laquelle on est habitué : ce fait est à comprendre subjectivement et psychologiquement, il ne constitue pas une *raison* pour le lien entre mot et signification. Le mot qui possède une fonction symbolique a toute une évolution, comme c'est le cas d'un geste. Si on explore cette évolution, on découvre toujours qu'un mot a servi sur un plan inférieur et que c'est par extension et en *devenant* abstrait qu'il est passé à la fonction symbolique. L'étymologie nous apprend toujours qu'un mot a traversé des phases inférieures avant d'assumer une signification abstraite. Un signe qui s'est purgé de l'observation n'a rien perdu de son observabilité, il ne s'est pas effacé ou estompé, il a juste échangé sa propriété observable limitée pour quelque chose d'autre, c'est-à-dire un caractère compréhensible. Ce faisant il ne s'est toutefois pas détourné de son monde originel, il s'en est seulement distancié de façon à obtenir sur celui-ci un contrôle nouveau et supérieur. Les symboles abstraits ne forment donc pas un monde de significations différent du monde observable. Leur origine trahit qu'ils dérivent du monde des signes de la lange primaire et qu'ils sont liés à l'observation. Les catégories de la raison, dont Kant a démontré qu'elles nous « rendent possible » le monde sensible, c'est-à-dire que notre connaissance, notre action et nos sentiments peuvent grâce à elles donner forme au monde, constituent un cas similaire. Tous les symboles abstraits de la langue sont ainsi « transcendantaux » au sens large par rapport à l'observation empirique : ils se purgent d'elle pour en faire tout ce qu'il est humainement possible d'en faire. La raison et le langage informent la réalité d'une manière spécifiquement humaine.

Le symbole a une tendance à renier son origine limitée. Tout symbole s'efforce, dès qu'il devient un moyen de communication, de se défaire de son caractère symbolique et de devenir entièrement réel. La valeur que le symbole s'efforce ainsi d'atteindre ne serait atteignable que si celui-ci fonctionnait de façon infaillible. Cela n'est cependant jamais le cas, le symbole ne sera jamais un phénomène naturel ; il demeure dépendant d'une intention qui doit être comprise et d'une compréhension à laquelle il contribue lui-même

Ainsi, l'emploi de moyens et de symboles fait que la volonté primaire se retrouve au second plan, au profit de la compréhension. Le moyen, d'abord coincé entre son point de départ et son but est libéré en ce sens qu'il peut lui-même devenir un but, alors que l'intelligence demeure impassible. Les symboles linguistiques ont certes été créés comme des moyens au service de la volonté et de l'intelligence. Mais ils se transforment en quelque chose de plus, comme les maillons d'une chaîne dont on ne voit pas la fin. En science et en art, le moyen est détaché de la volonté primaire qui l'a créé par le concept du symbole et le libre déploiement du potentiel symbolique. L'intelligence servile se mue en un concept omniscient qui comprend sa propre origine et déploie sa liberté dans la beauté et la vérité.

Références

W. Wundt, Die Sprache I, II, 4ᵉ ed, Leipzig, 1921.
E. Cassirer, Philosophie der symbolischen Formen, Bd. I, Berlin, 1923.
K. Bühler, Die Krise der Psychologie, Jena, 1927.
Ed. Le Roy, Les origines humaines et l'évolution de l'intelligence, Paris, 1931.
A. Gardiner, Speech and Language, Oxford, 1932.
Journal de Psychologie, numéro spécial : Psychologie du langage, Paris, 1933.

Les particules, leurs fonctions logiques et affectives

On ne saurait examiner la nature des particules sans toucher à la question plus générale des parties du discours. Le procédé qui conduit à fixer ces dernières détermine d'emblée ce qu'on entendra par particules. Quand on établit quelle place elles occupent dans l'ensemble des catégories grammaticales, quelles différences spécifiques les séparent des autres mots, on a déjà commencé à les éclaircir elles-mêmes.

Il semble certain que, pour distinguer les catégories de mots, un critérium morphologique ne suffit pas, surtout dans l'état où sont les langues modernes. La division ne peut se faire sans l'aide d'un point de vue sémantique ou fonctionnel. C'est ainsi que nous rangeons les catégories d'après des valeurs d'autonomie ou de dépendance. Les termes les plus indépendants – ils équivalent au besoin de la phrase – sont les substantifs et les verbes, entre qui il est difficile d'établir une priorité. Est moins autonome l'adjectif qui vient déterminer le substantif, et l'adverbe, qui se joint à l'adjectif ou au verbe. Différant par leur degré d'indépendance, ces quatre groupes sont solidaires ; ils forment un système dans lequel chacun a pris sa place fixe. Du plus indépendant, qui est le substantif, la série monte (ou descend) vers le terme dont la dépendance est du premier degré, l'adjectif, pour aboutir à l'adverbe dont la dépendance est du second degré puisqu'il détermine à son tour l'adjectif. Nous voilà peu éloigné du principe des trois rangs formulé par M. Jespersen : sa classification prend pour base, non pas les rapports statiques entre les notions que représentent les groupes

---

1934 – Intervention au 3ème Congrès International des Linguistes, Rome.
« Les particules, leurs fonctions logiques et affectives », *Recherches philosophiques* 3.

de mots, mais plutôt le rôle que ceux-ci sont capables de tenir dans le langage concret, dans la phrase.

L'autonomie du substantif est en accord avec son apparence extérieure : à l'unité du mot correspond l'indépendance du sens, la capacité de figurer comme phrase. Chez l'adjectif, il y a déjà plus de tension entre l'apparence d'indépendance et la fonction sémantique : on ne peut pas voir s'il a besoin de se joindre au substantif pour fonctionner. Il en est de même pour l'adverbe. Mais nulle part l'antagonisme entre l'apparence indépendante et la fonction n'est aussi forte que dans les particules. À cause de leur sens on les a déjà appelées « mots vides ». Ce terme serait certainement exagéré s'il voulait dire que les particules sont des mots dépourvus de tout sens ; il serait même contradictoire, l'unité phonique qui s'appelle mot ayant un sens par définition. Et, en effet, la particule, comme les mots des autres catégories, a un sens, ce qui implique qu'elle se combine avec d'autres éléments pour faire un tout. La question est de savoir quel est le rôle sémantique de la particule, une fois qu'il est évident que ce rôle est assez particulier. Plus précisément, la particule est-elle, comme les autres mots, un terme qui détermine d'autres éléments de la phrase ? Ou est elle plutôt déterminée par ces éléments ? Ou n'est-elle ni l'un ni l'autre ? La réponse est de nature à faire ressortir le caractère spécifique de la particule : c'est un mot qui ne détermine pas un autre mot et n'est pas déterminé par d'autres mots ; il détermine un ensemble de mots d'une complexité qui peut s'accroître à volonté. Caractère presque négatif, car déterminer un ensemble de mots c'est les influencer sans les déterminer individuellement. À ce genre d'action déterminante répondent deux propriétés de la particule : 1° son sens souvent vague, plus aisément senti que discerné de l'ensemble, et 2° le fait qu'à son tour elle subit plus l'influence du contexte que les autres catégories de mots.

La particule a donc un sens immédiatement aperçu qui imprègne la phrase entière, mais qui est rigoureusement limité à la signification du discours. Voici encore un trait caractéristique, qui explique l'impression de vide que produit la particule : son sens paraît nul quand on demande à quel élément de la réalité dénotée par le discours elle correspond ; il apparaît aussitôt que, dégagé de ce rapport, on se rend compte de la différence entre sa présence ou sa suppression dans la phrase. Par contre, les catégories du substantif, de l'adjectif, du verbe et de l'adverbe nous mettent en contact avec la réalité. En les employant, nous nous tournons vers les choses, les qualités, les événements, et ce que nous avons à dire aura un contenu substantiel dans la mesure où ces catégories seront utilisées. Le vocabulaire de la langue nous présente les réalités dans leurs formes linguistiques que nous n'avons pas à forger, mais que nous pouvons employer en les combinant, et ces combinaisons sont notre œuvre personnelle, dont nous sommes individuellement responsables, les éléments de la réalité nous étant fournis par la langue.

Les particules sont donc des mots qui n'enferment pas le réel ; ce sont des instruments, mis à notre disposition par la langue pour enfermer en elle de la réalité dans la mesure de nos moyens. Prises en ce sens large, les particules embrassent les prépositions et les conjonctions, certains adverbes – à l'exclusion de ceux qui ont un contenu réel – l'article et le pronom. Tous ces groupes expriment non pas des choses réelles, telles qu'on les imagine en elles-mêmes, mais leur rapport à celui qui parle. Celui-ci, s'il ne crée pas les choses, leur attribue cependant des rapports et leur donne du relief à l'aide des instruments que sont les particules. Par exemple, tout ce qui est démonstratif, que ce soit un pronom ou un adverbe *(il, autre, le, ici, alors),* rattache l'objet du discours à celui qui parle. D'après son sens concret, *il* présente autre chose dans chaque situation, il peut signifier la chose qu'on a devant les yeux, ou ce qui a déjà été désigné. Dans un cas il tient son sens de la perception, dans l'autre de la mémoire. Il n'en va pas autrement d'*ici, là-bas, y, en,* etc. En renvoyant à la perception, le mot *il* invite l'auditeur à se former lui-même un concept de la réalité dont il s'agit ; en rappelant un concept déjà mentionné, il joue un rôle purement évocateur, le concept en cause lui demeurant entièrement extérieur. L'étendue de la fonction évocatrice peut beaucoup varier : *il* évoquera une chose, une personne ou tout état de chose. *Cela* également. Sous ce rapport, la parenté entre *cela* et *alors* saute aux yeux. Quand on dit *alors* on évoque quelque chose d'antérieur, pour continuer. Ainsi également des particules *puis, avant, ainsi,* etc.

La valeur des particules est donc aussi immédiate que vague. Leur emploi découle de circonstances extérieures à la langue et exceptionnellement favorables. Les particules servent ou bien à joindre un contenu déjà pensé à la réalité immédiate, ou bien à rattacher la pensée présente à la précédente.

La fonction logique des particules dont nous venons de parler est inférieure à celle des mots qui expriment des concepts et se réfèrent au réel. La réalité immédiate vers laquelle nous dirigent les mots vides reste trop restreinte aux yeux et aux sens pour que la connaissance qu'elle fournit puisse être objective. Les particules, se présentant comme des mots de qualité logique inférieure, tirent de là le nom de mots accessoires. Cette dénomination est en accord avec la théorie classique de la phrase, qui ne reconnaît que le sujet, le prédicat et les compléments. Cependant, dans un certain groupe de particules, leur sens instrumental et relationnel a été remplacé par une supériorité abstraite, grâce à laquelle la particule a pu prendre le pas sur le contenu de la phrase. Loin d'être un mot accessoire, qui ne se classe pas parmi les composantes du contenu, elle domine dorénavant les rapports de la phrase jusque par delà ses limites. C'est la transformation de l'adverbe en conjonction.

Le procédé qui a promu la particule au rôle de conjonction a été très simple. C'était la simplicité d'une grande invention. C'est par une sorte d'inversion que, 1° le sens premier de la particule a pu être haussé jusqu'à un contenu conceptuel et, 2° que, soudées par la particule, deux phrases juxtaposées sont devenues une seule phrase en deux parties, la phrase composée. La particule muée en conjonction ne joint plus une phrase à n'importe quelle autre : elle exprime synthétiquement le rapport de deux phrases-parties. Ce rapport est constitué par la conjonction, en même temps que celle-ci est déterminée par lui. La particule dont le sens était préalablement vague, est en quelque sorte précisée et intellectualisée. Son sort est tellement lié à celui des phrases qu'elle combine, que souvent elle apparaît dans chacune de ces phrases. C'est la particule à double forme du type latin *tum cum, tam quam,* etc. Prises à part, ces formes corrélatives ont le même sens elles s'impliquent mutuellement, *tum* étant toujours associé dans la pensée à un certain *cum*, et ce dernier ne pouvant être imaginé sans le *tum* corrélatif. Mais ces particules jumelles se métamorphosent, quand elles soutiennent la phrase composée, où chacune est déterminée par un autre contenu. Ainsi la phrase composée, qui peut s'étendre indéfiniment sans perdre son unité, est le plus haut produit de la langue constructive. Elle n'y serait pas apparue si des particules primitives et logiquement inférieures n'étaient pas parvenues à fournir le schéma intellectuel d'une pensée plus riche.

La métamorphose de certaines particules en conjonctions consiste donc dans l'intégration de la particule, d'abord détachée du reste de la phrase, dans un nouvel ensemble qui, de deux phrases légèrement associées, a fait une unité contenant deux phrases-parties. La même intégration a eu lieu pour d'autres particules, mais nulle part le bénéfice intellectuel ne va aussi loin. On sait que l'adverbe de lieu et de temps, originairement juxtaposé en pur adjoint aux éléments composant la phrase, a, lui aussi, gagné plus d'importance en devenant préposition, c'est-à-dire en se laissant déterminer par les éléments qui en étaient capables. La préposition, issue de l'adverbe local n'ayant qu'un sens immédiat, s'est ainsi rapprochée des éléments conceptuels de la phrase. Et c'est encore la même intégration qui a lié le pronom démonstratif au substantif et à l'adjectif, au verbe même, pour produire l'article défini. Bien plus que le démonstratif dont il est sorti, l'article défini est devenu le soutien conceptuel du substantif. Lui aussi, après sa métamorphose, l'emporte d'autant plus sur les catégories conceptuelles qu'il leur était inférieur quand il était encore limité à la situation concrète. L'article est plus abstrait et de plus haute valeur conceptuelle que les concepts qu'il détermine. Bref, partout dans le domaine des particules, nous voyons des mots imprécis, dépendant d'une situation extérieure au discours, de fonction immédiate et vague, devenir les directeurs abstraits et formels des contenus mêmes à l'ombre desquels ils avaient fonctionné originairement. – Voilà donc ce que nous entendons par la fonction logique ou ascendante des particules.

Avant d'aborder l'autre direction de leur évolution sémantique, le rôle affectif qu'elles reçoivent, arrêtons-nous pour situer de nouveau les particules dans l'ensemble des catégories de mots. Abordons la question de leur importance par le biais du nombre et de la fréquence. Quand on considère les particules d'un point de vue numérique, on est frappé par l'exiguïté de cette catégorie dans toutes les langues. La grammaire en témoigne quand elle traite des noms, des verbes, et même des numéraux par modèles et exemples, alors qu'elle expose les pronoms, l'article, les adverbes et les conjonctions mot par mot. Cette exiguïté frappante se retrouve dans toutes les périodes historiques des langues connues. En d'autres termes, on la rencontre partout et toujours. Aussi l'expansion de cette catégorie paraît-elle toujours très limitée. En revanche, les mots qui en font partie se montrent capables d'importants changements sémantiques, tout en étant stériles quant à la composition et à la dérivation. La plupart des particules se distinguent formellement des autres parties du discours par leur refus d'accepter la déclinaison ou en acceptant tout au plus une déclinaison irrégulière. Historiquement, le bloc des particules se dresse toujours à part, il est lent à se transformer et peu de mots d'autres groupes peuvent s'y incorporer. En revanche, les particules refusent de fournir le corps étymologique pour la formation de nouveaux noms ou verbes. Peu de transition, peu d'interpénétration. Notre groupe se présente comme une catégorie raide, très circonscrite, peu sujette aux changements ou encline à s'étendre ; extérieurement, elle est le moins abondant des groupes de mots. Il serait pourtant faux d'en conclure que les particules sont des mots rares. Ce qui est au deuxième plan dans la langue prise en tant que système abstrait n'occupe pas nécessairement la même place dans le langage. Au contraire, il y a une certaine opposition polaire entre l'aspect d'une catégorie dans la langue et celui qu'elle prend dans la parole. Dans le système abstrait qu'est le vocabulaire, le nombre des substantifs est très grand et même illimité : on en emploie parfois dont on ne saurait affirmer qu'ils ont été antérieurement usités. Dans la parole, qui est la réalité immédiate de l'usage concret, on perçoit toujours d'autres substantifs, et il est nécessaire que, par suite du nombre des substantifs existants, plusieurs en soient entendus très rarement et risquent d'être oubliés. Donc, d'un côté, la mémoire oublie forcément des substantifs en usage, d'autre part on en emploie sans discerner s'ils existaient déjà, si on les crée pour les besoins du moment ou si d'autres les ont créés plus tôt. Pour les particules il n'en est pas ainsi : leur petit nombre les rend toutes précieuses et, par conséquent, dans l'usage concret il n'y a ni oubli, ni création. Les particules ne se créent pas comme on dérive et compose des substantifs, des adjectifs ou des verbes : elles s'appliquent. Le système fermé qu'elles forment n'admet pas d'innovation. Un substantif créé pour l'occasion peut être compris et même apprécié, une particule d'invention personnelle serait écartée. En outre, malgré leur petit nombre, l'usage des particules n'est pas rare du tout. Presque chaque phrase en présente. Si la théorie courante de la phrase ne les mentionne pas comme éléments, c'est qu'elle tient à s'accorder avec une tradition logique, qui voit dans l'unisson du sujet et du prédicat le comble de l'activité logique. C'était gagner quelque chose quand la psychologie des structures parvint à concevoir la phrase, non comme une unité qui résulte de la combinaison de ses éléments, mais qui la précède. Malheureusement, la conception des structures s'est arrêtée là. En prenant la phrase pour l'unité absolue, le structuralisme a sacrifié sa fécondité ; sur un plan supérieur, il est retombé dans l'erreur atomistique qu'il prétendait avoir supprimée. La phrase n'est pas l'unité absolue, elle n'est que l'unité des éléments qui la composent. Et il n'est même pas vrai que tous les éléments de la phrase tiennent leur rôle de cette unité. Il y a les particules pour nous avertir que la phrase n'est pas suspendue en l'air. En se dérobant à la découverte de leur place dans l'analyse de la phrase isolée, les particules marquent justement une dépendance à laquelle la phrase est sujette à son tour, et qui la fait concevoir comme l'élément d'un tout où elle occupe une place analogue à celle des mots dans sa propre unité. L'analyse des facteurs composant la phrase reste embarrassée devant les petits mots *mais, puis, bien que,* etc. qui ne contribuent aucunement à édifier l'unité de la phrase, tout en ne laissant pas de l'influencer dans son ensemble. Qu'est-ce que la particule sinon le signe sensible d'un rapport qui dépasse l'unité de la phrase ?

La particule qui joint deux phrases fait que l'une d'elles – dont l'unité n'est donc pas fermée – étend son domaine au-delà de ses limites, l'autre phrase n'étant pas davantage une unité assez autonome pour repousser l'élément qui rappelle sa dépendance d'un ensemble plus vaste. La vue structuraliste risque donc d'instituer un nouvel atomisme si elle s'arrête à la phrase comme à une dernière ou absolue unité d'expression. La phrase elle-même apparaît en réalité comme un élément d'un tout qui est une pensée se développant en une suite d'unités subordonnées. Plus la pensée allie l'unité de direction à la complication du détail, plus y sont de rigueur les particules qui joignent entre elles les unités subordonnées, et plus les particules sont indispensables pour marquer les articulations de cette pensée, dont l'organisme intégral dépasse les parties. Évidemment, le dynamisme de la pensée peut se borner à ne produire qu'une seule phrase. C'est le cas minimum et là même où il se présente, le produit linguistique n'atteint pas l'horizon de la pensée, car une atmosphère enveloppante demeure inexprimée. Plus fréquente est par nature la pensée qui s'exprime en une suite de phrases. C'est un fait qui n'éclaire pas seulement la nature de la pensée même ; il y a des particules pour démontrer que la pensée, qui déborde les unités engendrées par elle, ne laisse pas de trahir son activité synthétique dans la langue. Concluons-en que les particules ont une valeur éminemment logique et que la science logique elle-même aurait tort de se borner aux rapports de sujet à prédicat que lui suggère l'analyse de la phrase ; car ce serait oublier ce qu'il y a de vraiment mobile et créateur dans la pensée, les signes de son activité déposée dans les petits mots *comme, donc, car, parce que, puisque,* etc.

Mais la fonction logique des particules n'est pas la seule qui leur appartienne. Elles ont un autre emploi qui suit un sens inverse : l'usage émotif et affectif. Il est parfaitement vrai que le vocabulaire des mots de contenu conceptuel n'est pas le seul apte à l'expression des choses objectives : il y a des éléments émotifs dans le vocabulaire des catégories de la réalité. Quand par exemple, on qualifie une chose, il est souvent impossible de détacher cette qualification de l'état où se trouve celui qui l'énonce. Quand on dit d'une chose qu'elle est *horrible* il est impossible de ne pas participer, ne serait-ce que très superficiellement aux sentiments dont ce mot est le signe. Remarquons toutefois que l'histoire des mots affectifs révèle en bien des cas une origine non-affective. En faisant l'étymologie on retrouve un noyau objectif de réalité dans l'enveloppe émotive. Mais le plus curieux, c'est que les particules, de nature si raide et si abstraite, se prêtent à un usage affectif auquel il vaut la peine de s'arrêter. Donnons quelques exemples de ce fréquent phénomène : 1) le pronom personnel *il* ou *elle,* désignant sans la nommer une personne présente, les interrogatifs *qui, comment* etc. exprimant, non pas une véritable question, mais la colère ou l'énervement qui peuvent accompagner une constatation ; 2) l'usage de *mais* dans la phrase exclamative *(mais non !)* ou dans une exclamation qu'aucun contexte ne précède *(mais Monsieur !).* De même, à côté du *donc* à valeur éminemment logique, il y a un *donc* signe d'impatience. À côté du *pourquoi* informateur, il y a un *pourquoi* qui marque le mécontentement, l'opposition. La négation *non* admet un autre emploi, expression de l'étonnement ou de l'incrédulité. Même les particules exprimant des rapports aussi impersonnels que les adverbes de temps se chargent à l'occasion d'un sens affectif : *enfin* peut marquer l'impatience assouvie, *toujours* peut prendre un sens presque momentané et très contraire à son habituelle valeur logique. *Plutôt* prend souvent le sens d'une objection polie. Ici se range aussi l'emploi de *mais* au sens émotif : *mais* non, *mais* oui.

Comment expliquer cette propension de la particule à doubler son rôle ? Faut-il partir du sens affectif pour en voir sortir par évolution le sens logique, ou bien faut-il procéder inversement ? Je crois que pour comprendre la sphère affective en matière de linguistique, il faut se fonder sur la langue prise comme instrument de la raison. Sur cette base, le sens affectif apparaîtra comme une complication du langage rationnel. Éclaircir ainsi la métamorphose qui rend affectif le langage rationnel – phénomène qui se produit à chaque instant autour de nous – c'est contribuer à la connaissance de l'affectivité même. Bien entendu, le philologue se gardera de vouloir remplacer le psychologue en cette matière. La linguistique étudiera les rapports entre la pensée rationnelle et l'affectivité pour autant qu'ils s'expriment dans le langage, non telles qu'elles sont en elles-mêmes comme états ou dispositions psychiques. La seule supposition qui autorise le linguiste à prendre part à cette recherche, c'est qu'il y a projection des sphères affectives et rationnelles dans le langage et que cette projection permettra de retracer jusqu'à un certain point le dessin originaire. L'idée que le linguiste se formera de l'affectivité sera donc exclusivement inspirée des seules données linguistiques. Voici quelques traits que semble trahir la projection des deux directions de la vie consciente dans la langue. L'affectivité ne saurait exister à l'état pur, sans l'accompagnement de quelque facteur intellectuel. Il y a toujours un contenu, une pensée qui n'est pas le produit de l'affectivité mais sur laquelle s'établit celle-ci. C'est comme une couleur qui ne peut exister sans le support d'un objet ou d'une matière. Aussi, sans méconnaître la nature propre de l'affectivité, on la concevra comme une modification de l'état rationnel et on l'étudiera par rapport à cet état. Donc, l'affectivité apparaît comme un état de l'énergie psychique là où celle-ci se contracte sur un seul point, à l'exclusion du reste. Pour l'intelligence qui est inséparable de la vie consciente, la conséquence de cette contraction serait que l'image rationnelle des choses, jusqu'ici correctement reflétées, se contracte également comme dans un miroir à surface courbe qui altère les proportions. La courbure n'est pas elle-même le miroir, c'est une propriété accessoire, qui ne laisse pas de modifier la fonction du miroir. En ce qui concerne la langue, cela signifie que si elle est en premier lieu un instrument rationnel, l'affectivité n'arrivera à changer sa fonction parfaite qu'en la courbant, c'est-à-dire en l'altérant. En envahissant l'instrument de la raison l'affectivité le pliera autant que possible à ses propres fins. Elle trouve un instrument qui n'a pas été fait pour elle, mais qui se laisse passablement utiliser. De là cette divergence entre l'intention affective et son expression linguistique : l'intention ne s'accomplit jamais entièrement dans le langage, elle se fraie un chemin partout où elle trouve une issue, par exemple dans l'intonation, dans le geste d'accompagnement, dans le sens affectif sous-entendu et qui a besoin du bon entendeur. Tandis que le langage rationnel tend au parallélisme le plus serré entre la pensée et son expression, l'affectivité rencontrera dès l'abord un obstacle dans la nature rationnelle de la langue ; pour se faire comprendre, elle aura besoin d'un entendeur et d'un milieu bien disposés. La sphère d'intimité et d'expressivité personnelle qu'elle tend à créer est involontairement exclusive. L'émotivité accaparerait donc la langue plutôt qu'elle ne s'y exprimerait. Elle userait du vocabulaire conceptuel et des instruments formels en un sens nouveau. Elle déteindrait autant sur les mots de sens objectif que sur les particules. Ceci posé, on est en droit de dire qu'elle consiste en une sorte d'abus de ces deux groupes d'éléments, abus qui surprendrait d'autant plus que la fonction intellectuelle est mieux établie.

La contraction de l'énergie psychique dispose très peu à un développement du langage par étapes régulières. D'où l'impuissance, dans les états affectifs, de construire sa pensée et de retenir le fil de son discours. Les phrases se suivent sans transition et sans ordre ; à leur intérieur même il y a relâchement, les constructions non-suivies émergent. Pourtant l'affectivité ne se passera pas entièrement de l'usage de la particule qui offre un instrument trop précieux pour évoquer tout au moins l'impression d'une direction bien maintenue. Donc deux tendances entreront en rivalité : le caractère instantané et de courte haleine de la pensée affective et, d'autre part, le besoin éprouvé d'achever l'expression logiquement ; des deux, le dernier l'emportera souvent. Il en résultera un emploi des particules plein de contradictions, de répétitions, en un mot d'oublis. La direction que la phrase doit prendre une fois dessinée par une particule, l'obligation d'achever cette phrase suivant les exigences de ce mot seront vite oubliées une fois que la particule aura rendu le service de combler les lacunes entre les phrases découpées. L'oubli déterminé par cette attitude entraînera non seulement les inconséquences et les contradictions de la forme et de la pensée, justifiables seulement pour le bon entendeur, mais aussi des monotonies qu'une conscience plus libre saurait éviter. La richesse des particules n'étant pas grande il faudrait un soin spécial pour bien les distinguer et pour les varier autant que possible. Mais la pensée affective, qui oublie vite, n'est pas qualifiée pour cela.

En effet, l'oubli joue un rôle important dans le fonctionnement des particules. En apparence cela est contraire au fait qu'étant données à la fois leur exiguïté et leur importance, elles sont tenues d'apparaître très fréquemment. La monotonie de ce fréquent retour ne devient frappante que quand on y fait attention. Et personne n'y fait attention sauf le linguiste qui, à distance d'observateur est amené à considérer les phénomènes numériquement. Pourtant il paraît impossible que dans la réalité concrète, celui qui parle ne retienne rien de ce qu'il dit. Au vrai on a toujours une certaine conscience périphérique rétrospective de ses propres paroles ; seulement cette conscience n'est pas du tout libre, elle est guidée par l'intérêt qui dirige l'activité de la parole. On retiendra donc de ses propos premièrement leur contenu matériel, ce qu'on a voulu dire, et bien moins la façon dont on l'a dit. Or c'est justement par les particules que s'exprime cette façon. Par conséquent, ce qu'on retiendra le moins, ce seront ces instruments de liaison entre les contenus exprimés. On ne se rappelle jamais combien de fois on a dit dans un discours *il, le, quand, alors* dont le souvenir s'efface devant l'importance des choses qu'on a voulu exprimer. Ces mots-là sont atones, on s'en sert trop souvent ; par leur petitesse ils semblent se dissimuler d'eux-mêmes. Cependant cette fréquence n'est pas la cause, elle est la conséquence de l'oubli continuel où tombent les particules. Dans l'usage affectif, l'ombre où elles restent est plus profonde que dans leur emploi logique. L'affectivité répètera une ou plusieurs particules sans que leur retour devienne conscient. L'emploi répété, qui ne laisse aucune trace dans le souvenir, dont la monotonie passe inaperçue, en est plus vitalement ancré dans la conscience que celui qui s'aperçoit, se laisse éviter ou redresser. Cette dernière répétition, qui se fait remarquer et provoque des hésitations n'est jamais inévitable, et ce qui est évitable n'est pas sujet à un trop profond oubli. Ceci nous amène à distinguer deux sortes d'oublis : l'oubli possible et superficiel, affaire d'attention consciente, et l'oubli vitalement nécessaire qui est du ressort du subconscient. Le premier atteint les couches supérieures du pouvoir linguistique dont dispose l'individu. Alors celui-ci devient attentif, il est choqué, il réfléchit, il supprime ou redresse. L'autre oubli protège ce qu'il y a de plus indispensable dans le fonctionnement du langage. Donc, tout ce qui s'oublie et se rattrape aussitôt n'est pas fondamental, mais tout ce qui s'oublie aussi constamment qu'il s'emploie fait partie des fondements du langage. C'est la même différence de degré qu'on a observée dans la pathologie linguistique. Comme l'a exprimé M. Bergson, on dirait que la maladie connaît la grammaire, tant elle observe l'ordre des catégories qui s'oublient successivement et dont les outils grammaticaux subsistent le plus longtemps. Comme il fait souvent, l'ordre pathologique éclaircit la structure normale. Ce qui dans la conscience atteinte s'efface le plus vite, c'est le contact conceptuel avec les multiples réalités. L'édifice de la vie psychique en voie de destruction montre son fond. Ce fond contient comme dernière ressource de l'activité de la parole, non pas les noms ni les verbes, mais les particules, éléments formateurs du langage. Leur fonction logique prime dans la conscience normale, leur rôle affectif reste le plus profondément enraciné dans l'esprit. Nous savons maintenant pourquoi les mots vides de sens et constamment oubliés, qu'on ne rattrape ni ne corrige, sont justement ceux qu'on retient le plus longtemps. C'est qu'ils constituent le véritable fonds constructif de l'activité logique des particules à cette autre fonction, inversion de la première vers l'instantané, la fonction affective. Et si ces rapports ne sont pas encore éclairés entièrement, nous les comprendrons selon toute vraisemblance en continuant à les explorer le long du chemin que nous venons de tracer.

Le verbe et son rôle dans l'expression de la pensée

Quand on considère l'ensemble des mots de nos langues civilisées, on voit naturellement des groupes se dessiner qui, chacun, réunissent certains mots d'après des propriétés morphologiques et sémantiques. Ainsi on trouve les catégories du substantif, de l'adjectif, du verbe et de la particule. Ces catégories ne signifient pas seulement des groupements qu'une grammaire historique et peut être surannée nous a transmis, ce sont des distinctions qui s'imposent à l'esprit du linguiste, et, qui plus est, qui vivent et sont senties dans la conscience des plus simples sujets parlants.

La linguistique actuelle est d'accord à reconnaître que ces catégories ne coïncident pas avec celles de la pensée. Le symbolisme de la logique contemporaine est là pour prouver combien loin les symboles de la langue traditionnelle sont d'être l'expression adéquate de la pensée. La logique linguistique d'autrefois n'a pas vu, il est vrai, l'autonomie des symboles logiques, leur indépendance du langage, qui n'est souvent que le véhicule primitif de la pensée collective. Mais ce serait une erreur pas moins grave que ne fut celle du parallélisme inconsciemment accepté que de vouloir nier tout rapport entre les cadres de la pensée et ceux de la langue. Qu'on n'oublie pas que la pensée qui abandonne le symbolisme naturel que lui offre la langue n'est que la pensée aiguisée du logicien, qui se débarrasse de sa dépouille au moment où elle se dépasse en précision, moment auquel elle abandonne également son caractère multiple de moyen d'expression de la volonté, du senti-

---

1935 – Article.
« Le verbe et son rôle dans l'expression de la pensée », *Recherches philosophiques* 4.

ment et de la pensée pour tendre uniquement vers l'expression de la pensée logique.

Donc, il y a rapport entre les catégories de mots et celles de la pensée, de cette pensée, bien entendu, qui est nichée dans la vie quotidienne, qui mène la conscience naturelle, celle qui s'exprime dans le langage que la collectivité lui fournit sans s'inquiéter.

Il n'est pas possible de déduire les catégories linguistiques. Cependant elles ne sont pas contingentes, ni dans leur structure individuelle, ni dans leur cohésion intime. Qu'une langue soit pauvre en adjectifs, comme l'hébreu, ce n'est pas dire que la catégorie de l'adjectif manque, seulement elle est peu développée. Pourtant l'emploi de cette langue impose l'expression de rapports adjectivaux, pour lesquels les adjectifs manquent. Que fait la langue dans un cas pareil ? Elle fait des substituts qui valent fort bien. Elle formulera : *roi de justice,* pour *roi juste,* pas autrement que le français exprime à valeur à peu près égale : *personne âgée = personne d'un certain âge.* Ici c'est le substantif abstrait qui vient au secours où l'adjectif manque. Quand on s'imagine ce procédé de substitution poussé très loin, on voit l'adjectif comme catégorie être absorbé par le substantif se combinant avec un autre substantif. On voit l'adjectif disparaître, et en même temps on s'imagine assister à l'évolution qui a pu donner naissance à la distinction du substantif et de l'adjectif et partant à la constitution même de l'adjectif-catégorie.

D'autre part, et inversement, certains adjectifs prennent très facilement le rôle du substantif qui manque, surtout du substantif abstrait. Supposons une langue privée de mots abstraits comme *rougeur, justice, vieillesse :* est-ce que ces abstraits ne se remplacent pas convenablement par : *le rouge, la couleur rouge, l'acte juste, l'état âgé ?* Inutile d'objecter, que le rouge, la couleur rouge, et la rougeur sont des nuances synonymiques, qui ne signifient pas exactement la même chose. Ces nuances sont devenues possibles grâce à l'abondance de dérivation qu'offre une langue bien développée. Si elles servent à distinguer seulement, cette fonction se limitera aux cas où de telles subtilités sont exigées par le contexte ou la situation.

Les prépositions semblent bien constituer une classe à part. Mais quand on les supprime en s'interdisant leur emploi, la pensée linguistique ne saurait rester dans l'embarras et comme privée d'un organe indispensable à son fonctionnement. La relation *avec*, par exemple, se laisse exprimer à l'aide du substantif-adjectif : *compagnon,* la préposition *de* est la plupart du temps superflue, le contexte indiquant tout seul les rapports sémantiques que *de* semble marquer ; *sur* a des équivalents dans des participes comme *dépassant, pressant,* etc., bref, même cette catégorie si indépendante et irremplaçable en apparence, montre des affinités qui en effacent l'isolement quand on la voit de plus près. Et si l'on considère les prépositions comme un groupe subordonné des particules on remarquera qu'il en est de même avec les autres particules, les conjonctions par exemple se remplaçant par des formes verbales comme : *supposez, il sera.*

Donc il y aurait empiètement de toutes les catégories linguistiques les unes dans les autres. Cela ne signifie pas cependant qu'à l'état où sont nos langues tous les mots d'une catégorie se remplaceraient par des termes des autres, ni même que tous ceux qui se remplacent se remplacent également bien. Chaque catégorie a sa région périphérique de mots par laquelle elle se confond avec les autres, et son noyau qui en constitue la substance propre. Par conséquent, aucune catégorie ne se laisserait entièrement représenter par le moyen des autres, aussi ce n'est qu'approximativement qu'on s'imagine l'origine d'une catégorie linguistique en se basant sur l'état historiquement donné des langues.

La catégorie du verbe est la plus puissante parmi toutes. Si les autres groupes de mots rappellent des planètes solitaires, le verbe est tout un système, un soleil avec des satellites à lui-même. Au dedans de son domaine toutes les autres catégories sont représentées : le substantif par l'infinitif, l'adjectif et le substantif par le participe, qui fournit même des particules par des formes comme : *durant, pendant, vu que.* Le verbe, en effet, est un microcosme dont l'articulation interne reflète le système entier duquel il constitue lui-même une monade. En plus, il est un outil plus différencié que tous les autres en ce que, par la seule variation des désinences, il est capable d'exprimer les personnes, les temps, les modes, l'actif et le passif. La plus caractéristique de ses propriétés est la capacité d'exprimer le temps. Mais le temps que marque proprement le verbe n'est pas celui qui se divise en présent, passé et futur. Ce temps-là est marqué, il est vrai, par le verbe également, mais cette fonction est prise, le cas échéant, aussi bien par l'adverbe. On n'a pas besoin de la forme verbale du temps pour dire ce que la circonscription par *puis, alors, maintenant, bientôt,* présente à l'esprit.

Le temps qui est marqué par les désinences et par les alternances vocaliques n'est pas le seul facteur temporel constituant le verbe. Ce temps-là pourrait ne pas être exprimé et cependant le verbe garderait son caractère distinctif, le thème verbal à lui seul exprimant un acte, un mouvement, un devenir, bref, quelque chose d'inextricablement lié au temps. Un groupe de quelques consonnes, une simple voyelle parfois suffisent pour évoquer dans la conscience linguistique un phénomène dont l'intuition se compose de toute une série d'événements et dont les termes premier et dernier sont souvent de nature diverse, pendant que les phases intermédiaires constituent une répétition – peu définie – d'images assez homogènes. En analysant les facteurs composant le plus simple événement temporel et en les comparant à leur expression linguistique on est frappé par la différence entre la simplicité du signe et la complexion du signifié. Aussi on se demande par quelle évolution la pensée linguistique a pu aboutir à un artifice de ce genre. Ainsi conçu, le verbe serait le terme d'une évolution ; d'autres catégories sont supposées avoir existé avant lui, sur lesquelles il aurait pu se greffer pour prendre ensuite un développement indépendant. Pareille supposition donne le primat au nom – soit substantif, soit adjectif – et il s'agirait donc de rendre acceptable la genèse du verbe par une construction qui prend pour point de départ l'existence du nom.

Pareille hypothèse ne saurait se borner à l'explication de faits linguistiques. Forcément elle étendrait ses déductions jusqu'aux intuitions mêmes des choses et des mouvements. En essayant de comprendre le verbe par le substantif, elle devra construire l'intuition du mouvement à l'aide de celle des choses ou peut-être de celle des choses et de leurs aspects momentanés représentés linguistiquement par l'adjectif. Est-ce que cette construction est possible ? Nous voilà au cœur même du problème de la possibilité du mouvement.

On sait que ce problème n'est pas nouveau. Pris de son côté symbolique il remonte jusqu'à Platon, qui a établi le verbe et le nom comme deux coordonnées fondamentales, entre lesquelles ce penseur ne se soucie aucunement de choisir une antériorité. Le dix-huitième siècle ayant donné une précision nouvelle aux anciens problèmes spéculatifs en les confrontant avec l'expérience et le savoir empirique, Herder dans son *Traité sur l'origine du langage* l'a posé de nouveau et lui a donné une solution nette en prononçant le primat du verbe. Dans l'édition *Taschenausgabe der philosophischen Bibliothek*, fasc. 13, *Herder's Sprachphilosophie*, Meiner, Leipzig, on lit aux pages 11 et sv. : « Aussi, le premier vocabulaire se composait des sons de toutes choses. Chaque être sonore fit résonner son nom ; l'âme humaine l'empreignait de sa marque en prenant le son comme propriété. C'est ainsi que ces interjections sonores devinrent les premiers noms. Aussi les thèmes radicaux des langues orientales sont pleins de verbes. L'idée de la chose flottait encore entre l'agissant et l'acte. Le ton devait signifier la chose ainsi que la chose offrait le ton. C'est ainsi que des verbes provinrent les noms et non pas les verbes des noms. L'enfant ne nomme pas le mouton en tant que mouton, mais en tant qu'être bêlant. En faisant ainsi l'interjection-verbe... quand la nature entière produit des tons, à l'homme primitif et sensuel rien de plus naturel que de tout voir vivre, parler, agir. Les premières dénominations des choses ne furent donc que les sons reproduisant les actes que l'esprit primitif sentait dans chaque chose. »

Cette hypothèse de Herder est fort captivante, mais elle rencontre de sérieuses objections. Pour ce qui est de l'origine des noms, qui seraient provenus de verbes, quand on serre la question de plus près et l'on met ensemble les noms qui sont manifestement d'origine verbale, on voit qu'on n'épuise pas le répertoire nominal. Il reste des noms dont l'étymologie s'oppose à toute réduction au verbe. Or, il est possible de supposer que dans ces noms-là le caractère originaire ait été effacé. La difficulté de les réduire à des verbes ne tiendrait qu'à notre ignorance. Mais si on suppose celle-ci écartée, un autre embarras, plus grave, apparaît : le verbe lui-même, qui aurait devancé le nom, comment était-il possible ? Est-ce que, pour surgir dans la langue, il ne lui a pas fallu d'un matériel, qui ne pouvait être un verbe ? Et de quel autre matériel le verbe aurait-il emprunté sa forme linguistique si ce n'est du matériel des noms ? Il est vrai que le langage a pu commencer par la désignation de ce qui pragmatiquement était le plus nécessaire, des actes, et qu'originairement parmi les actes ont été exprimés les plus instantanés, le besoin, la commande, l'impératif. Mais l'acte, pour prendre forme linguistique, devait se distinguer de l'autre acte. Et comment cette distinction s'établirait-elle, si ce n'est par le moyen de facteurs qui ne constituent pas la nature commune de chaque acte, mais qui en représentent les traits particuliers ? Comment en effet, par ces traits, les actes se distingueraient-ils, si ce n'est par les objets sur lesquels ils se dirigent ?

Nous voici donc dans un cercle vicieux : les noms, pour devenir possibles comme catégorie linguistique, supposent les mouvements ; ces derniers ne peuvent être symbolisés par les verbes sans que des éléments de caractère non-mobile y prêtent leur aide. Le fixe est le support du mobile, le mobile, qui devait servir pour expliquer l'origine du fixe, a en ce dernier même sa condition d'existence. Le mouvement ne sera jamais sans un facteur stable qui permette de le discerner comme tel, il sera toujours mouvement de quelque chose, et la chose qui se meut d'une part et le mouvement d'autre part resteront des entités séparées.

À cette connexion intime du fixe et du mobile vient se joindre un fait linguistique qui paraît en fortifier l'évidence. Il existe dans nos langues, à côté des verbes, certains substantifs exprimant le même concept, mais sous forme nominale. Parfois ces substantifs sont des dérivés, et dans ces cas le primat du verbe est évident : p.ex. *production, produit* exprimant la même chose que *produire,* mais en termes substantivés. Cependant il y a d'autres cas où historiquement et morphologiquement c'est le substantif qui est plus ancien p.ex. lat. *verber,* dérivé *verberare.* Ici une distinction s'impose : le substantif peut être antérieur au verbe, mais c'est seulement en se verbalisant qu'il prend un sens mobile. Quand p.ex. *pugnus*, signifiant le poing, donne le dérivé *pugnare,* le sens verbal n'est pas tiré du substantif-base, il s'introduit avec la forme verbale même. Également, quand l'ancien substantif *verber* = branche, verge, donne le dérivé *verberare* = battre, l'élément verbal est introduit par la forme verbale même. Mais quand le dérivé *pugnare* a donné lieu postérieurement à un substantif *pugna,* on dirait que la conscience linguistique a éprouvé le besoin de donner à *pugnare* un substantif qui pourrait être considéré comme la base de la formation de ce verbe. Dans ce cas-là, le sens du substantif, antérieur au verbe en apparence, est également verbal. *Pugnus* et *pugnare* se distinguent comme l'instrument et l'action ; *pugnare* et *pugna* indiquent la même action sous deux catégories différentes.

Donc, le substantif à sens verbal et le verbe se confondent dans l'histoire de la langue. Ils constituent des doublures, dont la raison d'être échappe à la considération historique d'un procédé de formation qui a fait naître l'un ou l'autre et où tantôt le verbe tantôt le substantif a été le premier, priorité qui est souvent effacée par la conscience linguistique.

Pour la conscience synchronique et immédiate la différence entre le verbe et le nom est tellement sensible qu'on n'a même pas besoin d'opposer un verbe de thème verbal à un nom de thème nominal pour l'illustrer. La différence nettement sentie entre *chasse* et *chasser,* *amour* et *aimer,* et même entre des termes qui extérieurement sont identiques, mais qui représentent tantôt un verbe, tantôt un nom, s'explique non pas comme reflet des différences entre des contenus supposés être indépendants de la langue – et qui sont à la rigueur tous identiques ou bien des éléments indissolublement enchaînés du même objet – mais par les fonctions différentes de ces mots et les rapports différents qu'ils ont envers d'autres mots du système d'une langue. Prenons un cas d'identité extérieure comme lat. *amor* = amour, et *amor* = je suis aimé. Or, nous prétendons que la possibilité de discriminer entre deux sens de ce terme tient uniquement à l'appartenance de chaque sens a un système, soit verbal, soit nominal. Cette appartenance n'est pas un schéma théorique où la science grammaticale rangerait les faits linguistiques, c'est une réalité particulière qui détermine l'emploi momentané de chacun de ces termes. On dirait que chaque emploi d'un élément du système verbal ou nominal n'est que le point du filet que le sujet parlant touche dans son activité momentanée, mais qui met en vibration l'ensemble de tous les éléments, image par laquelle on entend que, quand un sujet parlant choisit une certaine forme nominale ou verbale pour l'appliquer, tout le reste du système auquel cette forme appartient y participe. Il fait part de cet emploi premièrement en tant que distinct de la forme en question, comme reste momentanément exclu de l'emploi, mais aussi en tant que complément qui donne son sens distinct à la forme choisie. C'est ainsi que dans la seule forme verbale *amor* le système verbal entier du latin est représenté. C'est exclusivement la première personne, mais celle qui fait partie du groupe de distinctions personnelles, représentées par différentes désinences. Également pour la forme passive, pour le présent, l'indicatif. Bref, chaque détermination de la forme *amor* constitue une relation de cette forme qui la rattache au système formel du verbe, chaque forme, ainsi conçue, n'est que l'envers de toutes les autres, du système entier. Aussi, autant plus de facteurs sémantiques une forme verbale contient, d'après autant plus de points de vue l'orientation qui l'a destinée à l'emploi a dû se faire, autant plus d'autres formes coordonnées et comme concurrentes ont dû être entrevues et écartées.

Le nom est en principe dans le même cas que le verbe, seulement son système est moins riche. Cependant, pour en rester à la langue latine, dans chaque cas de son emploi, il est au singulier ou au pluriel, il a un genre distinct, il est placé dans un cas, soit marqué extérieurement par la désinence, soit indiqué, comme dans nos langues, par l'ordre des mots.

Le système nominal exprime les mêmes rapports que le verbe quand il marque le nombre, singulier, duel, pluriel. Le genre nominal n'a pas de correspondants dans le verbe, sauf dans le participe, qui est un trait d'union entre le verbe et le nom, verbe par son thème et l'expression du temps, adjectif ou substantif par sa capacité d'être employé comme tel. Reste le système des cas, qui est le plus caractéristique pour le nom. En effet, le verbe n'a rien de directement analogue. Cependant, le système casuel ne manque pas de tout rapport avec les fonctions verbales. À regarder de plus près, on observe que la majorité des emplois casuels ne sert pas à rattacher des noms à des noms. Quand les cas expriment l'origine, la provenance, la possession, l'intérêt, la direction, ce sont implicitement des mouvements et des actions qu'ils désignent. Quand l'objet de l'action verbale prend comme régime un cas déterminé, par là même ce cas se rattache explicitement à un verbe. Ces mêmes affinités sont de nature à éclairer la diversité entre le substantif, qui se manifeste par les cas, et le verbe, avec son apparat de propriétés formelles. Le substantif, là où son expressivité est au plus vivant, plonge dans une raideur tout ce qui ne se meut que grâce à l'expression verbale. Le génitif a beau exprimer l'origine, la provenance, pourtant l'expression *pater filii* n'équivaut pas à son correspondant verbal *pater filium habet*. Cette différence fait saisir au vif ce qui distingue le nom du verbe. Tout ce qui est présenté à l'aide d'une forme verbale, comporte un aspect de vivacité labile, un caractère de *hic et nunc,* qui soude la pensée à une réalité immédiate. En revanche, les mêmes contenus, présentés sous une forme nominale, prennent un aspect de possibilité abstraite qui a besoin d'être complétée de déterminations spéciales – comme p.ex. *ce, le, un* – si l'on veut évoquer la pensée du réel. Constatons donc que le nom est plus éloigné de la réalité vécue que le verbe et que, des deux catégories qui le constituent, le substantif est plus abstrait que l'adjectif, capable de marquer des états transitoires.

Le nom est plus abstrait en ce sens qu'il est incapable d'exprimer par lui-même et sans se remplacer par un autre nom les modifications incessantes qui constituent le caractère perpétuel de la réalité. Le substantif ne disposant d'aucun moyen pour marquer la limitation des choses dans le temps, il confère à ces dernières par sa forme même un aspect de durée qui ne leur convient pas en réalité. Cet aspect durable qui fait par la langue présenter des choses comme si elles étaient seules et indépendantes, c'est cet aspect qui les fait concevoir comme des idées platoniciennes. Le durable, qui ne change pas, étant l'abstraction, chaque chose présentée par le nom, sera présentée abstraitement, et sans les déterminations qu'il faudrait pour en égaliser le caractère concret.

Le rapport qui a été établi entre la richesse formelle d'une catégorie linguistique et son aptitude à désigner le concret met dans un autre jour la diversité du verbe et du nom, lorsqu'on considère la plus grande richesse du système verbal non pas comme l'effet mais comme la cause de la signification du verbe. Ce n'est pas parce que la racine d'un verbe signifie un mouvement que ce verbe a besoin de désinences pour exprimer ce mouvement dans sa variété concrète : tel verbe devient le symbole principal du mouvement et de la modification justement parce que son système de formes le prédispose à exprimer ce qu'il y a de plus concret dans la réalité. Or, rien de plus concret que le mouvement dans son unité multiple. Si le substantif avait autant de groupes de désinences qui permettraient de distinguer formellement entre une chose, au présent, au passé, au futur, dans le mode du réel, du possible, du désirable, ce substantif-là remplacerait le verbe dans toutes ses fonctions, il en deviendrait le pur équivalent, il aboutirait à être un verbe lui-même. Et quand, d'autre par, un verbe arrive à dépouiller son apparat formel, il devient de plus en plus semblable à un substantif et il finit par l'être. L'infinitif des langues classiques et modernes en fournit l'illustration. Si étymologiquement il est d'origine nominale il a été senti comme faisant part du système verbal et ce n'est qu'après avoir fonctionné dans le corps verbal qu'il s'en est écarté, pour devenir de nouveau un nom.

Nos réflexions signalent donc l'affinité du verbe et du nom, qui est la cause de leur ample interpénétration. Leur diversité se réduit à celle de la prédominance du point de vue mobile ou constant. Dans le verbe, c'est la mobilité qui est à la première place. Le symbole ne peut que figer cette mobilité, mais en lui laissant une part aussi grande que possible. Tel symbole est le verbe. Il arrive à ménager la mobilité au degré maximal par la richesse de ses formes, dont chacune exprime un aspect, qui facilement se change en un autre et pourtant en reste distinct ; je vois> tu vois> il voit> il vit> il verra, l'objet vu, etc. Ce qu'il y a de stable dans cette série, c'est la valeur même du symbole : voir, qui reste identique à lui-même. Le substantif met la stabilité au premier plan ; « la vue » n'a ni personne, ni temps, ni mode. Par sa nature grammaticale, c'est l'instrument de l'abstraction. La diversité se réduirait ainsi à une prédominance relative du mobile et du fixe, où l'élément opposé ne fait jamais entièrement défaut. Et cette prédominance trouverait son explication dans la richesse ou le manque de formes.

On remarquera, à juste titre, que cette conception omet de regarder des thèmes verbaux et nominaux. Avouons que notre hypothèse est applicable là seulement où une langue manifeste des systèmes morphologiques plus ou moins élaborés. Aussi l'objection nous fait revenir au problème de la racine, nominale ou verbale, posée par Herder.

La racine est l'extrême opposé de la catégorie dans sa multiplicité formelle. Les quelques éléments phonétiques qui composent la racine ne contribuent en rien à éclaircir la signification condensée dans celle-ci. Aussi la racine ne montre pas plus de rapport avec sa signification que le mot dérivé d'elle. Si la plupart des racines sont d'un caractère verbal, elles le sont dans un sens très général et qui rappelle l'infinitif du verbe. Cela s'explique par le manque de sens concret forcément propre à un terme si peu différencié. La racine n'exprime donc pas le sens verbal avec une telle netteté que la morphologie du verbe. Dans elle, la multiplicité manque, qui donne aux formes verbales leur sens concret. Ce qui caractérise la racine, ce n'est pas la mobilité du système élaboré, c'est le mouvement même. La racine, étant une suite de sons articulés, est produite dans un mouvement qui symbolise le mouvement même qui est la signification de la racine. Mais ce mouvement-là est inhérent à chaque racine et ne prononce rien sur le sens spécialement verbal de la racine en général.

Le problème de la nature de la racine se confond avec celui du langage même. La racine verbale a ceci de particulier que c'est un mouvement qui désigne le mouvement même. C'est comme l'onomatopée, où le son désigne le son, mais à un degré supérieur de complication. Dans la racine nominale, l'esprit saisit un élément constant de la réalité derrière lequel l'aspect de mouvement disparaît. Mais le mouvement symbolisé a déjà ceci de fixe, qu'il est ce mouvement-ci et non pas un autre. Tandis que le durable symbolisé a ceci de « mouvant » qu'il vise ce qui se maintient dans le courant universel des choses. Le fixe et le mobile, dans le fond, sont si près l'un de l'autre qu'ils ne se manquent jamais. Aussi le seul problème de la linguistique historique peut être la question, qui des deux a été exprimé le premier. Quand on regarde la vivacité du verbe comme signe de sa primitivité, on sera incliné à trouver juste l'idée de Herder, mais dans un sens « pré-catégorial » : l'expression linguistique a partagé le mouvement du réel avant de fixer ce dernier. L'expression a été de même nature que l'exprimé avant de suivre un développement autonome. La différenciation des catégories du verbe et du nom a été précédée d'une évolution du symbolisme même, qui s'est dressé raide devant le réel après en avoir suivi la manifestation mobile. C'est particulièrement la science qui tend à nominaliser les contenus. Mais ce procédé de nominalisation même est nourri par un mouvement, celui de la pensée. La pensée tend à faire disparaître le mouvement vécu et à le remplacer par des constantes. Elle y réussit en absorbant le mouvement en elle-même. Dans les formules abstraites tout mouvement est éliminé. Mais il l'est seulement, parce que la pensée se concentre à arriver à cette élimination ; ce faisant elle crée la distance la plus grande entre elle-même, et la réalité immédiate. Quand la réflexion philosophique se rend compte de cet éloignement entre la pensée et le réel, elle réintroduit, pour caractériser la pensée en action, tous les verbes que celle-ci a soustraits à l'expression de la connaissance du réel. La mobilité reprend ses droits au plan de la pensée philosophique.

Phonologie et sémantique

Lors de l'année écoulée, il a été plusieurs fois question au sein de ce département de l'Académie d'une découverte linguistique qui a paru d'une fécondité inhabituelle : la théorie phonologique. Messieurs Van Ginneken, Van Wijk et Faddegon ont mentionné cette théorie en relation à leurs propres recherches linguistiques. Le triste sort a voulu que la présente assemblée ait récemment dû commémorer la mort du fondateur de cette théorie, le Prince Trubeckoj, ce qui a donné nouvelle occasion de parler de son œuvre pionnière. Il ne saurait être mon intention première de vouloir contribuer ici aux multiples applications de la phonologie en y ajoutant une de plus. Cela conviendrait trop peu à quelqu'un qui a troqué la linguistique pour la philosophie et dont les recherches linguistiques étaient déjà précédemment guidées par des questionnements philosophiques. Une telle personne doit se contenter d'accepter avec respect la démonstration de la théorie que font les linguistes. Il lui revient toutefois d'en éclairer un autre aspect, qui saute moins aux yeux des chercheurs préoccupés de questions empiriques : la structure méthodologique générale de la théorie ainsi que ses présupposés quant à la réalité et à notre manière de connaître celle-ci. Voilà l'optique dans laquelle je me permets de vous entretenir de quelques considérations dont le but premier est de clarifier le sens philosophique de la phonologie et le but second est de démontrer sa valeur pour la sémantique.

La phonologie a eu à se légitimer dès ses débuts face à une science des sons du langage plus ancienne, la phonétique. La passionnante rivalité qui existe entre les deux théories découle

---

1938 – Discours prononcé à l'Académie des sciences néerlandaise.
« Fonologie en betekenisleer », in: *Mededelingen der Koninklijke Nederlandse Akademie van Wetenschappen* 1 (13).

du fait qu'elles étudient toute deux le même objet, les sons de la parole humaine, mais à partir de présupposés entièrement différents. Alors que la phonétique commençait à rendre compte de ses présupposés, la phonologie est apparue avec la prétention d'offrir une interprétation encore plus féconde de ces mêmes phénomènes. La phonétique étudiait les sons du langage au moyen d'une méthode objectivo-empirique. Elle s'efforçait de répertorier les sons de façon aussi vaste que possible et d'établir leurs régularités par voie inductive. Cette répertorisation devait être la plus précise, la plus exhaustive et la plus objective possible. Être le plus précis possible impliquait pour la phonétique que l'oreille humaine ne pouvait être utilisée comme l'organe de collecte des sons à étudier, car elle était généralement trop grossière pour différencier les nuances les plus fines. Être le plus exhaustif possible impliquait que la répertorisation ne saurait se satisfaire de l'expérience limitée des sons faite par une personne qui, même sans être linguiste, serait attentive à sa propre langue. L'exhaustivité requérait elle une masse de donnée la plus grande possible. Bien qu'il soit douteux qu'une telle exhaustivité soit atteignable quand on réfléchit de plus près à ce terme, on s'en approchait quand même en accumulant le plus grand nombre de données possible. Pour terminer, la recherche phonétique se souciait d'être objective, ce qui veut dire que le chercheur demeurait plein de méfiance envers toute interprétation subjective des sons faite par un locuteur réfléchissant sur le langage. L'inventaire phonétique prenait pour tâche d'écarter ces interprétations certes naturelles mais subjectives : seulement ainsi pouvait-il être question d'une détermination purement objective. La triple ambition de la phonétique l'amenait donc à se distancier totalement de toute représentation possédée par un locuteur au sujet du matériau sonore qu'il utilise.

Une exigence rigoureuse de détermination objective ne peut en science être considérée autrement que comme étant valide et sa poursuite doit donc être vue comme une vertu. Bien qu'il mène dans certains cas à de véritables aperçus, l'exercice de cette vertu conduit toutefois dans d'autre cas à un objectivisme qui n'atteint plus la chose, car dans sa quête d'objectivité il s'entrave lui-même la route avec les moyens et les principes qu'il avait initialement adoptés. Un tel objectivisme – qui s'accroche rigidement à des présupposés rendus insuffisants par le fait qu'ils ne font pas droit à la structure de la chose à étudier – est évidemment lui-même subjectif et se révèle comme tel lorsqu'apparaissent des hypothèses qui s'avèrent fertiles mais doivent être dénoncées comme étant subjectives parce qu'elles réfutent des présupposés considérés comme intouchables. Une telle révélation semble bien avoir eu lieu avec la phonologie.

Les présupposés de l'ancienne phonétique étaient très simples, ce qui en soi constitue aussi une vertu logique. La question, toutefois, est de savoir si ces présupposés n'étaient peut-être pas tellement simples, qu'ils pouvaient certes satisfaire notre prédilection subjective pour la simplicité logique, mais pas nous fournir un concept adéquat de la chose à laquelle ils étaient censés s'appliquer. Cela semble bien avoir été le cas de l'ancienne phonétique : elle avait les vices de ses vertus. En effet, la phonétique s'est construit un objet qui concordait avec la simplicité de ses principes et qui semblait correspondre à l'objet de l'expérience simplement placé dans une lumière plus claire et plus précise. En vérité, cet objet construit était une abstraction. L'abstraction de cet objet découlait du fait que la phonétique ne considérait les sons du langage comme rien d'autre que des bruits, admettant certes qu'ils soient produits par les organes humains de la parole au service de l'expression des pensées et des sentiments, mais non que le but de leur production ou la nature du producteur jouent un rôle dans leur étude ultérieure. Une fois l'objet ainsi détaché de ses racines, son étude ne peut plus subsister autrement que dans l'espoir qu'une certaine régularité et que certaines moyennes se dessinent au sein de la multiplicité des données répertoriées. Comme l'explication de cette régularité ne saurait être recherchée dans la cohésion structurelle du phénomène, il faut alors saisir celle-ci à partir d'une propriété générale qui se manifeste dans des phénomènes similaires donnés en grand nombre, autrement dit, à partir de certaines normes et probabilités qui découlent d'une propriété très générale des grands nombres. Cela ne veut pas dire que la phonétique a consciemment et en toute conséquence isolé son objet de manière si radicale. Le chercheur scientifique ne se tient pas en général aux conséquences ultimes des principes qu'il entendait suivre initialement. Il garde un sain contact avec la chose elle-même, ce qui lui permet de maintenir son cap là même où sa théorie nécessiterait autre chose. Mais si heureuse soit une telle inconséquence, il est tout de même préférable de bien en prendre conscience et de rendre superflu cette intuition chanceuse en définissant la théorie de telle manière à ce qu'il ne subsiste plus de contradictions entre elle et la pratique scientifique.

En traitant les sons du langage, sans considérer leur nature spécifique, comme des bruits, l'ancienne phonétique privait son objet de sa qualité propre, ce qui revenait pour elle en tant que science à couper ses liens avec la psychologie. Elle a ainsi été contrainte de développer une image du langage en conséquence de cette limitation. Le raisonnement de cette méthode était le suivant : les personnes qui parlent une langue utilisent régulièrement des sons qui se distinguent individuellement de cas en cas ne serait-ce de façon si minime que les locuteurs ne perçoivent pas ces différences ou, du moins dans la pratique, qu'ils les négligent. La perception « objective » nous apprend qu'il y a toujours des différences, car tout son prononcé est individuel. Les phénomènes obéissent à la loi de l'individuation, par la force de laquelle un phénomène qui est donné ici et maintenant peut certes coïncider avec un autre phénomène qui apparaît là-bas et tantôt, mais n'y est toutefois pas égal, encore moins identique. L'observation objective doit venir s'ajouter pour que certaines constantes qui apparaissent dans le flux des sons et qui sont interprétées comme telles par le locuteur puissent être déclarées comme étant une illusion subjective et comme des bruits qui ne sont « en réalité » que comparables l'un à l'autre. L'illusion de similarité réclame une explication qui reviendrait à dire que l'oreille n'est pas assez fine pour entendre des différences que l'on peut néanmoins enregistrer avec des instruments. Alors que la perception objective des sons fait voir une variété illimitée de différences trop petites pour l'oreille, la méthode objective prétend pouvoir connaître la vraie qualité des sons là où, en revanche, le critique subjectif qu'est le locuteur reste biaisé : ce dernier néglige des différences parce qu'il n'en a pas besoin lorsqu'il fait un usage pratique du langage. Il a une impression de similarité quant à des sons qui sont objectivement différents parce qu'il n'écoute pas avec assez de précision et que ses données ne sont pas assez exhaustives. La méthode de la répertorisation objective devait remédier à tous ces défauts de la connaissance subjective et naturelle du langage : elle est effectivement la première à avoir découvert l'infinie variété et les nuances sans fin des sons. Mais après cette découverte une deuxième tâche s'est dressée devant elle : expliquer pourquoi les sons se présentent à la conscience subjective comme des unités semblables et limitées en nombre, d'une façon très différente donc de ce qu'ils sont « en réalité ». L'explication pragmatique susmentionnée est la plus évidente. L'unité que le locuteur qui ignore tout de la linguistique croit percevoir dans les sons est une fonction de la vie pratique. Elle n'est rien en réalité, mais elle se laisse expliquer psychologiquement. Pour la conscience fugace de l'utilisateur du langage, dont l'attention est tournée vers ce qu'il veut dire, les phénomènes se présentent de cette façon simplifiée. Il doit donc nécessairement y avoir un clivage entre le mode de l'apparition subjective et la réalité objective. On voit ici à quoi mène une logique qui conçoit les phénomènes sonores en un sens objectiviste : le monde des sons, détaché de la conscience qui les porte et autonomisé en un groupe de phénomènes perceptibles dans l'espace et le temps, est imaginé comme une collection d'unités disparates qui varient à l'infini, qui se condensent en des moyennes et exhibent à travers ces variations toutes les transitions et coïncidences possibles, mais pas de similarité ou d'identité.

Le mérite de la phonologie est d'avoir rompu cette image du langage et d'avoir étudié ses sons non comme des bruits définis d'après une structure répertoriée objectivement, mais dans leur spécificité, comme des faits de langage se rapportant à la conscience du locuteur. Bien loin de se défaire le plus possible de la conception subjective du locuteur et de demander seulement en second lieu comment se manifeste cette conception des sons, la phonologie a compris que la clé d'une théorie scientifique des sons se trouve justement dans la conscience que le locuteur a des sons dont il fait usage. En prenant pour point de départ une conscience qu'elle définit non pas comme percevant objectivement des sons, mais comme produisant et interprétant ceux-ci téléologiquement, la phonologie a réussi à surmonter l'ancien objectivisme de la phonétique et elle a du même coup rétabli la conscience du locuteur dans ses droits comme source de connaissance des sons. Pour la phonologie, la conscience n'est plus seulement un phénomène périphérique, qui saisit les sons comme quelque chose de vrai pour ensuite les interpréter dans un schéma : elle est elle-même la productrice des sons du langage, elle est la modalité spécifique de cette production qui permet aussi d'élucider la nature des sons eux-mêmes. Tout dépend donc de la manière dont on détermine comment les sons sont produits. L'étude de cette production ne peut se satisfaire de parler d'un automatisme qui produit les sons à l'aveugle sur la base d'une habitude acquise une fois. Les présupposés de la psychologie de l'association sont certes eux aussi attrayant de par leur simplicité, mais ils sont factuellement trop simplistes : parce qu'ils considèrent les sons psychologiquement, ils mènent au concept de répertorisation qui caractérise aussi l'observation purement externe et objectiviste. La phonologie doit donc faire recours à des hypothèses plus profondes. Elle ne peut s'empêcher de parler d'intentions qui sont dirigées par des types ou des modèles présents à l'esprit du locuteur quand il prononce des sons déterminés. Ce point de vue est psychologique et ne peut être justifié qu'introspectivement. Son importance est qu'il met de l'ordre dans la multiplicité confuse des sons, qui ne sont plus classés de façon inductive, mais d'après l'ordre qui se manifeste de manière immanente dans les types ou modèles de sons. Cet ordre est le fondement des sons toujours déjà nuancés et perceptibles de l'extérieur. Que chaque son produit soit différent de tous les autres est un fait empirique. Alors que l'activité de répertorisation ne découvre pas d'autre unité dans les sons que ce qui se présente comme moyenne, sans que l'apparition de moyennes se laisse elle-même expliquer, la phonologie suit le chemin opposé : pour elle, les moyennes ne sont pas secondaires et ne résultent pas d'agrégations accidentelles, elles sont premières. Pour être plus précis, les types et modèles de sons découverts par la méthode introspective permet d'expliquer ce que la théorie inductive associe aux moyennes. La visée de ces types constitue la première cause de la production des sons. Cette visée n'est pas entièrement suffisante pour expliquer les différences qui apparaissent dans l'expérience, mais elle est toutefois nécessaire pour comprendre les correspondances qui apparaissent dans cette diversité. En effet, ces correspondances prennent leur source chez le locuteur lui-même. La réalisation efficace de modèles fixes de sons rend psychologiquement certain ce qui n'est statistiquement que constatable.

On ne gagne pas grand chose en passant des sons répertoriés de façon externe au fondement psychologique de leur façon ordonnée d'apparaître, si on n'explique ce faisant que la régularité de l'emploi des sons chez un unique individu. On réduit certes une multiplicité illimitée à une multiplicité de systèmes individuels, qui chacun pour soi exhibe un certain ordre de par le nombre limité d'unités sonores typiques que l'utilisateur a à l'esprit. Mais les systèmes individuels s'opposent l'un à l'autre dans une multiplicité confuse et forment ensemble une diversité certes plus restreinte mais encore illimitée. Il subsisterait donc de l'atomisme initial de la démarche de répertorisation un autre atomisme, celui des systèmes individuels, lesquels requièrent une démarche de répertorisation identique à celle qui était initialement appliquée indifféremment à tous les phénomènes.

La phonologie atteint sa complète puissance en surmontant également l'atomisme des systèmes de sons individuels. En effet, elle postule que chaque locuteur ne s'oriente pas seulement par rapport à l'horizon d'un modèle de sons, mais qu'il partage ce système avec ces interlocuteurs : c'est le même système qui est visé par le locuteur et par celui qui essaye de le comprendre. Si chaque individu possédait son propre système de sons pour parler, ce dernier n'aurait qu'une importance très mince pour la compréhension mutuelle, car cette importance est liée précisément à l'identité des systèmes phonétiques de tous les interlocuteurs. Un système d'unités sonores typiques régule donc autant le comportement linguistique de l'individu que celui de l'ensemble des interlocuteurs. Il s'agit du même son qu'un individu veut exprimer, bien qu'il le fasse nécessairement de sa manière propre, et qu'un autre individu comprend, bien que lui aussi ait sa propre manière de dire la même chose et qu'il interprète rationnellement la manière propre de parler de son interlocuteur. Le fait qu'il perçoive cette façon particulière de parler mais la comprend malgré tout comme s'il parlait lui-même prouve que leur compréhension mutuelle est dominée par un type idéal unique des sons réalisés de façons toujours nuancées par les locuteurs. Il n'est pas non plus le cas que la compréhension entre les locuteurs se forme parce que, chacun possédant lui-même un système de sons, on découvre que l'autre connaît et maîtrise ce système de sons. En effet, ce système de sons n'est pas initialement la propriété d'un individu qui serait ensuite reprise par autrui : il est l'expression d'une union qui existe plus profondément que la réalité des individus pris isolément. C'est à l'intérieur de cette union, et en tant que forme expressive de celle-ci, que les intentions phonétiques du locuteur et du récepteur se rencontrent. Cette union est un fait originaire irréductible qui ne se laisse pas expliquer par la coïncidence accidentelle d'un certain nombre de facteurs, mais tout à l'inverse, qui précède bien la désagrégation de ces facteurs et qui rend compréhensible la possibilité même d'une telle désagrégation.

Au vu de l'originarité de l'union qui sous-tend la compréhension mutuelle, on se rend compte de la naïveté de l'image de la réalité sur laquelle s'appuyaient non seulement l'ancienne phonétique mais aussi, parallèlement, la psychologie atomiste. Autant notre pensée rationnelle a pu être convaincue par l'image de sons isolés déterminés un à un en tant que phénomènes perceptifs dans le temps et l'espace, autant nous rendons-nous désormais compte que cette simplicité est trop chère payée, car elle nous prive de la possibilité d'une compréhension plus profonde de l'objet. Il en va de même lorsque, à un plus haut niveau, le monde sonore est assimilé à un système individuel, mais de manière à ce que l'individu soit pensé comme une unité existant en elle-même. Ces unités, les individus humains, ont aussi la propriété de pouvoir être facilement déterminés par notre représentation atomisante, sans pour autant qu'il soit certain qu'ils puissent servir de principe pour expliquer les associations dans lesquelles ils sont censés apparaître. Ce principe semblait suffisant du fait que les relations entre hommes étaient conçues comme purement spatio-temporelles : celles-ci devaient donc pouvoir être comprises à travers l'accumulation et l'interaction des unités. Mais ces relations n'ont pas lieu dans l'espace : l'espace ne joue pas le moindre rôle démontrable dans la compréhension mutuelle. Pour cette raison, toute représentation spatiale qui cherche à placer le fondement de la compréhension dans les individus pris en eux-mêmes doit être remplacée par une conception de la réalité qui les interprète collectivement. Une telle réalité est peut-être plus difficile à se représenter que des unités imaginées séparément dans l'espace, mais cela n'en fait pas nécessairement une construction artificielle. Elle est un fait réel certes très particulier mais qui existe vraiment et qui, une fois reconnu, nous contraint aussi à reconnaître, à côté des aspects individuels de la conscience, l'existence du général comme une réalité qui constitue le revers inséparable de l'individuel. Si l'on admet ce fait, il ne peut y avoir d'individualité donnée séparément de façon originaire : l'originaire est constitué plutôt par le flux de la conscience individuelle hors du général puis son reflux dans ce général. Il n'y a alors d'individuel, c'est-à-dire de conscience isolée, que ce qui s'est séparé volontairement du général ou a involontairement perdu le contact avec celui-ci. La réalité du général apparaît de façon surprenante dans la théorie phonologique, et il me semble que se trouve là son importance pour l'étude générale de la réalité, étude qui est l'affaire de la philosophie.

Maintenant que l'existence du général a été à nouveau reconnue grâce à la théorie phonologique, il apparaît distinctement que l'ancienne phonétique et la psychologie était construite sur des présupposés qui ne reconnaissaient aucune réalité au général. Une conception isolante des choses n'admet le général que comme accumulation d'entités discrètes ou comme généralité logique, abstraite. L'évolution de la phonétique elle-même a conduit à dépasser le nominalisme : le général constitue pour la phonologie le fondement même des actes de parole et non pas seulement un résumé produit par la répertorisation et les calculs du chercheur. Il est d'ordre premier, il existe avant la particularisation par laquelle les actes de parole le détruisent. Le général prouve sa réalité en tant que principe d'ordre dans la multiplicité infinie des sons exprimés et en tant que fondement de la compréhension entre locuteurs. Comme il ne peut être question de compréhension sans le général, il faut donc comprendre qu'une conscience générale est réellement présente chez deux sujets ou plus qui cherchent à se comprendre réciproquement.

En tant que possession commune des interlocuteurs, le système des sons visés et compris est une réalité subjective mais non pas individuelle, il est le medium d'une compréhension qui elle-même n'est pas limitée à la réalité individuelle. Une théorie qui se placerait à l'extérieur de ce fait originaire de la compréhension ou qui, considérant ce fait comme secondaire, chercherait à l'éclairer à partir de facteurs plus originaires encore pourra argumenter que la compréhension mutuelle au moyen du système des sons du langage doit commencer une fois et que l'on rencontre effectivement un tel commencement lorsque les jeunes enfants acquièrent et apprennent le système qui les environne. Selon cette conception, on devrait pouvoir faire abstraction de tout aspect *a priori* de la compréhension, pour la faire reposer sur un principe empirique beaucoup plus simple : l'acquisition ou l'imitation. Lorsque l'on réfléchit sur l'évolution de la langue chez le jeune être humain, on peut initialement avoir l'impression que la compréhension résulte d'événements psychologiques simples : elle n'est alors pas le fondement de l'utilisation du langage, mais son résultat. Pour étayer ce raisonnement, on peut faire remarquer que les sons ne se produisent pas d'eux-mêmes chez le jeune être humain, mais qu'ils sont acquis d'après l'exemple de locuteurs déjà existants. Le danger d'une interprétation qui est séduisante par sa simplicité mais qui demeure en fait trop superficielle menace ici aussi. Pour l'observateur externe, l'adoption des sons de la langue par l'enfant donne l'impression d'être dominée par l'imitation et la formation d'habitudes. Mais ce qui n'est pas différencié pour l'observateur externe l'est parfois bel et bien dans l'analyse introspective. Cette dernière nous apprend que l'apprentissage du langage ne trouve pas un fondement suffisant dans la simple répétition. Il y a une différence interne d'intention lorsque l'individu qui apprend ne fait qu'imiter son maître en essayant de parler comme lui, ou lorsqu'il répète parce qu'il considère que celui-ci fournit l'exemple d'un usage correct. Dans un cas, on se limite à reproduire une individualité déterminée, dans l'autre le maître n'est pour l'élève qu'un intermédiaire vers le langage lui-même. On ne peut déceler cette différence de l'extérieur, dans la mesure où l'élève qui comprend qu'il n'imite pas son maître dans le seul but de l'imiter mais bien pour maîtriser comme lui le langage ressemble d'autant plus à son maître dans sa façon de parler qu'il se donne de la peine, non pas pour répéter ce que le maître dit, mais pour parler aussi bien que lui. L'observation externe peut constater l'influence immédiate du maître sur l'élève. Mais l'élève qui a répété ce qu'a dit son maître avec l'intention de maîtriser comme lui un système de sons linguistiques se sentira bien mal compris et déçu si on lui fait comprendre qu'il ne semble que répéter ce que dit son maître. Cette différence est subtile, elle est même incompréhensible pour l'observateur externe, mais elle doit être faite s'il l'on ne veut pas perdre de vue la signification plus large de la découverte de la phonologie. En effet, tout point de vue qui – interprétant de façon erronée la réalité interne du système des sons du langage – suppose que l'apparition de ces sons dans une certaine régularité est suffisante pour comprendre le langage, interprétera la nature intérieure des actes de parole dans une mesure toute aussi fausse et pensera dès lors que ces actes sont déterminées de façon suffisante par l'imitation et la formation d'habitude. Une telle conception, qui ne pénètre pas entièrement la réalité intérieure, correspond bien aux faits que les locuteurs ne possèdent pas *a priori* une compréhension qui fonde leur parole, que parler constitue la tentative d'atteindre cette compréhension et que cette tentative réussit dans une moindre mesure que ne se l'imaginent les locuteurs concernés. Dans cette conception, on n'accepte pas qu'il y ait une réalité commune au sein de laquelle les individus communiquent. La représentation s'en tient à la différenciation d'unités mentales bien démarquées et séparées dans l'espace, qui existent chacune pour soi et qui essayent d'entrer en contact l'une avec l'autre dans l'espace. Par son objectivisme, une telle conception empêche que la véritable réalité de la compréhension mutuelle devienne objet d'étude.

Posons-nous maintenant la question de la signification que cette nouvelle perspective peut avoir pour un autre domaine de la linguistique, la sémantique. Le passage de l'étude des sons à l'étude des significations exige d'être mieux fondé, car le danger d'une analogie erronée semble tout à fait possible. L'étude des sons, qui constituent la partie la plus externe du langage, n'a pas forcément un lien direct avec l'étude des significations, qui n'existent en effet que dans les intentions des locuteurs et la compréhension des auditeurs. La différence entre l'étude des sons et l'étude des significations présentée à l'instant découle encore de l'interprétation objectiviste qui fait des sons de simples bruits. Or, c'est justement la phonologie qui a établi un lien entre l'étude des sons et la sémantique, de sorte que l'on peut appeler le premier si ce n'est une sous-section, du moins une antichambre de l'étude des sons. Une tentative de relier ces domaines du langage avait déjà échouée dans le *Cratyle*, parce que Platon n'y différenciait pas suffisamment les notions de son et de mot. La tentative de Platon de comprendre la signification du mot à partir de la formation de significations qui viennent s'ajouter à des sons déjà formés n'a pas abouti : il interprète de façon erronée l'unité du mot et le type particulier d'ordre qui est exprimé par cette unité. On ne peut démontrer que les sons individuels possèdent une signification fixe dans le même sens que les mots : le son isolé n'est en effet pas un mot, de même qu'un mot isolé n'est pas une phrase. La linguistique contemporaine considère la tentative d'attacher une signification fixe à chaque son avec encore plus d'ironie que Platon ne le laissait déjà entrevoir dans son *Cratyle*. Mais cela ne veut pas dire pour autant que tout lien entre son et signification soit maintenant coupé. Il est clair que les sons ne nous prescrivent pas la signification du mot : dans ce cas, on ne pourrait plus alors nommer les choses selon notre libre choix. Les mots que l'on produirait en combinant des sons devraient être le résultat de significations déjà existantes. Nous sommes libres de nommer les choses et le langage accomplit son œuvre avec un arbitraire apparent justement parce qu'il n'y a pas de significations fixes qui valent pour les sons. Mais malgré cet arbitraire qui nous permet de nommer les choses par les noms qui nous plaisent, nous sommes quand même liés d'une autre manière aux sons. Les mots que l'on pense librement, nous les formons à partir d'unités sonores qui, elles, on ne pense pas librement : ce sont les phonèmes que le langage nous prescrit. Platon avait déjà isolé les phonèmes dans le *Cratyle*, mais il n'était pas clair pour lui qu'une valeur sémantique n'équivaut pas encore à la signification d'un mot. La phonologie a découvert la valeur sémantique propre des sons linguistiques. Elle se positionne ainsi entre la conception intenable de Platon qui traite sons et mots comme des choses semblables et la conception tout aussi intenable du pur objectivisme, qui ne voit dans les sons rien de plus que du bruit. Cette propriété des sons de n'être qu'un bruit est rejetée par la phonologie en même temps qu'elle désavoue la conception de la signification telle que Platon l'avait à l'œil lors de son étude des sons. En contraste à l'objectivisme, qui identifie son et bruit, la phonologie postule que dans la compréhension mutuelle entre locuteurs, les unités sonores ne sont pas entendues ou perçues, mais comprises. La perception correspond à l'optique du spectateur naturel, qui ce faisant prépare la voie à l'observateur scientifique. Dans cette optique, il s'agit de déterminer chaque correspondance et chaque nuance. Cette optique n'est toutefois pas celle d'une parole liée à une tâche. L'observateur est assimilé à l'auditeur, qui est d'un côté trop actif car il remarque trop de choses, et qui est trop peu actif de l'autre car il ne partage pas l'intention de compréhension mutuelle qui caractérise le locuteur. De plus, ce n'est pas à l'appareil auditif du partenaire de conversation que s'adresse le locuteur. L'appareil auditif est indifférent à la compréhension : en lui-même, il n'entend que des bruits. Seule l'écoute orientée vers la compréhension perçoit les sons du langage. Plus approximativement, on pourrait dire que la perception est assistée dans l'écoute, par exemple par la fonction de la compréhension. Cela signifierait que ce que l'on entend en tant que tel resterait un élément à comprendre dans une relation entre écoute et compréhension. Mais cette relation ne remplace pas la compréhension. En effet, celle-ci est une écoute dirigée vers un but qui convertit immédiatement ce qui est entendu : ce qui est entendu n'était pas donné ainsi avant la compréhension, pas plus qu'il ne demeure reconnaissable comme élément distinct au sein de celle-ci. L'écoute dirigée vers la compréhension ne se soumet pas d'abord à une impression mais cherche immédiatement à reconnaître des sons selon les schémas que lui fournit le système des phonèmes.

La compréhension des sons du langage est donc fonctionnellement différente de l'écoute de bruits. La différentiation de la compréhension se manifeste aussi dans le cas des mots. Porté par une intention qui le rend reconnaissable, le son du langage est compris tel qu'il est visé et il appartient dès lors déjà à la sphère sémantique. La différence avec les mots est toutefois présente, autant fonctionnellement qu'objectivement. Les quelques dizaines de phonèmes qui constituent une langue ne se situent pas à côté du domaine sémantique, mais en son sein. En tant que plus petites unités de la compréhension, leur nombre est limité, mais il est aussi suffisant pour construire un monde d'unités supérieures qui suivent leurs propres lois. Les pierres angulaires de ces unités partagent avec elles la propriété d'être des moyens de la compréhension mutuelle. Malgré ce qu'ils ont en commun, il est aisé de souligner ce qui les différencie : les phonèmes possèdent leur signification en eux-mêmes, ils ne sont pas des bruits qui font penser à autre chose, avec lesquels on peut viser quelque chose, ils sont au contraire des unités d'intention et d'aparition, si habituelles et reconnaissables que la différence entre locuteur et auditeur en est oubliée. Le phonème d'une langue étrangère n'apparaît comme un bruit que là où il n'y a pas de communauté entre locuteur et auditeur, auquel cas on entend alors un phonème de sa propre langue qui ne correspond pas au phonème étranger.

Les mots aussi possèdent cette propriété connective dans leur opération immédiate entre les locuteurs. Mais dans leur cas, on peut en tout temps distinguer entre une formation phonétique et une unité de signification, une différence qui n'existe pas dans le phonème. C'est bien pour cela que le phonème fonde la compréhension des locuteurs plus profondément que le mot.

Il y a peu d'espoir d'obtenir une explication causale de la propriété du langage qui fait que la formation jamais terminée de mots et leurs associations se maintiennent en équilibre sur la base restreinte de quarante phonèmes. Une telle explication devrait postuler que les phonèmes sont créés un à un. Mais l'étroite connexion de réciprocité dans laquelle ils se situent mutuellement s'y oppose. Le raisonnement causal tente de penser séparément les moments d'une séquence dans laquelle une chose a du existé avant l'autre et la totalité a été la dernière à être créé. L'unité fermée du système des sons s'oppose à ce point de vue. Il est tout aussi difficile de s'imaginer que les phénomènes aient été produits par un locuteur qui les aurait imposés aux autres : les phonèmes se présupposent réciproquement et ils présupposent collectivement la compréhension mutuelle. Celle-ci a dû exister avant que les sons puissent apparaître en tant qu'organes de la compréhension mutuelle. Le fait qui s'oppose le plus à toute interprétation causale est toutefois que les phonèmes ne sont jamais donnés isolément, mais seulement dans les mots, qui eux sont toujours formés à partir de phonèmes. Ici justement, on ne peut pas parler d'une antériorité ou d'une postériorité des pierres angulaires ou de la structure. Il n'y a pas de stade auquel le langage ne possèderait que des phonèmes, pas plus qu'un stade auquel il y aurait des mots qui ne seraient pas formés à partir de phonèmes : il y a une réciprocité de la partie et du tout qui ne se laisse pas interpréter selon un ordre temporel.

Là où une analyse causale n'a que peu de prise sur les phénomènes, il y a de la place pour une analyse téléologique. La limite de la compréhension causale par séquence ne correspond en effet pas à la limite de nos intuitions : il existe encore la simultanéité de la structure. Il ne s'agit ici que de trouver le modèle de compréhension le mieux adapté aux phénomènes. Dans ce cas-ci, le modèle doit être le point de vue de la téléologie et de l'organisme. La création du langage n'est pas un processus conscient qui prend sa source dans les individus. L'expérience individuelle nous apprend que nous parlons, c'est-à-dire que nous maîtrisons une langue que nous n'avons pas créée et que nous trouvons déjà donnée. Ce fait ne permet pas de conclure qu'une friction ou une accumulation aveugle de forces ont créé le langage. Il existe d'autres possibilités que la nécessité purement mécanique et l'initiative consciente de l'être humain. Dans la nature organique, le concept d'une régularité téléologique inconsciente est tout à fait acceptable, elle est même nécessaire. Si l'on comprend par là non seulement l'arrangement des parties d'un organisme, mais aussi la coïncidence de l'organisme avec la nature environnante et avec ses congénères, il n'y pas de raison que ce même point de vue ne nous guide pas lors de nos considérations sur la construction du langage. Si celui-ci est un organe de compréhension mutuelle et non pas un système de signes créé par consentement arbitraire, alors nous pouvons le considérer comme l'organe efficace d'une relation fonctionnant tout aussi efficacement entre les hommes et englobant les individus séparés. Nous savons moins comment un tel organe efficace est apparu que comment il est organisé : il en va ainsi pour tous les organismes. L'organisation efficace du langage consiste ainsi en une construction de phonèmes qui appartiennent toujours déjà à la sphère sémantique, mais qui ne sont pas encore des significations. Leur efficacité nous apparaît clairement si on essaye de s'imaginer qu'il pourrait en être autrement. Il suffit de comparer les systèmes de sons naturels aux unités sonores artificielles à partir desquelles les auteurs de langues artificielles se basent pour représenter des catégories sémantiques déterminées. Ceux-ci sont confrontés à la difficulté que de telles unités ne peuvent pas être déterminées avec une unanimité générale et que, par-dessus le marché, on ne peut déterminer comment reconstruire les concepts connus à partir de ces unités. Les utilisateurs d'une langue qui se baseraient sur une soi-disant signification conceptuelle des phonèmes devraient mener une analyse réflexive continuelle au sujet de la composition des concepts. Cette réflexion les freinerait considérablement dans leur emploi du langage ; de plus, il resterait encore à montrer que ces concepts se laissent vraiment reconstruire à partir de principes fixes. D'un point de vue analytique, ce n'est donc pas un désavantage que de ne pouvoir réduire les significations utilisées dans le langage à des unités fixes, afin ensuite de toutes les comprendre comme une composition. Que cette possibilité fasse défaut serait plus sérieux si elle était la condition d'une compréhension rationnelle des locuteurs. Qu'il n'en soit pas ainsi démontre que la compréhension mutuelle n'a pas besoin du détour d'une conscience analytique-synthétique de toutes les significations utilisées.

L'efficacité de l'organe du langage semble donc résulter d'une construction en deux strates : les sons, qui ne sont plus des bruits mais des unités qui se répètent pour la compréhension, et leurs combinaisons, qui possèdent d'autres qualités que celles des éléments. Les deux strates vont cependant de pair et la transition du phonème, qui se signifie lui-même, au mot, qui ne se signifie pas lui-même mais bien autre chose, n'est pas si grande si l'on considère, d'une part, que les mots sont toujours composés de phonèmes, et surtout d'autre part, que les significations qui sont créées par la concaténation de mots dans des combinaisons ou phrases complètes sont aussi remarquablement différentes des significations des mots combinés. L'idée bien connue qu'un tout possède des propriétés qui sont étrangères aux parties est confirmé autant dans la transition des plus petites unités aux mots que dans la transition de ceux-ci à des groupes de mots et à des unités plus grandes encore.

Si la transition des phonèmes aux significations est nivelée de sorte que les premiers semblent appartenir à la sphère sémantique, on satisfait alors un besoin de compréhension qui restait inassouvi tant que la linguistique se représentait les sons et les mots comme étant séparés par un abîme. C'est la phonologie qui a réalisé ce nivellement. La phonétique qui la précédait menait au mal opposé à celui qui oppressait le *Cratyle* de Platon : elle avait trop séparé les deux domaines l'un de l'autre, alors que Platon pensait pouvoir les unir.

On peut donc désormais à nouveau demander jusqu'à quel point il est possible d'admettre l'analogie entre les sons du langage et les significations des mots. De facto, elle paraît acceptable. Mais la théorie des sons est en avance sur celle des significations : en général, la sémantique se trouve encore au stade de l'ancienne phonétique. En effet, elle n'a pas encore accepté ou n'accepte plus l'attitude introspective qui a promu l'étude des sons depuis une activité de répertorisation chaotique et interminable jusqu'à une science ordonnée. L'étude des significations est encore par trop dominée par le point de vue externe et objectiviste qui est utilisé avec tant de difficultés par l'ancienne phonétique. On voit même des philosophes de la sémantique adopter le point de vue selon lequel les significations des mots doivent être considérées séparément de leur emploi dans le même mot, et que tout emploi est individuel et différent, de sorte que non seulement il n'y a pas de continuité pour le même locuteur, mais *a fortiori* il n'y a pas d'accord entre l'ensemble des locuteurs. Pour un tel objectivisme, l'accord que les locuteurs pensent pourtant pouvoir constater ne représente fréquemment qu'une illusion dont ils ne se rendent pas compte par eux-mêmes mais qui est remarquée par l'observateur objectif, à qui il revient alors aussi de l'expliquer. Il en est comme avec les sons : l'utilisateur postule selon son opinion subjective que de nombreux sons sont en fait les mêmes, mais l'observateur découvre leur diversité. Dans le domaine des significations, les coïncidences ne sauraient donc être que des illusions. Une fois l'insuffisance de l'emploi habituel du langage démasquée, l'observateur objectif veut développer un système de concepts bien définis, afin d'échapper à cette illusion. Ce qui a permis de démasquer les coïncidences illusoires était une méthode basée purement sur la perception externe, laquelle cherche à déterminer une à une les significations visées par les locuteurs individuels, sans faire usage de l'introspection.

Diverses interprétations contemporaines des significations des mots partent de principes nominalistes qui ne prêtent au général aucune réalité équivalente à celle du particulier. Qu'ici non plus on ne tire toutes les conséquences de cette théorie est à mettre au compte de l'heureux instinct qui retient le chercheur. En effet, le chercheur travaille inconsciemment avec le général, il accepte dans sa conduite ce qu'il rejette consciemment en théorie. Face à cette inconséquence, nous demandons s'il n'en va pas avec les significations des mots comme avec les phonèmes, c'est-à-dire que la réalité du général est ici aussi valable. D'un point de vue objectiviste, il faut répondre négativement à cette question. Dans une approche introspective du monde de la signification, en revanche, on y répondra par l'affirmative. De même que, pour l'objectivisme, des moyennes se profilent dans le flux sonore sans pour autant qu'on puisse fournir une raison à cela, on pourra constater par une observation externe une certaine régularité dans le comportement sémantique du locuteur. Comme on ne peut parler ici de significations dans un sens introspectif, il en résulte qu'on doit alors rechercher cette règle dans les comportements qui accompagnent l'utilisation des mots et, de plus, que ces comportements doivent être définis comme les significations fixées scientifiquement de ces mots. La théorie behavioriste postule ainsi que l'observation du comportement exprime de façon plus objective le sens des mots que ne le fait la conscience du locuteur. Mais, abstraction faite de la question de savoir s'il est possible d'associer toutes les utilisations d'un mot avec les comportements réguliers qui leur correspondent, il semble que le langage dans lequel ces observations sont couchées puis modelées théoretiquement introduit à son tour des significations qui ne valent provisoirement que de manière subjective pour leur utilisateur et qui pour cette raison justement devraient être soumises elles aussi au procédé d'objectivation. Selon cette observation, la théorie qui devait servir à fixer les significations utilisées par autrui devient elle-même douteuse : elle introduit des présupposés dont elle anticipe la validité alors qu'ils ne devraient être admis qu'après vérification. Des présupposés similaires se manifesteront tant que les chercheurs élaboreront des théories : ils doivent en effet utiliser des mots auxquels ils attribuent intuitivement une signification alors pourtant que la détermination objective de cette signification attend une observation extérieure par autrui, et ainsi à l'infini.

Une autre difficulté à laquelle est confronté un traitement objectiviste des significations tient au fait qu'il présuppose que de très petites différences se manifestent entre l'intention du locuteur et l'auditeur mais ne sont pas remarquées dans la compréhension mutuelle. Dans la mesure où elles augmentent dans une direction déterminée, ces différences devraient au final induire des changements de signification notables. La mesure quantitative qui est présupposée ici était peut-être adaptée, en un certain sens, aux sons, mais elle ne se laisse que difficilement appliquer aux significations. En effet, la structure des significations fait que l'on ne peut pas parler d'un plus ou moins, d'une quasi-relation entre significations, mais uniquement d'apparentement et de différence. En plus de cela, il faut ajouter que l'on ne peut pas se représenter grand chose quant à des présumées moyennes de signification. La moyenne exprime de façon peu adéquate la généralité d'une signification, à peu près comme une moyenne de sons enregistrés ne correspond pas à un phonème. Une sémantique qui part d'une observation inductive des significations doit ainsi prendre refuge dans la notion de moyenne ; de cette manière elle ne découvre pas plus de significations générales qu'une phonétique travaillant par répertorisation ne découvre de phonèmes. Il n'y a pas non plus de transitions arbitraires ou arbitraires en nombre entre les phonèmes, car cela rendrait illimité le nombre de phonèmes et aucune structure de compréhension mutuelle ne se laisserait alors construire sur la base d'un nombre infini de phonèmes. La structure sémantique des phonèmes apporte une différenciation qualitative qui exclut les transitions graduelles et les formes intermédiaires. Cette même logique qualitative est aussi adaptée aux significations de mots. L'introspection vient la soutenir de la même manière que dans le cas des phonèmes. En effet, l'introspection ne découvre pas le phonème en tant qu'objet de la conscience individuelle d'un locuteur déterminé, mais comme un objet général et identique vers lequel se dirigent les différents locuteurs collectivement. Dans la perspective objectiviste, les objets se morcellent en autant de choses qu'il y a de locuteurs, sur la base de la distinction de ces sujets dans l'espace. Cette représentation réduit la réalité des significations, tout comme elle le fait avec celle du phonème. En effet, dans la mesure où les sujets individuels *a* et *b* atteignent une compréhension mutuelle au moyen de significations, ils ont conscience de l'identité des significations que chacun d'entre eux utilise. Cette conscience ne fait place au doute que lorsque des raisons particulières se présentent. La généralité reconnue des deux parts constitue le revers de la compréhension mutuelle elle-même. Moins cette généralité est remise en question par les sujets *a* et *b*, moins la compréhension entre eux sera contestée. Pour les locuteurs et les auditeurs, elle ne représente pas une croyance ou une impression que l'analyse objective redéfinit comme une illusion, mais bien une réalité qui ne s'estompe pas, quand bien même une définition plus poussée des significations employées semble requise par une apparente différence d'intention. En effet, cette définition s'accomplit sur la base de l'unité plus profonde encore qui existe entre d'autres significations en rapport auxquelles les sujets s'orientent collectivement. Ainsi, la généralité des significations est un fait premier : on ne déduit pas qu'elle existe, elle est présente avant toute compréhension. On ne déduit l'être-individuel de significations déterminées, autrement dit la non-généralité des significations, que dans des cas déterminés.

La généralité donnée de façon première existe à deux égards : d'une part pour l'utilisateur lui-même qui n'utilise pas les significations au cas par cas mais selon une règle qui dépasse les cas isolés de l'usage, et d'autre part, comme organe collectif de la compréhension mutuelle pour qui, de nouveau, le sens de l'usage n'est pas fixé au cas par cas. Si cette double généralité – qui est implicite dans tout usage du langage et qui dépasse autant les usages momentanés des mots que la sphère individuelle de leur emploi – n'était saisissable que comme intention subjective, alors il serait correct d'affirmer que l'on peut déduire de l'observation que la généralité n'existe pas « en réalité » car, en effet, il apparaît que l'utilisateur ne s'en tient pas à la signification générale et que ses interlocuteurs ne la saisissent pas comme lui. Cette assertion est cohérente avec l'expérience, qui nous apprend que l'on n'en reste jamais à l'intention de généralité car celle-ci doit également être réalisée. Le subjectif et la réalité coïncident ici, excepté dans certains cas d'incompréhension et de doute qui se présentent dans la réalité effective de la compréhension. La généralité des phonèmes et des mots n'est ainsi pas limitées à l'intention et à l'interprétation des sujets qui les utilisent, mais elle constitue le revers inséparable de la compréhension elle-même. De cette dernière, on ne peut vraiment pas dire qu'elle ne soit qu'une interprétation subjective des locuteurs et ne possède donc pas de réalité : elle est justement la réalité qui englobe de façon première les sujets et au sein de laquelle peuvent apparaître le doute, l'incompréhension et les différences d'opinion.

Toute orientation nominaliste qui exige pour la détermination définitive des significations une connaissance de tous les cas de leur emploi impose à la sémantique une tâche aussi impossible à réaliser que celle à laquelle était confrontée l'ancienne phonétique. Une telle recherche transforme son propre objectif en une illusion. Elle espère arriver à un résultat qui doit être présupposé consciemment et elle méconnaît autant la réalité de la conscience du général dans l'individuel que le retour permanent de la conscience individuelle à sa source collective qui s'accomplit autant dans l'usage du langage que dans d'autres formes de compréhension mutuelle. Une étude des significations se doit d'être une étude des significations générales, de même que l'étude des sons du langage s'est imposée comme une théorie des phonèmes généraux. La généralité à produire ici n'est pas la généralité obtenue par la somme de moyennes, il s'agit plutôt du réel comme forme dans laquelle s'accomplit la communication. L'orientation vers le réel fait qu'un auditeur entend par-delà les sons particuliers réalisés par son interlocuteur, de même qu'un étranger est compris malgré les différences de prononciation et d'emploi des mots.

Cette même généralité joue un rôle dans les formes de cohabitations dans lesquelles le langage n'est qu'un organe subordonné. La logique méconnaît la réalité du général si elle caractérise la compréhension humaine ou la culture comme le domaine de ce qui est unique et ne se répète pas. Il est aussi vrai de la nature qu'elle est unique et qu'en elle aucune constellation de faits ne revient jamais. Alors que cependant, la généralité de la nature reste une régularité supposée qui doit sans cesse être soumise à vérification ; la généralité de la compréhension humaine est justement une réalité immédiate : elle n'est pas construite logiquement à partir d'observations, mais elle est donnée concrètement. Voilà l'importance de la redécouverte du général pour les sciences humaines, dont la phonologie est un paradigme. Elle a libéré la logique de ces sciences du joug de la méthode des sciences naturelles qui exerce une observation aussi externe que possible de leurs objets pour ensuite classifier ses observations par généralisation. Le chercheur en sciences humaines fait également des observations, mais il descend en lui-même pour avoir accès à son objet d'étude. Là, il rencontre d'abord la réalité non-spatiale de sa propre conscience, puis, plus profondément, une union dans une réalité collective avec d'autres consciences qui trouvent leur expression dans des formes générales de comportement. Cette réalité a des strates plus profondes que le langage. La généralité des phonèmes et des significations des mots n'est pas une abstraction logique mais une forme de compréhension mutuelle entre des locuteurs dont la singularité est dépassée : les consciences ne sont pas des objets idéaux concentrés sur eux-mêmes, ils s'entremêlent. Et pourtant la réalité du général n'annule pas celle du singulier, de l'individuel. On ferait en affirmant cela la même erreur qui est reprochée au nominalisme dans la direction opposée. La discussion sur le général comme forme logique de hiérarchisation des objets de la nature pourra probablement être clarifiée, maintenant qu'il est évident comment cette forme est apparue, par transfert hors d'une généralité qui trouve son origine en tant que réalité dans l'expérience humaine. La question qui domine la relation entre sciences de la nature et de la culture n'est donc pas comment la généralité de la connaissance des objets naturels a été transférée vers les sciences humaines, mais au contraire, comment la généralité de la compréhension mutuelle que nous connaissons au travers de l'expérience humaine peut légitimement nous conduire à un schéma logique des sciences naturelles.

La notion d'opposition en linguistique

Les recherches des derniers temps ont révélé le rôle important de l'opposition dans toutes les couches de la langue, du domaine de la phonologie jusqu'à celui de la syntaxe. L'opposition est un des principes qui constituent le système de la langue.

La découverte de ce fait a donné un grand stimulant il la recherche linguistique; elle en a modifié profondément la méthode: au lieu d'enregistrer minutieusement des faits isolés, on vise à établir un ordre qui permette de voir les structures. L'explication des faits statiques et historiques a été profondément influencée par cette nouvelle méthode.

La psychologie et la philosophie ont grand intérêt à suivre de près cette évolution de la linguistique, laquelle, à son tour, pourra être approfondie par ce contact.

I) La *philosophie* est intéressée à préciser en quoi l'idée d'opposition contribue à la connaissance des faits linguistiques, pour cette raison surtout que l'idée d'opposition fait partie de la logique.

L'opposition n'est pas un fait isolé: c'est un principe de structure. Elle réunit toujours deux choses distinctes, mais qui sont liées de telle façon que la pensée ne puisse poser l'une sans poser l'autre. L'unité des opposés est toujours formée par un concept, qui, implicitement, contient les opposés en lui et se divise en opposition explicite quand il est appliqué à la réalité

1938 – Intervention au 11ème Congrès International de Psychologie, Paris. « La notion d'opposition en linguistique », in : H. Piéron, I. Meyerson, *Onzième congrès international de psychologie*, Paris, Alcan.

concrète. Le contenu de l'opposition est postérieur et à la forme et au concept qui en est l'origine.

L'opposition dans les faits linguistiques n'est pas un schéma que la science introduit pour maîtriser les faits, et qui resterait extérieur à ceux-ci. Son importance dépasse l'ordre épistémologique : quand la pensée linguistique range les faits d'après les principes d'opposition et de système, elle rencontre une pensée qui crée ces faits même.

II) Il résulte de ceci pour la *psychologie* que l'empirisme des faits isolés de la conscience a besoin d'être complété et soutenu par une théorie des facteurs inconscients qui déterminent la structure systématique de ces faits. L'inconscient rationnel, créateur de structures, devra servir de base à l'explication des faits épars et fragmentaires de la conscience individuelle. La linguistique, sans abandonner l'aide que lui prête la psychologie, est amenée, par sa propre évolution à reconnaître que la pensée et la vie psychique ne sont pas deux essences tout à fait distinctes.

Discussion :

K. Bühler (Vienne) fait remarquer que les oppositions ne sont qu'un élément de la structure et qu'il y a bien d'autres relations que les oppositions.

Perspectives du structuralisme

Sans se soucier de ses bases conceptuelles et méthodiques la science est cependant déterminée dans ses résultats d'une façon essentielle par celles-ci. Préoccupé à laisser l'expérience parler d'elle-même, le savant qui se garde de troubler l'image des faits par des idées préconçues et subjectives, obéit cependant inconsciemment à des tendances aprioriques. Celles-ci peuvent être fécondes, mais elles peuvent devenir stériles après avoir été établies consciemment en principes immuables.

L'évolution de la linguistique et particulièrement des sciences phonétiques semble illustrer ce fait. L'esprit du XIXème siècle se reflète dans l'attitude des linguistes de cette époque. Hermann Paul par exemple fut un historiste et psychologiste. La phonétique en particulier était dominée par le nominalisme. Par nominalisme on entend une conception de la connaissance qui implique une conception de la réalité. Il préconise l'idéal d'une connaissance qui doit s'approcher d'une réalité infiniment variée, toute constituée de faits individuels distincts les uns des autres. Cette vision de la réalité implique une critique continuelle de la connaissance, toujours trop abstraite et trop générale pour satisfaire aux exigences du réel.

C'était ce nominalisme qui était à la base de l'empirisme illimité de la linguistique qui a précédé celle d'aujourd'hui. La science avait franchi les limites dans lesquelles elle s'était tenue avant le XIXème siècle. Les notions basées sur un champ limité d'expériences s'étaient révélées toutes insuffisantes pour embrasser l'infinitude de faits qui s'ouvrent à l'expérience et qui doit prescrire son orientation à l'esprit scientifique toujours

---

1939 – Article.

« Perspectives du structuralisme », in : Travaux du Cercle Linguistique de Prague 8, Jednota Československých matematiků a fyziků, Prague.

incliné à des conclusions prématurées. La découverte de l'expérience illimitée avait capté et ébloui les chercheurs, qui regardaient avec méfiance toute synthèse, et qui tentaient d'éliminer autant que possible toute présupposition conceptuelle. La phonétique fut particulièrement dominée par ce nominalisme : elle voulait tout enregistrer. Elle se refusait de se limiter à l'étude de sons «autorisés» par l'usage, puisque dans sa soif du réel elle ne pouvait reconnaître aucune prédilection pour n'importe quel fait à l'exclusivité d'autres faits. Les sons de tous les sujets parlants, aucun excepté, forment le matériel de la recherche phonétique, il s'agit de n'exclure aucune donnée : les ressemblances dans les données individuelles serviront à établir des généralités, qui consisteront en des moyennes. Tel fut le mot d'ordre de l'empirisme.

L'œuvre de Trubetzkoy et de ses collaborateurs a consisté dans un bouleversement décisif de ces anciennes présuppositions. Le structuralisme ayant pris la place de l'ancien nominalisme, des perspectives toutes nouvelles se sont ouvertes. Signalons-en ici les principales pour insister ensuite sur l'opposition binaire qui caractérise les systèmes phoniques.

Le structuralisme, premièrement, oppose au nominalisme la réalité du général, méconnue par celui-ci. À l'égard du monde des sons cela veut dire, que la réalité prétendue absolue des sons dans leur variété illimitée n'est pas absolue, mais ne constitue que l'aspect qui se présente quand on exclut d'avance la généralité comme aspect subjectif et secondaire. Quand le nominalisme pense que les réalités individuelles sont saisissables avant de les subsumer sous des concepts généraux, il fait erreur de perspective puisque l'individuel n'est jamais sans le général. Ce qui fait des sons un ensemble de données individuelles, c'est la généralité que ce sont tous des sons. Ainsi, la recherche de l'individuel comme tel repose sur la volonté de ne laisser valoir que l'individuel, mais elle ne saisit pas la réalité comme telle, ou le général est dans l'individuel et inversement. Cependant, cette considération logique en elle-même ne saurait justifier toute la fécondité du structuralisme. L'empirisme des phonéticiens s'était limité tout seul par l'établissement de régularités et de moyennes observées dans le monde des sons et qui ne sauraient se concevoir sans l'idée de généralité. Aussi, l'empirisme nominaliste en lui-même se corrige, aussitôt qu'il arrive à établir des lois. Et les généralités inductives n'ont jamais manqué dans la recherche phonétique : malgré sa méfiance extrême envers les généralités, elle y aboutissait d'une façon toute naturelle. Et on n'a pas besoin d'introduire le structuralisme pour que l'individuel et le général se manifestent tous les deux indispensables à la recherche. C'est en autre chose qu'est situé le mérite particulier du structuralisme : c'est que grâce à lui, la généralité n'est plus un résultat qui surprend, et non plus une propriété inexplicable dans un monde de données distinctes les unes des autres, mais un fondement de la compréhension de ces phénomènes mêmes. C'est là que réside le mérite du structuralisme.

Le nominalisme inductif des phonéticiens s'était contenté de constater la pluralité illimitée des sons. Il ne s'opposait pas à l'établissement de généralités inductives, il les admettait, mais il n'essayait de comprendre ni les sons en eux-mêmes ni leurs régularités. Il explorait un monde isolé de phénomènes, qui se présentait sous l'aspect de la généralité inductive. Cet empirisme qui ne demanda rien en plus pouvait s'appuyer sur l'empirisme des sciences de la nature, qui, elles aussi, se contentaient de la constatation des faits et de la généralisation inductive. Ce qui revient à dire que ce nominalisme des sciences phonétiques était naturaliste : ne croyant pas à la vraie compréhension, il n'admettait que celle du plan secondaire, qui est toute formelle.

Or, le structuralisme a dépassé la limitation naturaliste de l'ancienne phonétique. Celle-ci avait identifié les sons à des bruits : elle observait des phénomènes acoustiques, produits par des organes humains, il est vrai, mais sans tenir compte des sujets producteurs. Elle avait cru que la recherche aura tous les avantages à isoler les sons du sujet parlant. En effet, l'observation minutieuse des sons, libérée de toute préoccupation psychologique, fait connaître des particularités qui échappent à ceux qui considèrent les sons dans leurs rapports avec le sujet parlant et avec ses intentions : mais la connaissance de ces particularités est gagnée aux frais d'un changement inaperçu d'objet : l'observateur qui détache le son de ses bases psychologiques afin de saisir de bien près et pleinement le son ne retient qu'un bruit. Aussi, la phonétique était devenue une science des bruits en voulant être une science précise et exclusive des sons. Et c'est le structuralisme qui a rétabli leur caractère aux sons du langage comme véritable objet de la phonétique. Ce faisant, il a vaincu les préjugés nominaliste et naturaliste.

En vérité, ses deux mérites sont intimement liés et ne font qu'un seul : la généralité, admise mais non pas légitimée par le nominalisme enregistreur, manifeste sa pleine signification aussitôt que le son est rattaché à ses bases psychologiques : le son émis par un sujet parlant, n'est pas un bruit individuel et toujours variable, c'est un moyen d'entente dont la généralité est l'essence même. Le structuralisme ne nie pas que le son émis par tel sujet parlant et objectivement enregistré, ne soit un bruit, mais il nie que le son le soit pour le sujet parlant ou pour le sujet écoutant, et c'est dans ces deux qu'il prend son point de départ. L'observateur extérieur, qui observe le son tout seul, observe plus et moins que n'est le son dans la réalité linguistique : plus en ce sens qu'il saisira le son dans son individualité apparente, dans ses menues différences par rapport à d'autres sons ; d'autre part il lui échappera l'unité voulue et intentionnée des sons, qui observés comme bruits, sont distincts, unité qui se révèle seulement à un observateur qui se place non pas en dehors des sujets parlants mais au dedans, qui fait, avec eux, le même effort d'activité linguistique et d'entente. Donc, le structuralisme a rétabli l'introspection dans ses droits : il a fait comprendre, que la réalité linguistique du son n'est pas constituée par ce que l'observation extérieure en saisit, mais par sa connexion intime avec la conscience des sujets parlants. L'analyse de cette conscience, qui est inaccessible à l'observation intérieure, révèle le caractère intentionné du son parlé, c'est à dire que l'activité linguistique réalise les sons d'après les types que lui prescrit le système auquel elle appartient. La découverte de ce fait est d'une fécondité particulière : elle écarte cette sorte de behaviorisme phonétique qui était à la base des recherches antérieures. L'introspection résout d'un coup le problème posé par les régularités indéniables dans le flot des sons : cette régularité est l'expression même de l'activité réglée des sujets parlants qui ne consiste aucunement dans une reproduction soutenue par l'automatisme de l'habitude de sons plus ou moins semblables, mais dans la production de sons qui ont pour modèle le système de phonèmes qui est commun à tous ceux qui parlent la même langue. Les sujets parlants ont dans ce système un moyen d'entente vers lequel s'orientent toutes les activités parlantes et entendantes des membres d'une même communauté linguistique.

C'est ainsi que la phonologie a sauvé le caractère général des phénomènes phoniques : celui-ci dérive directement de l'activité du sujet parlant. Celle-ci étant toujours au service de l'entente, n'a rien d'une expression immédiate des pensées et sentiments par la parole, elle est nécessairement expression par moyen d'un instrument commun à tous. Le côté phonique de cet instrument, c'est le système des phonèmes. L'introspection ne reste pas limitée à la conscience individuelle : c'est en creusant les données de celle-ci, qu'elle découvre des éléments qui la dépassent en ce sens qu'ils n'appartiennent pas davantage au sujet parlant qu'au sujet entendant. Celui-ci reconnaît les sons d'après les types idéaux comme celui-là les produit d'après ces mêmes types : l'entendement n'est que le côté inverse de l'expression par la parole, celle-ci n'est rien si elle n'est orientée vers la possibilité d'être comprise. L'introspection qui découvre le système commun et identique par lequel les sujets s'entendent fait connaître une réalité qui dépasse le monde isolé du sujet individuel et qu'on ne saurait comprendre en se plaçant dans le sujet individuel. Sous cette perspective, la phonologie a des apports précieux à contribuer à la science de la réalité intersubjective. Grâce à la découverte du système idéal des phonèmes on entrevoit la possibilité d'élargir le domaine d'une réalité qui précède à toute séparation des individus. Le système phonique amène à reconnaître une réalité commune qui est entretenue par l'usage des moyens communs d'expression et dont ceux-ci dérivent.

Les données intersubjectives ne se limitant pas à l'aspect phonique de la parole, il y a une analogie intéressante à établir entre l'usage commun des phonèmes et celui des mots et des expressions. Le nominalisme qui a été combattu avec tant de succès dans la phonétique se maintient dans la sémantique, qui, à son tour envisage encore trop les réalités de la signification d'un biais atomisant et extérieur. C'est dire que la sémantique méconnaît trop le caractère essentiellement général de toute expression quand elle pense établir par induction le sens général d'un mot ou toutefois son sens «moyen». En effet, le mouvement phonologique paraît appelé à faire fructifier les autres domaines de la linguistique, où les présuppositions du XIXème siècle sont encore en vigueur.

Une analyse approfondie de l'entente intersubjective montrerait comment la langue à côté d'autres valeurs sociales, morales et culturelles constitue le véhicule et l'expression d'une réalité spirituelle qui enveloppe les individus, qui signifie pour eux une source de communion et d'enrichissement, sans rien déroger à l'individualité de chacun. Ici nous voulons insister sur une autre propriété des phonèmes : leur rapport systématique, qui vient serrer les éléments de façon d'en faire un tout, où les parties sont liées comme si l'ensemble était le produit d'une pensée. On sait que l'opposition caractérise le rapport des phonèmes. C'est un fait d'expérience qui ne se justifie par aucune déduction a priori. Que chaque sujet parlant de la communauté linguistique se sert d'un certain nombre de sons types, qui composent toute la langue, et que ces types sont identiques pour tous les sujets parlants, c'est déjà un fait étonnant qui évoque l'idée d'une finalité inconsciente qui ne s'arrête pas à l'individu humain, mais qui le dépasse en lui fournissant des moyens d'entente d'une simplicité et effectivité qu'aucun projet artificiel, établi par les hommes, n'a pu égaler. Qu'à ce fait se surajoute un ordre intérieur qui fait des phonèmes d'une langue autre chose qu'un assemblage fortuit, est de nature à pouvoir convaincre tout penseur que la même finalité inconsciente qui domine l'organisme humain est à l'œuvre dans la réalité naturelle d'une langue donnée et qu'il n'est pas interdit de concevoir celle-ci comme un organe dans le grand organisme de la société humaine.

Le caractère d'opposition que nous trouvons aux phonèmes, sans en soupçonner l'origine, mais en constatant l'heureuse simplicité et la cohérence qu'il fournit à l'ensemble des sons d'une langue, nous renvoie de l'expérience linguistique à la logique. Après que celle-ci aura éclairé la nature de l'opposition, il sera utile de retourner à l'opposition particulière et matérielle que révèle l'expérience phonologique. L'opposition en elle-même et dégagée de tout facteur matériel, est de nature éminemment logique : c'est une relation qui ne se constate pas, mais qui se pense. Les opposés sont deux, mais d'une façon particulière : leur dualité n'a pas le caractère indéterminé et contingent de deux objets arbitrairement réunis par la pensée. La particularité consiste à ce qu'étant donné l'un, la pensée déduit l'autre, ce qui n'est pas le cas de la dualité contingente. Dans celle-ci, c'est l'énumération qui rattache les éléments. Le contenu reste entièrement en dehors de la synthèse. Aussi, le premier élément d'une dualité contingente ne laisse aucunement prévoir quel sera le second. Dans la dualité d'opposition, au contraire, étant donné l'un, l'autre, sans être donné est évoqué par la pensée. Et ce dernier ne saurait être d'autre : à l'idée de blanc, il n'y a que celle de noir qui soit opposée, à l'idée de beau celle de laid. Donc les opposés sont distincts de contenu et pourtant liés si intimement entre eux que la présentation de l'un évoque l'autre. D'un point de vue de contenu, rien de plus distinct : – le blanc est plus distinct du noir que le jaune – mais d'un point de vue de la pensée, rien de plus lié, de plus inséparable : l'un implique l'autre, l'un ne saurait être sans l'autre. L'opposition montre deux aspects, opposés entre eux à leur tour : les contenus sont très distincts, et pourtant leur distinction est enveloppée dans une unité qui est la raison de leur distinction. La liaison intime entre le noir et le blanc, tout opposés qu'ils sont, dérive de l'unité du concept de la couleur, qui contient en lui toute la gamme des variations et qui se diversifie jusqu'aux extrêmes du noir et du blanc. Quand on considère les opposés et les variations spécifiques qui se rangent à leurs côtés, on voit que c'est le concept qui, par son unité, rend possible la dualité, non pas arbitraire, mais oppositionnelle. Ce qui produit la distinction entre les couples d'opposés, c'est le fait que l'unité du concept se diversifie comme un genre se divise en espèces. Mais ce qui fait, que tout en se diversifiant, le concept maintient son unité, c'est que les espèces ou les variations ne sont pas des objets hétérogènes les uns par rapport aux autres, distinctes mais de façon arbitraire ; l'unité du concept se maintient dans la variété des espèces par le fait même de la liaison intime entre les opposés. Ce que nous avons caractérisé comme liaison intime jusqu'ici, s'appellerait à plus juste titre et logiquement : l'unité des opposés. Il est aussi juste de dire que les opposés manifestent l'unité du concept auquel ils appartiennent que de dire qu'ils sont un, considérés du point de vue du concept qui leur donne l'existence. Ils sont différents, même opposés, mais d'un autre point de vue ils sont un. Il s'agit de préciser cette différence. Elle tient à la distinction de l'intuition (l'allemand Anschauung) et de la pensée. Autant que je me tiens à l'intuition sensible, le noir et le blanc sont distincts, tout simplement différents. Quand je passe de l'intuition à la pensée, je dirais, non seulement que le noir et le blanc sont différents, mais qu'ils sont opposés. L'opposition est une différence extrême et qui ne peut pas être plus grande.

S'en arrêter là, c'est se rendre compte du caractère conceptuel de la différence des opposés. En serrant davantage le rapport du concept à ses spécifications, on comprend qu'il est la source de ces dernières, qui, par rapport à lui, ne sont ni contingentes ni extérieures : c'est le concept lui-même qui se diversifie dans les spécifications, et celles-ci ne sont que des modes du concept, accessibles à l'intuition.

On pourrait trouver que la spéculation exagère par son effort de vouloir déduire les spécifications sensibles de l'unité conceptuelle. On argumentera que le concept qui a moins de contenu que les spécifications ne saurait être le fondement de celles-ci, que toute déduction qui mène de celui-là à celles-ci est une vaine apparence. Mais en laissant indécise la question, si les concepts classificateurs nous permettent de «comprendre» leurs spécification ou bien s'ils ne peuvent qu'ordonner celles-ci, qui sont données d'avance et ainsi fournissent le contenu qui détermine l'ascension vers des concepts plus amples, remarquons que dans les discussions des phonologues il se présente un problème qui rappelle de très près celui de la déduction des spécifications : le problème de la priorité de l'opposition par rapport aux opposés.

L'expérience du phonologue lui fait trouver les phonèmes d'une langue les uns après les autres. Ensuite, parmi certaines des unités trouvées, il découvre les rapports d'opposition. Ainsi l'expérience lui fait connaître les éléments avant les rapports. Mais la pensée, une fois qu'elle a saisi les rapports, ne peut accepter ceux-ci comme secondaires sans renier sa nature : c'est que la pensée entrevoit la possibilité d'une compréhension qui, partant des rapports, en déduirait ou du moins éclaircirait les éléments entre lesquels les rapports existent. Le rapport d'opposition est particulièrement favorable à l'idée d'une compréhension des éléments par la voie déductive : c'est un rapport hautement intelligible, qui peut sembler capable de créer les éléments, de les faire sortir de lui. C'est dans ce sens que certains phonologues ont pu dire que le système phonique n'est pas un ensemble d'éléments phoniques, liés entre eux par des rapports d'opposition, mais que ces oppositions ou distinctions elles mêmes constituent la réalité du système : le phonème ne serait reconnu en lui même dans l'usage, il ne serait reconnu que par rapport à son opposé. Ainsi le sujet entendant reconnaîtrait les phonèmes seulement autant qu'ils se distinguent entre eux et par la voie de cette distinction, et nullement en eux-mêmes.

Il nous semble que ces phonologues poussent une idée vraie jusqu'au point où elle entre en position à l'expérience. La constatation des rapports intelligibles ne saurait faire oublier le caractère matériel, de propre contenu qui caractérise les éléments phonologiques et qui ne coïncide pas avec ces rapports. Si les éléments n'étaient rien que les rapports, vus d'une façon isolante, il serait impossible de distinguer, dans un système phonique, entre deux phonèmes qui sont en rapport d'opposition et deux autres qui sont dans le même rapport : toutes les oppositions qu'on trouve dans ce système coïncideraient. Si l'expérience enseigne que dans le même système phonique plusieurs phonèmes entre eux sont dans le même rapport, cela prouve que les éléments en tant qu'éléments y sont pour quelque chose et que le caractère opposition n'embrasse pas entièrement ce qui est opposé : l'opposition est une forme, mais qui, dans la langue, ne figure pas toute seule : elle s'appuie sur un contenu. Sans partager l'extrême et spéculative conséquence de ceux qui veulent identifier l'opposition aux opposés, reconnaissons d'autre part que les éléments qui sont liés par des rapports d'opposition montrent une haute cohérence, qui donne à réfléchir sur la pensée inconsciente qui semble présider aux systèmes phoniques. Cette pensée semble avoir saisi dans chaque système phonologique une matière vocale originaire, qu'elle distribue sur des éléments opposés. Sans cette matière, ni les éléments du système ni la distinction des systèmes entre eux ne pourraient exister.

La fécondité de la phonologie nous est apparue sous plusieurs aspects : elle ouvre les voies vers un réalisme de la généralité qui satisfait le philosophe, vers l'introspection qui réintègre la phonétique dans la linguistique, vers une métaphysique de l'entente humaine qui est indispensable aux sciences morales. Finalement, elle attire la réflexion vers la structure intelligible de cette œuvre qu'est un système phonologique, qui paraît tracée par une pensée sans être le fruit de la réflexion de l'individu.

Phénoménologie et linguistique

La direction que le mouvement phénoménologique a donnée à la recherche philosophique est, comme on le sait, contraire à celle de la science empirique : tandis que celle-ci établit l'image objective et constructive des données de l'expérience, le phénoménologue demande à connaître l'image directe et vécue de cette expérience même, image qui est antérieure à la construction et à la théorie et qui est écartée d'emblée là où la science entre dans ses droits.

Le fondateur de la phénoménologie a ouvert les yeux des philosophes et des savants sur la réalité de cette connaissance originaire, qui non seulement précède la théorie, mais en est le fondement. Il a démontré l'existence d'un savoir apriorique pour tous les domaines de la science. Cet a priori n'est pas formel, mais matériel : enveloppé dans la conscience préscientifique de tous les sujets humains, il contient les présuppositions qui tracent d'avance les cadres dans lesquelles la science de chaque domaine doit se développer, même si, par sa technique, elle arrive à les briser.

Ce faisant, Husserl a enrichi les recherches sur la connaissance d'un domaine singulièrement important : celui d'une vision du monde qui est à la base de tout savoir scientifique et que nous pouvons connaître grâce à une réflexion sur la subjectivité qui est le point de départ de tout savoir ultérieur. Cependant la valeur de cette découverte ne saurait être limitée à ceci. Elle éclaircit en même temps la nature de la conscience qui porte en elle ce savoir originaire : la conscience naturelle. Or, la phénoménologie démontre que la conscience naturelle n'est pas le champ des associations arbitraires et des idées

---

1939 – Article.
« Phénoménologie et linguistique », Revue internationale de philosophie 1.

vagues ainsi qu'elle est présentée par les théories qui prennent leur point de départ dans la science et qui ne traitent la conscience préscientifique que rétrospectivement, comme un commencement, imprécis en lui-même, et dont la nature consiste à être dépassée par la conscience scientifique. Husserl a démontré que la subjectivité originaire contient une image du monde des choses, qui peut être étalée par la réflexion. Aussi, la réflexion n'y trouve rien de vague, mais des contours précis, des intentions claires, d'une validité qui ne se mesure pas par les critères de la science.

En tournant l'attention vers cette réalité trop méconnue par les savants, qui, poursuivant leur but d'objectivité, sont presque forcés de s'en écarter, la phénoménologie a fait davantage qu'étendre le domaine des recherches épistémologiques : en révélant la structure de la conscience originaire, d'un côté elle a rattaché celle-ci à la conscience scientifique, dont d'autre part elle a abattu l'absolutisme qui prétend que la seule constitution du monde se fait par la science. Le phénoménologue est plus près de la réalité concrète quand il rejette cet absolutisme : il reconnaît la tension entre la réalité originaire et celle qui est scientifiquement établie. Cette tension lui prescrit une souplesse dans les concepts qui puisse satisfaire aux exigences de la science et de la subjectivité en même temps. En effet la phénoménologie n'attaque pas l'image scientifique en faveur de l'image originaire des choses : si elle se refuse à accepter comme unique et absolue l'image scientifique, c'est au service de l'idéal philosophique d'une connaissance aussi totale que possible et qui n'exclut ni l'objectif en faveur du subjectif ni inversement. C'est ainsi que la phénoménologie tend à éviter aussi bien le dogmatisme de l'image scientifique que celui d'une connaissance vécue qui voudrait être absolue.

On connaît les tentatives qu'ont entreprises des penseurs inspirés par la phénoménologie pour rétablir dans ses droits les réalités négligées par l'objectivisme d'une théorie, et comment ces penseurs ont fait valoir la description d'intuitions originaires contre des explications qui paraissaient effacer trop de données. En mathématiques, c'était la revendication des bases d'intuition contre le formalisme constructiviste, en psychopathologie la fidèle description des réalités vécues contre des tendances explicatives, en esthétique le rétablissement de la beauté vécue contre les explications psychologiques d'une part et les déductions spéculatives de l'autre. En biologie, l'essence de la vie, originairement accessible à l'intuition, devait être maintenue en face des réductions physico-chimiques. Nous nous dispensons de continuer ici cette énumération. Mais remarquons, qu'en général les sciences humaines ont un intérêt tout particulier à l'application du point de vue phénoménologique. Cet intérêt repose sur le fait que l'homme est déjà l'objet d'un savoir avant toute science par le fait de la conscience qu'il a de lui-même et par la façon dont il se conçoit : la science qui vient se surajouter rencontre chez lui une connaissance déjà présente. Cette rencontre donne lieu à des tensions d'un ordre particulier, puisqu'ici l'objet en question est en même temps le sujet. Il est bien vrai que dans la connaissance de la nature, l'intuition originaire rencontre la construction scientifique. La discussion entre les deux ne saurait se réclamer de l'appui de l'objet lui-même. Mais, dans le cas de la connaissance de l'homme, c'est bien le sujet-objet qui intervient. L'homme qui est l'objet de la controverse entre la connaissance originaire et la connaissance scientifique, est en même temps le sujet qui prend position, et c'est là la complication toute particulière dans la tension entre la connaissance primaire et la connaissance scientifique. Nous voudrions illustrer ce thème par quelques considérations sur la connaissance linguistique. Nous acceptons une connaissance de la langue, établie par la science linguistique. Cette connaissance concerne un objet, qui est connu d'une autre façon : de façon immédiate, par le sujet linguistique qui est chaque être humain. Cette connaissance, tout en étant pré-linguistique, est une véritable connaissance : le sujet parlant ne se sert pas de la langue comme son corps se sert de la circulation du sang : il en a une certaine conscience. Cette conscience et la connaissance linguistique s'écartent l'une de l'autre. Est-ce qu'elles s'écartent de façon à s'opposer ? Est-ce que la connaissance linguistique est indépendante par rapport à la connaissance prélinguistique ? Sinon, quelle est la limite de l'écart entre les deux, et en quoi consiste leur base commune ?

Pour répondre à ces questions, il faudra se placer dans la conscience linguistique originaire et étudier l'écart qui se produit à l'intérieur de celle-ci et qui est l'origine de la science linguistique. La voie opposée est plus facile : me plaçant dans la science que je trouve dans un état déjà avancé, c'est rétrospectivement que je caractérise la conscience originaire : je dirai que celle-ci *ne* sait *pas encore* tout ce que sait la science linguistique. Ainsi vue, la conscience originaire paraîtra comme toute négative, ou tout au plus comme un minimum qui s'est accru grâce au savoir linguistique. De cette façon, je ne toucherai pas à ce qu'il y a de substantiel et de déterminant qui se maintiendra, sous une forme modifiée, dans l'évolution de la connaissance linguistique. Il faudra donc revenir en arrière et commencer par le vrai commencement.

Ce que je sais, comme conscience linguistique originaire, c'est que je dispose de mots pour m'exprimer. Par les mots il y a un lien avec le monde des choses puisque je peux les nommer et avec celui des personnes puisque je peux communier avec elles. Les mots appartiennent aux choses, ils les révèlent, c'est grâce à eux qu'il y a intimité avec les choses. Les autres emploient les mêmes mots que moi ; en même temps le contact avec chacun se fait par sa façon propre de parler. D'ailleurs les mots sont au service de ce contact personnel ; l'entente est confirmée par l'échange de la parole plutôt que créée.

Ce qui distingue ce témoignage subjectif et vécu de l'observation scientifique, c'est l'attitude active d'où il dérive : le sujet linguistique, tout en se rendant compte de sa fonction, ne s'est pas scindé. Il énonce sa réalité vécue, sans l'observer en spectateur. Aussi, rien ne se perd dans ce qui est énoncé de cette réalité. D'autre part, rien n'y rentre qui dépasse le cercle fermé qui protège la conscience originaire. Celle-ci, dans sa simplicité, est trop sérieuse pour être curieuse. Vouer plus d'attention aux réalités de la parole lui paraîtrait exagéré. Cependant, l'extension de l'horizon de la conscience originaire se produit d'une façon toute naturelle. Mais cette extension est menée par une nouvelle attitude de la conscience, celle de l'observation. Or, observation et activité originaire sont tout à fait opposées. L'activité linguistique est substantielle, elle fonctionne sans se connaître. À la voir procéder, on croit observer un prolongement de cette nature inconsciente qui produit non seulement des êtres vivants, mais aussi des collectivités et des solidarités. Personne n'a institué les significations de ces mots ni les règles de leurs multiples emplois, et pourtant les sujets parlants, après un court apprentissage, s'en servent d'une façon qui correspond à leur tendance vers l'entente. Ce procédé n'a rien de réfléchi ni de convenu d'avance. La conduite du plus simple sujet parlant est caractérisée par une sûreté presque instinctive qui est propre aux actes commandés par la nature. La conscience qui accompagne cette conduite n'a pourtant rien d'un savoir : pour qu'il y ait savoir au sujet de la réalité linguistique, il faut qu'il y ait question et observation. Et pour qu'il y ait extension de l'horizon, il faut que le sujet linguistique change d'attitude et que de sujet actif il devienne sujet observateur.

La possibilité d'interrompre l'attitude active et de la remplacer par celle de l'observateur est propre à l'esprit humain. Nous pouvons disposer de l'une et de l'autre, sans pouvoir les appliquer en même temps. C'est à l'entrée en jeu de l'attitude d'observateur que la connaissance linguistique doit son origine. Pour pouvoir se déployer librement et d'après sa nature, elle abandonne la sûreté instinctive et exclusive de la conscience originaire en admettant, sur la base de l'observation, des possibilités qui sortent du cadre des données naturelles. Tout ce que l'observation ajoute à la conscience linguistique originaire, est étranger à celle-ci en ce sens qu'elle n'en a pas besoin pour fonctionner intégralement et qu'elle refuse d'en intégrer n'importe quel élément dans son activité. Si la conscience linguistique primitive admettait la relativité qu'introduit le savoir, elle perdrait sa sûreté et ne saurait plus agir. La conscience primaire se révèle comme la négation de toutes les découvertes de l'observation, comme celle-ci se révèle la négation de toutes les certitudes de l'activité originaire. L'extension par l'observation linguistique a lieu dans plusieurs directions. Il y a premièrement la découverte du caractère «arbitraire» du mot par rapport à sa signification. La preuve en paraît être donnée par le fait de l'existence d'autres langues. Les autres langues ayant toutes les mêmes droits à nommer les choses comme elles le veulent, la prétention de ma langue maternelle de posséder les vraies dénominations ne pourra se maintenir devant l'observation. La conclusion paraît inévitable. Mais elle l'est seulement pour la conscience de l'observateur, et nullement pour celle du sujet parlant : pour celui-ci la propre langue de chacun continue à représenter l'accès immédiat aux choses comme avant. Il y aura ainsi deux aspects, exclusifs l'un de l'autre : l'observateur, en tant que tel, d'un point de vue détaché de la conscience originaire, maintiendra la valeur égale de chaque système de mots par rapport à leur expressivité. D'autre part, dans la réalité concrète, cet observateur, de même que la conscience non informée, persistera dans l'attitude active qui ne sait rien de la pluralité des systèmes de mots ni de l'égalité de leur arbitraire. Ce qui revient à dire, que c'est au dedans de certaines limites seulement et non pas de façon absolue que vaut le point de vue de l'observateur : les limites sont là où l'observateur devient sujet parlant. L'attitude d'observateur n'abolit pas l'attitude active. Aussi la première n'a-t-elle pas de caractère absolu : elle vaut jusqu'au moment où le sujet, en redevenant actif, renie par sa conduite ce qu'il avait établi dans l'observation. À ce moment, l'observation se révèle une attitude, à côté d'une autre. Elle a pu apparaître comme la vérité pure, détachée de toute attitude, mais, là où elle atteint sa limite, elle se révèle être un point de vue : celui de l'observateur, qui pendant qu'il observe, a pu croire qu'il se passait de tout point de vue et qu'il touchait à l'absolu. En retombant dans l'attitude active, il se rendra compte que l'observateur a échappé à la conscience originaire plutôt qu'il ne l'a dépassée. Et l'observation, qui a pu paraître plus riche que la conscience originaire, lui semblera plus éloignée et abstraite. Le savoir du linguiste ne saurait remplacer l'activité du sujet parlant.

Une deuxième extension de la conscience originaire se produit par l'attitude prise par l'observateur vis-à-vis du temps. Ici la différence avec l'attitude active est très nette : celle-ci dispose dans le présent de l'avenir, tandis que l'observateur, étant dispensé de la tension vers le non-réalisé, peut prendre pleinement possession de tout ce qui a été réalisé. Libéré du souci de la réalisation, il laisse planer son regard sur l'ensemble de faits que la tradition et les documents ont conservés. La première extension en était une dans l'espace : c'est par le dehors que la conscience originaire apprend qu'il y a d'autres possibilités d'expression que la sienne et qu'elle comprend, sans le partager, le point de vue du libre observateur. C'est encore par le dehors, mais de plus près, que la conscience originaire apprend que son répertoire de mots est dû à un passé qui l'a formé et qui, à son tour, a été formé par un passé plus lointain, dans une continuité de changements. Une vision qui est tellement familiarisée avec les successions et les changements s'étendra facilement du passé au moment présent pour envisager celui-ci comme un chaînon dans la succession, pas encore fixé, il est vrai, mais en train de la devenir : cette vision traitera le présent comme destiné à être bientôt une réalité passée. L'attitude de l'observateur attend que le présent soit devenu du passé pour qu'il puisse le fixer. Mais cette manière de voir le présent provenir du passé et de le déterminer après son passage laisse entièrement en dehors la réalité originaire. Elle l'enveloppe dans l'indifférence d'un moment de la succession de façon à la rendre invisible, de la même manière que, pour la conscience originaire qui vit dans le présent, le passé reste invisible. D'où nouvel antagonisme entre le savoir et la conscience linguistique, exclusion mutuelle des deux sphères.

Plaçons-nous dans le temps de l'activité parlante : le sujet dispose de l'instrument du langage. À cette disposition une acquisition doit avoir précédé. Réduire l'exercice de la disposition à l'acquisition, est l'affaire de l'observateur ; utiliser ce qui a été acquis sans rappel conscient de l'acquisition, c'est ce qui caractérise l'exercice de la parole.

Pour le dynamisme de l'activité parlante le langage, avec ses multiples éléments et leurs combinaisons, est donné de façon simultanée et qui échappe à la ligne du temps. Le sujet parlant puise dans un répertoire de moyens linguistiques, qui, entre eux, ne portent aucune marque chronologique. La conscience, inutile pour l'acte, de l'ancienneté de leur acquisition, diminuerait l'unité de l'acte de la parole. Le sujet parlant dispose du langage comme dans une dimension qui a été soustraite au temps et où toute trace d'acquisition antérieure ou postérieure a été effacée. La simultanéité de la disposition a ceci de négatif qu'elle abolit la différence des occasions et des moments où l'acquisition des éléments a eu lieu. Le dynamisme de l'activité de la parole unifie et spatialise ce qui a été multiple et successif dans le temps. C'est cet oubli systématique du passé qui fournit à l'observation son champ de recherches positives. C'est elle qui fixe, le plus ponctuellement possible, les moments et les occasions et de l'apparition des phénomènes dans l'histoire d'une langue et de leur acquisition par les sujets parlants. La conscience originaire ne sait rien de l'histoire des expressions dont elle dispose : pourtant elle puise sa substance dans le passé. Elle exclut, en vue des actes à accomplir, la vision de relativité qu'offre la recherche historique.

Une troisième extension par le savoir concerne l'atomisation des phénomènes. Nous venons de relever l'oubli comme attitude positive de la conscience originaire, et qui est une exigence de l'unité de son activité. Il faut ajouter la simplicité de cette conscience, qui est de nature à laisser des indistinctions là où l'observation trouve lieu à distinguer. La conscience naturelle remarque bien que les individus ne parlent pas de la même façon, mais cela ne l'empêche pas de les envisager comme parlant la même langue. L'observateur qui se place au point de vue « objectif » ne reconnaît pas l'unité de langue dans la diversité de la parole des sujets parlants ; tout au plus compte-t-il l'établir par voie inductive et toujours comme une unité relative qui consiste plutôt en une ressemblance ou convergence entre les langages produits par les sujets individuellement. L'unité relative à laquelle l'observation arrive par conclusion n'est d'ailleurs que semblable à celle qui préside à la conscience originaire de ceux qui s'entretiennent. Cette dernière, en effet, est inséparable de l'activité du sujet parlant, et c'est cette activité qui ne rentre pas dans la conscience de l'observateur. L'atomisation par l'observation, la découverte toujours plus grande de différences dans les données linguistiques, qui échappent à la conscience originaire démontre la tension polaire qu'il y a entre la réalité immédiate et son objectivation. Tout en ayant pour point de départ celle-là, la science s'en éloigne totalement. On dirait qu'en voulant saisir l'immédiat, elle le tue.

L'écart, qui s'ouvre, par la coordination et par le point de vue de la succession entre la conscience originaire et la conscience scientifique, reste encore limité tant que l'objectivation est basée sur une idée des faits linguistiques qui est empruntée à l'expérience subjective du savant. En ce cas, celui-ci est amené à ne plus partager les conceptions originaires sur les faits linguistiques, tout en conservant cependant en commun avec le sujet parlant la base d'activité linguistique dont le savant reconnaît avoir la même expérience que chaque sujet parlant. C'est à l'intérieur de cette base commune, d'après laquelle le linguiste autant que le sujet parlant sait ce que c'est que parler, comprendre, s'exprimer, que le savoir et la conscience originaire s'écartent l'un de l'autre. C'est un éloignement qui laisse subsister une unité de conscience entre le savant et le sujet parlant. C'est ainsi que la science linguistique vient éclairer la conscience originaire en lui proposant la multiplicité des variations, en intégrant dans l'absolutisme de l'activité une notion de relativité qui pourtant n'abolit ni l'activité linguistique ni le savoir qui lui est inhérent et qui est une façon dont elle s'entend elle-même. Ici l'observation laisse intactes des présuppositions grâce auxquelles un lien, peut-être inconscient, entre le savoir et la conscience originaire est maintenu. Ce n'est qu'en coupant ce lien que l'observation laissera tomber les dernières données qu'elle devait à l'expérience subjective, et qu'elle se dirigera vers un objectivisme exclusif vis-à-vis de n'importe quelle donnée de l'expérience subjective.

L'objectivisme radical se refuse à admettre que nous devions la moindre connaissance linguistique à l'expérience subjective. C'est l'esprit d'observation poussé à l'extrême. Il ne dit pas que nos vues sont limitées, notre savoir subjectif tant que nous nous en tenons aux données originaires : il dicte que tout ce que nous pourrons savoir sur la langue, nous le saurons par l'observation extérieure. Cela implique, que des termes comme signification, exprimer, comprendre ne peuvent être employés dans la science du langage dans le même sens que dans la vie – ou du moins dans un sens pareillement basé sur l'expérience intérieure. Le behaviorisme et le physicalisme poussent à l'extrême conséquence cet objectivisme exclusif. Pour ces théories, c'est à l'observation de fixer ce qui subjectivement s'appelle signification. La direction dans laquelle les présuppositions subjectives seront interprétées est tracée par la limitation que s'impose une observation extérieure. La signification devra être connue par la succession des actes linguistiques et autres, ou plutôt comme cette succession même : elle consistera dans la régularité observée de cette succession. L'introspection n'y sera pour rien.

Il est évident que l'observateur behavioriste essaie de couper tous les liens qui peuvent unir le sujet parlant au sujet scientifique. La conscience n'est même pas admise pour expliquer son propre savoir touchant les significations : l'observation extérieure fixera des significations qui sont des conduites, sans consulter la conscience originaire et contre elle. Les sujets linguistique et scientifique n'ayant plus de base commune, le premier est devenu l'objet du dernier. L'objectivisme de cette attitude permet de dépasser les faits linguistiques comme donnés en soi et d'en établir une origine hétérogène. En descendant dans l'échelle des actes on pourra appeler langage les réflexes et les réactions physiologiques. Ainsi on trouvera le langage déjà dans l'ordre des êtres vivants inférieurs. L'observation embrasse les données les plus diverses sous un aspect commun.

Le point de vue phénoménologique n'anéantit pas le savoir scientifique, il en démontre le caractère relatif. Il est opposé à cette théorie de la connaissance qui prétend que l'objet se constitue dans la construction scientifique ; le phénoménologue établit la détermination de tout savoir par la connaissance originaire. Cette connaissance est absolue en ce sens qu'elle est réalité et conscience en même temps. La science ne peut s'en tenir à cette sûreté immédiate qui est union d'acte et savoir. Elle en brise le cadre et s'en éloigne à des degrés variés et dans des dimensions différentes. La science se nourrit par l'observation, elle renie l'unité originaire qui ne laissait point de place à celle-ci. Le procédé d'objectivation est toujours dirigé en avant, il tend à laisser derrière lui son point de départ. Aussi la science ne connaît pas sa propre relativité ; une méthode en dehors d'elle est exigée pour la lui faire connaître. Cette méthode devra embrasser d'un seul regard la conscience originaire et l'objectivation en marche ; c'est ainsi que l'écart des deux pourra être connu et jugé. C'est à elle de démontrer quel est le sens de l'éloignement de la science par rapport à la conscience originaire, et en quoi celle-là reste redevable à celle-ci. Pareille démonstration éclaircira en quelle mesure toute objectivation reste nourrie de la substance réelle qui est antérieure à tout savoir ; elle mettra en lumière la nature de la transition au savoir, en ce que la science gagne et ce qui lui échappe. Elle rétablira ainsi l'équilibre entre les réalités primaires et l'objectivation qui se perd dans l'idée que la science se fait d'elle-même. Par cette méthode, on comprendra le savoir en fonction de la conscience originaire. Celle-ci se révèle contenir un en-soi qui est avant toute relativité ; c'est la science qui introduira celle-ci par la coordination de données semblables dans l'espace et dans le temps. Cette relativité est elle-même relative : elle vaut pour le point de vue du linguiste, sans écarter celui du sujet parlant.

C'est à une méthode philosophique qui surveille le mouvement et les attitudes de la science de juger de la valeur de la distance prise par certaines méthodes comme par exemple celle du behaviorisme. Elle montre qu'avec l'abandon des derniers fondements d'expérience subjective, l'objectivation a dépassé son point de cristallisation : l'écart de la conscience originaire que s'impose la science d'après sa nature est relatif par nature et limité dans ses possibilités. La science, dans toutes ses attitudes méthodiques, reste liée à la condition humaine. Elle peut s'écarter de cette base où objet et sujet font un, mais elle ne s'élève pas à un point de vue «absolu» : l'absolu est derrière elle, non pas devant. La nature humaine nous rend capables d'avoir conscience de nos activités par l'expérience intérieure, et d'étendre cette conscience par un savoir analogue mais reposant sur l'observation : elle ne nous permet pas de nous détacher des conditions mêmes de notre nature, et de nous connaître du point de vue de l'absolu. Si cela nous était possible, la connaissance de notre nature intérieure progresserait dans la mesure où augmenterait la distance que la science prend de la subjectivité concrète. Le cas du behaviorisme est là pour montrer que l'écart entre la conscience concrète et l'attitude méthodique ne saurait être augmenté toujours sans que la connaissance y perde. Ce qui revient à dire que la connaissance humaine a un seul pôle absolu : la conscience originaire, qui s'éclaircit par une intuition subjective et qui est connue d'une façon secondaire par les aspects relatifs que l'observation rend accessibles. L'absolu de notre connaissance sera dans l'affirmation de la conscience originaire ou il ne sera pas. L'absolu accessible à la connaissance humaine est celui de la subjectivité ; notre esprit de la façon dont il se connaît intérieurement et avant toute objectivation, se connaît de façon absolue. C'est cet absolu en deçà de la science objectivante qui fonde le savoir empirique et qui rend vain tout effort de connaître par l'objectivation ce qui appartient essentiellement à la subjectivité. Pour la linguistique cela signifie que l'éclaircissement méthodique de l'expérience vécue de la conscience préscientifique sera toujours le point de départ de la science du langage et qu'elle n'a rien à attendre du refus de l'accepter que proclame l'objectivisme avec la bonne intention de fonder une connaissance «absolument» objective. C'est sur une erreur concernant le sens que peut avoir le terme absolu que ce refus repose. Inspirée par l'exigence d'un absolu qui nous est impossible, cette erreur amène à négliger l'absolu possible, qui est dans la conscience subjective. Le linguiste qui se rend compte des faits du langage, par l'extension que prend son savoir, ne pourra qu'affirmer sa conscience de sujet parlant qu'il était avant la science et qu'il continue à être : c'est que, finalement, son savoir sera basé sur des données intuitives qui rendent possible l'objectivation, mais qui sont insaisissables pour celle-ci. L'écart entre la conscience originaire et la science n'est pas illimité : le linguiste est linguiste grâce au fait qu'il est un sujet parlant et non pas malgré ce fait. S'il est philosophe en même temps, sa réflexion se dirigera sur ce qui unit et ce qui sépare la conscience originaire et le savoir postérieur. Il ne se tiendra pas à l'image des faits linguistiques que crée la science, puisque pour lui cette image sera un objet et non pas une base. Sans s'identifier à l'objectivisme de la science, il en scrutera les origines et les motifs. Son point de repère sera toujours la réalité en-soi de la subjectivité originaire. Le fondateur de la phénoménologie a tracé un horizon immense de recherches à faire dans tous les domaines de la science. Il a fait comprendre la relativité de tout savoir par rapport à la conscience originaire qui contient les structures qui conditionnent son extension par l'expérience et par l'observation. Ce lien entre la science et le phénomène originaire existe partout. Dans le domaine des sciences humaines il se révèle comme une condition de la possibilité de ces sciences : il y a une linguistique par le fait que l'homme est un sujet parlant et qu'il se connaît en tant que tel, par l'aspect subjectif, par l'intuition qu'il a de sa propre réalité. Il y a une science du droit et de la morale par le fait que l'homme est le sujet du droit et de la morale, qu'il connaît absolument de son point de vue humain. C'est grâce à l'aspect originaire et subjectif de la connaissance que nous avons une théorie de la connaissance. Il en est de même de toutes les sciences humaines. Ce n'est pas le seul mérite de la phénoménologie que d'avoir réclamé pour la subjectivité les droits que l'objectivisme s'attribuait à tort. Mais c'est ce mérite qui rend la phénoménologie héritière d'une idée fondamentale de Descartes.

Problèmes de l'origine

Dans un livre publié récemment, *Origine et préhistoire du langage* (A. Franke, A.G. Verlag, Berlin, 1946, 279 pp.), le psychologue amstellodamois Révész a donné sa forme définitive et complètement élaborée à une théorie qu'il avait déjà préparé dans trois communications reprises dans les Actes de l'Académie Royale (vol. XLII, no. 8, 1940 et vol. XLIII, 9/10 ; XLIV, no.1, 1940 (41)). Autant l'importance de ce sujet – qui est régulièrement traité par les philosophes et les psychologues – que la solution particulière que Révész tente d'y apporter justifient une discussion qui se voudra ici être plus qu'une courte mention. Le problème de l'origine du langage fait se rencontrer la science empirique, qui admet le fait des langues dans leurs différences et leurs transformations et s'attache à l'étude de ce fait, et la quête philosophique plus audacieuse d'un premier commencement qui est pensé comme un état temporellement antérieur au plus vieux donné linguistique et dont la connaissance est extrêmement importante pour notre compréhension de ce même donné. Comme cet état n'existe pas dans l'expérience historique – historiquement on rencontre en effet toujours une diversité de langues qui chacune exhibe une grande variété d'éléments et de propriétés – la seule possibilité qu'a le chercheur de le déterminer plus précisément est de tenter de s'en faire lui-même une image. Si tant est qu'il n'adopte pas une position sceptique vis-à-vis de ce problème, le chercheur tentera ainsi de distinguer l'état initial recherché du donné factuel ultérieur, tout en attribuant quand même au premier une certaine détermination, ce pour quoi il emprun-

---

1946 – Article.
« Oorsprongsproblemen » in: *Algemeen Nederlands Tijdschrift voor Wijsbegeerte en Psychologie* 39.

tera le matériau aux phénomènes donnés. Avant de poursuivre notre analyse, nous voulons d'abord réitérer certaines des idées fondamentales du livre de Révész, afin ensuite de les mettre à profit dans un exposé critique.

Révész rejette l'idée que le langage humain dérive de bruits animaux et postule au contraire qu'une différence structurelle infranchissable existe entre homme et animal. Dans le même ordre d'idée, il ne conçoit pas le langage comme une invention de l'homme, mais comme un trait essentiel qui est donné dès l'apparition de ce dernier. Le langage ne vient pas de l'animal et il n'est pas « inventé ». Cette observation est d'ordre structurel. De plus, elle présume que le langage a toujours été phonétique et qu'il ne s'est pas développé à partir de gestes. Voilà pour le balisage structurel. Si on en restait à ces quelques observations, on pourrait à peine parler d'une théorie de l'origine car toute perspective génétique fait ici défaut : la perspective structurelle confirme seulement que le langage est un trait essentiel de l'homme. On pourrait certes envisager que l'essence de l'homme constitue l'origine du langage mais, ce faisant, on quitterait le point de vue temporel et génétique. Cela dit, Révész ne pousse pas le point de vue structurel à son comble, de sorte qu'il laisse de la place pour une perspective génétique. Se plaçant dans une optique psychologique, il présente la nécessité du *contact* comme le fondement du langage. Le contact se manifeste déjà comme forme de communauté parmi des groupes d'animaux. Chez l'homme, il faut distinguer entre le contact spatio-vital, psychique et spirituel. Le contact spirituel présuppose le langage (p. 178) et inversement : le langage ne peut apparaître que lorsque les conditions pour le contact psychique et spirituel sont présentes (p. 179). Une véritable théorie génétique tente alors de dépeindre l'évolution des « formes de communication phonétiques ». Mais cela présuppose donc que l'évolution est « envisagée systématiquement plutôt qu'historiquement », ce qui constitue une hiérarchisation structurelle. Elle passe de l'« exclamation » [Zuruf] et de l'« appel » [Anruf], qui sont orientés vers des individus déterminés et sont des formes impératives (ils apparaissent aussi chez les animaux et les jeunes enfants), au mot. Le passage de l'exclamation péremptoire au mot impératif s'est produit dans « l'histoire précoce » du langage.

Il est frappant de voir comment chez Révész les points de vue structurel et génétique rivalisent entre eux, mais le génétique triomphe sitôt que l'auteur se met à développer sa propre théorie. La priorité de la fonction impérative s'appuie sur l'idée que les situations de crise donnent lieu dans la vie animale et humaine à l'« appel », qui est le prototype du mot utilisé comme impératif. Chez les très jeunes enfants, chaque mot sert à exprimer un désir et ce n'est que plus tard que le mot sert d'indication. Des trois fonctions communicatives du langage (ordre, déclaration, question), Révész tente de prouver que l'ordre est le plus ancien. Comme les mots ont chez le jeune enfant une fonction désidérative et impérative, la forme impérative a donc dû être phylogénétiquement la plus ancienne forme du verbe, lequel à son tour a dû être la plus ancienne catégorie. La tentative de Révész de corroborer avec des données tirées de la linguistique historique ce qu'il a justifié par analogie avec la perception psychologique, de même que son hypothèse que les formes impérative et vocative appartiennent dans différentes langues aux plus anciennes formes du système verbal et nominal, suscitent des objections. Dans les langues indo-européennes, en effet, ces formes sont la plupart du temps courtes et ont parfois des racines semblables. Qu'elles aient pour cette raison été les précurseurs de toutes les autres formes n'est toutefois pas démontrable historiquement, puisque nous trouvons justement dans l'ancien indo-européen un système verbal et nominal qui est richement différencié et dont l'impératif et le vocatif ne constituent qu'une partie. Que ces formes soient la plupart du temps courtes et contiennent peu ou aucune terminaison n'est certainement pas une indication de leur plus grande ancienneté. Bien qu'il puisse paraître naturel de penser que des formes plus longues et plus complexes sont aussi plus récentes, cela n'est pas confirmé par l'histoire du langage : que l'on compare seulement les formes verbales de l'anglais d'aujourd'hui avec leurs antécédents anglo-saxons ou leurs parents indo-européens encore plus anciens. On discerne un processus d'érosion dans l'histoire du langage, auquel de nouvelles terminaisons ou formations offrent parfois un contrepoids. Les formes complexes peuvent donc tout aussi bien être plus anciennes ou plus récentes que les formes simples, cela doit être déterminé au cas par cas. Que la forme impérative, du moins à la seconde personne du singulier, soit souvent courte, pourrait être une conséquence de la fonction impérative elle-même, laquelle tend vers une expression brève et vigoureuse. Mais ce fait en lui-même ne démontre pas qu'il y a eu un état de la langue dans lequel l'impératif était encore le seul mode. Un tel état n'est pas donné historiquement et il ne peut être non plus rendu plausible par reconstruction. Il existe même des raisons d'ordre sémantique qui rendent cela impensable. La *forme* impérative que nous rencontrons dans les langues n'est jamais identique au radical, qui lui-même n'est absolument pas impératif, mais toujours indicatif. Qui dit « amène », « va chercher », « viens », s'oriente vers un auditeur qui ne comprend pas seulement l'impératif, mais aussi ce que signifient « amener », « aller chercher », « venir ». L'impératif ne fonctionne jamais seulement comme un pur signal pour souhaiter un comportement, il désigne aussi ce comportement par la racine du verbe. Un animal dressé à reconnaître des sons définis ne distingue pas entre le contenu indiqué et la forme impérative. Pour lui, il s'agit d'un tout indissociable. Chez un petit enfant, la différence n'est peut-être pas encore consciente mais elle est en tout cas potentiellement présente et peut donc se manifester en conséquence dans le développement plus tardif de l'enfant. Cela signifie que dans le langage *humain* justement il n'y a pas de compréhension de l'impératif sans compréhension de l'indicatif. Ce dernier peut ne pas être réalisé indépendamment dans la perception d'un ordre pressant, mais il y a quelque chose dans la compréhension de chaque impératif qui dépasse la réalisation nécessaire de l'instant.

Sans cet élément, l'impératif ne ferait pas partie du système verbal, auquel il appartient néanmoins toujours puisqu'il n'est en tout cas pas une exclamation. Si l'on considère, de plus, que toutes les racines verbales possèdent une signification indicative et qu'un grand nombre d'entre elles n'admettent pas d'impératif ou du moins ne sont en règle générale pas utilisées dans ce mode, il paraîtra d'autant plus douteux que l'impératif puisse être désigné comme la plus ancienne forme du verbe. Il y a quelque chose de séduisant dans l'idée de faire dériver de la fonction instantanée de l'impératif la signification plus durable des autres modes. Mais l'ordre, dans la brièveté qui lui est imposée par l'exécution, emprunte son contenu à quelque chose qui est déjà connu en dehors de la situation instantanée, de sorte que chaque impératif se démarque dans le langage sur l'arrière-fond d'un indicatif. Chaque impératif emprunte sa détermination à un indicatif. L'apparence de supériorité du premier est créée par le fait que l'on ne distingue pas l'intention rapportée à l'instant de l'impératif du contexte qui dépasse cet instant et qui lui donne son contenu. L'impératif est donc « médiatisé » par l'indicatif, ce n'est pas la situation instantanée qui le crée, il n'y est qu'utilisé. Il y descend, mais ne la dépasse pas. Le pont que Révész tente de jeter avec l'aide de divers linguistes entre le donné historique et les origines préhistoriques semble ainsi instable. Il ne peut être établi sur des bases ni morphologiques, ni sémantiques que la forme impérative soit à l'origine des autres modes du verbe. La tentative de démontrer sa priorité échoue lorsqu'on prend conscience du fait que la présence simultanée d'autres modes, en particulier l'indicatif, est toujours donnée avec l'impératif et qu'ils n'ont donc pu apparaître grâce à lui.

Nous pouvons reprendre ici notre réflexion épistémologique et montrer dans quelle mesure elle est applicable à la théorie de Révész. Toute théorie de l'origine est un schéma génétique dans lequel on part d'un état qui est considéré comme le fondement suffisant d'états ultérieurs. La mesure de l'influence transformatrice que l'on attribue au temps est ici un facteur de grande importance, si l'on est d'avis qu'une instance donnée préalablement ne se développe dans le temps que si en elle s'accomplissent des changements et renouvellements fondamentaux qui peuvent rompre le schéma initial de manière imprévisible. Il y aura toujours une différence entre l'état initial et ce qui se manifeste à partir de lui. Cet état doit être relativement simple, tout en étant capable de fournir un fondement à d'autres développements. Il ne peut être pensé que par analogie avec des états tirés de l'expérience. Si l'on n'admet pas que des facteurs influençant provisoirement les développements du langage apparaissent dans son évolution depuis l'origine jusqu'aux états ultérieurs, alors l'origine ne peut être rien d'autre que le langage tout entier à « l'état embryonnaire ». La reconstruction de ce premier état se fera selon le gré du chercheur qui l'entreprend. Le langage est présent dès l'origine, mais l'activité spirituelle supérieure ne se développe pas immédiatement. On peut alors imaginer un état dans lequel elle n'est pas encore active. Il s'agira nécessairement d'un état dans lequel la recherche scientifique et la réflexion philosophique ne sont pas encore apparues : l'être humain ne peut se représenter le commencement de son langage que comme un commencement socio-biologique, à partir duquel l'idéalité ne s'est ramifiée que plus tard. Des besoins et des contacts immédiats déterminent cet état imaginaire. On se crie quelque chose l'un à l'autre au moyen de phrases courtes, la vie commune se réduit encore à des ordres, il n'existe pas encore de forme de conversation libre dans laquelle se manifeste l'indicatif. Cette méthode de reconstruction est si évidente qu'elle n'a besoin du soutien d'aucun donné historique ou ethnographique. Mais c'est là aussi sa faiblesse : elle ne fait que s'imaginer comment le développement du langage a pu se dérouler. Elle présuppose que des situations élémentaires ont présidées au début de l'évolution du langage.

Puisque cette supposition n'est pas confirmée par les faits – les langues données historiquement sont toujours très complexes –, il résulte que la reconstruction génétique est en fait une véritable construction, une tentative de comprendre le langage comme un tout à partir de son niveau le plus simple. Si une telle tentative n'est pas légitimée historiquement – et elle ne l'est pas, car l'histoire du langage présente toujours simultanément des niveaux d'expression différents –, il faut alors encore déterminer quelle est sa valeur intrinsèque, autrement dit, s'il est possible de comprendre les fonctions supérieures du langage à partir de ses fonctions inférieures. Un état marqué par l'impératif prépare la fonction indicative, voilà la pensée fondamentale qui persiste même après que l'impératif s'avère ne pas être plus ancien que d'autres formes verbales. On a ici aussi à nouveau le choix de laisser l'indicatif émerger après l'impératif ou de le considérer comme implicitement présent dans ce dernier. Mais même si l'on admet la première hypothèse, il demeure que l'indicatif apparaît au côté de l'impératif dans toutes les langues humaines. Ne doit-on pas dire alors que les deux ne vont jamais l'un sans l'autre dans la conscience linguistique humaine ? Que le concept de l'impératif inclut celui de l'indicatif ? Dans ce cas, il devrait y avoir une différence essentielle entre la réponse de l'animal à un mot de dressage et la réaction de l'homme à un mot impératif, laquelle expliquerait pourquoi l'animal n'accède pas au langage : la spécificité humaine du langage est qu'une fonction se réfère à l'autre, qu'il n'y a pas de concept d'impératif sans indicatif. S'il en est bien ainsi, un stade où l'impératif aurait été « seul » est impensable. Comment d'ailleurs celui-ci pourrait-il apparaître autrement qu' « avec » des racines verbales qui ont, elles, toujours une signification indicative ? La *forme* impérative signale bien que, dans le langage, chaque influence active sur son semblable est liée à une représentation indicative. La signification verbale peut toujours s'orienter dans des directions modales différentes, mais elles sont simultanément à disposition des locuteurs. La fonction impérative n'existe pas sans l'indicatif et elle n'est donc la première fonction du langage qu'en apparence. Le schéma qui veut que l'on parte de l'impératif pour arriver aux autres modes a certes une valeur en tant que construction phénoménologique, mais pas en tant que principe général d'explication.

Bien qu'il n'y ait pas de raison d'être convaincu par la reconstruction préhistorique que propose Révész, celle-ci conserve néanmoins une certaine valeur comme classification hiérarchique des fonctions du langage. Ce qu'elle essaye de fournir en plus, c'est-à-dire une explication génétique, ne peut être plausiblement accepté puisqu'il n'est pas possible d'admettre que le langage humain commence avec une seule fonction, sans présupposer simultanément les autres. À notre avis, on peut ainsi certes présupposer une fonction simple, comme par exemple l'incitation à des actes élémentaires, mais seulement avec l'intention de la comparer à des structures plus complexes et non pour les en faire « dériver ». On ne peut établir entre les fonctions essentielles du langage une relation de hiérarchie qui reflète leur « création ». On reste enfermé ici dans la mystérieuse multiplicité qu'est l'essence. L'essence est aussi un commencement au sens de l'origine. L'origine du langage ne peut donc se cacher dans certains besoins de l'homme, mais seulement dans sa capacité rationnelle, qui recouvre autant le domaine volitif que les domaines émotionnel et intellectuel. Et pourtant la question du commencement dans le temps à aussi un sens défini, ne serait-ce que comme une reconstruction qui, s'attachant au donné historique, retourne prudemment et hypothétiquement le plus loin possible, sans atteindre pour autant un point de commencement. Cette incapacité est-elle accidentelle et dès lors surmontable ? Le chercheur empirique la comprend effectivement de cette manière. Le chercheur d'orientation philosophique donne lui sa préférence à une autre possibilité : il ne peut y avoir aucun premier commencement dans l'ordre temporel car le « premier » commencement est donné dans l'essence.

La distinction kantienne entre réalité empirique et idéalité transcendantale exclut d'emblée qu'un seul commencement absolu puisse être trouvé pour tout ce qui est réellement présent dans le cosmos. Le point de vue structurel triomphe aussi chez le chercheur empirique lorsque ce dernier dit que le langage est donné avec l'homme (L'entendement de l'homo alulus est un dialogue intérieur, p. 256) et qu'il n'y a pas de langage sans pensée (p. 252). Il n'en quitte pas pour autant la perspective génétique, comme en témoigne l'attribution « d'une signification particulière aux cris inarticulés et particulièrement aux bruits exclamatoires et vocatifs dans l'histoire du langage » qui suit immédiatement. L'appel conduit la fonction impérative du langage de manière indicative à l'expression et celle-ci constitue ainsi la fonction spéciale la plus originaire et la plus ancienne, ainsi que la plus ancienne catégorie grammaticale. « On ne peut déterminer quelle forme *in concreto* a pris autrefois le passage de l'exclamation au mot, du signal au langage symbolique, ni si elle est apparue graduellement ou par saut, *ni même si elle a bel et bien eu lieu* » (p. 253). On retrouve dans les mots en italique tout le problème de la relation entre structure et genèse. Le psychologue qui s'oriente de façon prépondérante dans une perspective génétique met ainsi au jour une limite de sa méthode. Même la théorie de l'évolution qui a été considérée jusqu'à maintenant comme « traditionnelle » implique un préjugé.

Hormis dans le cas de ses pures descriptions psychologiques – parmi lesquelles celles sur les formes du contact sont particulièrement marquantes –, le livre de Révész est caractérisé par sa tentative de ne tomber dans aucune extrême et de relier synthétiquement des grands points de vue différents. Toute la question est de savoir s'il a réussi à clairement distinguer la structure de la genèse. L'influence du schéma évolutionnaire est si forte que les différences structurelles sont constamment subsumées au point de vue de la genèse.

La problématique générale des théories des origines est mise en évidence par ce traitement renouvelé du problème du langage. Le point de vue génétique est devenu si dominant depuis plus d'un siècle qu'il ne trouve plus de contrepoids dans la différenciation des structures. Lentement, l'idée fait son chemin que dans le mouvement d'une pensée passant d'une structure à une autre, la première ne produit ou ne crée pas la seconde. La pensée génétique se place *entre* les structures, pas *face* à elles. Elle prescrit au temps la capacité de faire passer une structure à une autre. Et en effet, de tels passages ont lieu, mais seulement pour ce qui existait auparavant en puissance. L'évolution n'est donc pas seulement un changement causal, elle est en même temps orientée vers le but d'un développement complet. La logique des sciences historiques doit rétablir sur ce point un équilibre qui a été rompu par une méthode dépendant entièrement de la genèse. La détermination du contenu de l'essence de l'homme, du langage et de la pensée ne peut être saisie comme une séquence dans le temps, du fait que cette succession est plutôt un aspect du développement de l'essence. Plus on apprend à connaître les données historiques du langage exhaustivement, plus il paraît évident qu'elles constituent un contexte qui dépasse l'ordre temporel, bien que celui-ci soit et demeure un aspect de leur réalité. Une pensée génétique conséquente ne devrait admettre l'essence que comme un résultat. Que cela ne soit pas possible tient au fait que la structure est un modèle simultané dans la multiplicité, sur lequel la successivité n'a pas de pouvoir.

La signification comme phénomène linguistique et philosophique

La signification, au sens linguistique, est une propriété qui accompagne toujours les sons d'une langue. Son champ s'étend à toutes les langues existantes, autant celles qui se sont développées historiquement que celles qui ont été construites artificiellement. Dans toute communauté linguistique, les sons de la langue se combinent en unités plus ou moins grandes selon des règles déterminées. Ces unités, mots ou groupes de mots, possèdent une signification, ce qui revient à dire qu'ils peuvent être compris dans la communication via le langage. Cette signification est toujours reliée à un substrat acoustique qui possède des propriétés mélodiques telles que l'intonation et le timbre. La phonologie postule qu'un système particulier de phonèmes se trouvent à la base de tous les mots et groupes de mots d'une langue déterminée. Nombre de systèmes ont certains éléments en commun. Il est généralement admis que dans tous les systèmes, les éléments et leurs relations sont produits par le flux expiratoire – dans certains cas inspiratoire – de la respiration avec l'aide du larynx, des cordes vocales, de la gorge, de la bouche, du nez, de la langue, des dents et du palais.

Le chercheur qui étudie les significations linguistiques peut suivre différents chemins. Il peut se concentrer introspectivement sur la conscience du langage qu'ont les locuteurs et

---

1954 – Article.
« Betekenis als taalkundige en wijsgeerige fenomeen », Algemeen Nederlands Tijdschrift voor Wijsbegeerte en Psychologie 46.

auditeurs lorsqu'ils parlent ou écoutent. Il s'agit de l'approche *subjective-phénoménologique* des phénomènes signifiants. Le chercheur pénètre dans la vie immédiate de la langue et détermine comment celle-ci apparaît au locuteur lui-même. Un certain aspect de la réalité linguistique s'offre ainsi à la connaissance, mais pas la réalité toute entière. En complément à l'approche subjective-phénoménologique, il est nécessaire de se distancer de la conscience immédiate et de s'orienter alors dans une direction *objective-historique*. Les résultats de ces deux méthodes complémentaires ne peuvent pas être dérivés l'un de l'autre. L'approche subjective-phénoménologique se laisse comparer à l'expérience immature de l'enfant. L'enfant possède un rapport émotionnel profond à ses parents, lesquels forment une part importante de son monde. Mais il n'y a pas de place à l'intérieur de ce monde pour la question de savoir comment les parents s'appellent, ou de qui ils sont eux-mêmes les enfants et petits-enfants ; il y a encore moins de place pour le constat que ce rapport émotionnel n'existe pas seulement pour cet enfant déterminé, mais aussi « en général » pour d'innombrables autres enfants et leurs parents. La réalité objective-historique existe au-delà du monde de la conscience infantile auquel les propres parents sont mêlés de façon intime et irremplaçable. Toute approche subjective-phénoménologique de la langue et du langage revêt ainsi toujours un aspect infantile. Cette remarque n'est par ailleurs nullement critique, elle signale seulement que la science du langage et de la signification demeure incomplète sans un complément objectif-historique. Aujourd'hui, en linguistique on reconnaît mieux la nécessité de compléter la perspective synchronique-phénoménologique par une approche diachronique-historique que cela n'était le cas il y a quelques décennies de cela, lorsque la découverte de la synchronie paraissait neuve.

Ce qui apparaît comme un fait de la conscience dans une perspective subjective-phénoménologie s'avère être tout autre chose d'un point de vue objectif-historique. La différence est si conséquente que l'on peut parler de l'aspect subjectif comme d'une illusion : l'immédiateté de la vie est pénétrée et dépassée par une réalité cachée mais pourtant plus concrète. Subjectivement, dans chaque communauté linguistique les mots signifient les choses elles-mêmes ; on les ressent comme une dénotation adéquate et vraie des choses. Objectivement, cette position n'est pas tenable car ce sentiment de l'adéquation d'un mot est partagé par chaque communauté linguistique pour des contenus toutefois différents. Subjectivement, le langage ne change pas, alors qu'objectivement il se transforme en continu. Subjectivement, le langage est fixe et pour chaque individu, son propre langage est le seul qui soit vrai. Objectivement, le langage est soumis à un processus de transformation qui ne parvient à la conscience immédiate qu'après une très longue durée, comme par exemple lorsqu'un Néerlandais doit lire quelque chose du XVIème siècle ou qu'il lit un texte orthographié selon les règles de Siegenbeek[1]. Subjectivement, on éprouve un accord entre le mot et sa signification : objectivement, le problème est de savoir comment un mot déterminé a obtenu cette signification, ou plutôt, comment cette signification, dans cette langue déterminée, est utilisée pour cette dénomination. Parce que ce fait est si familier dans le vécu qui accompagne la langue habituelle, personne ne pense que les sons et les significations sont deux phénomènes bien distincts, mais cela constitue justement un problème pour la perspective objective : comment ces deux types de phénomènes si différents se sont-ils unis ? Alors que subjectivement tout mot ou groupe de mots *est* une signification, il est objectivement le cas que le mot a cette signification. Celui qui connaît une langue ne peut faire autrement qu'entendre la signification simultanément au son – le son comme signification – alors que celui qui ne la connaît pas s'enquiert de la signification possédée par le son. Autant, lorsqu'on écoute de la musique, on ne pense pas que ce que l'on entend est « seulement » du bruit,

---

[1] Matthijs Siegenbeek (1774-1854), académicien qui établit la première orthographe de la langue néerlandaise en 1804.

puisque sonorité et contenu sont perçus ensemble, autant la réflexion sépare-t-elle en aspects sensibles et intelligibles les phénomènes qui formaient une unité dans le vécu. Le problème que, ce faisant, la réflexion se pose à elle-même peut être clarifié, mais pas résolu en retournant au vécu.

Pour cette raison, il est nécessaire d'abandonner les certitudes subjectives limitées et leur reflet phénoménologique lorsque l'on veut obtenir un aperçu des phénomènes de la signification plus profond que cela n'est possible à l'intérieur des restrictions que la science du langage impose et maintient au service de l'exactitude et du confort de la définition. Essayons donc maintenant de placer le langage dans un contexte plus large. Lorsque le flux expiratoire n'est pas articulé par les soi-disant organes du langage, il n'y a pas de langage. Comme la respiration a lieu tant qu'il y a de la vie, cela implique qu'elle précède le langage et non vice versa. La respiration est nécessaire pour parler, mais parler n'est pas nécessaire pour respirer. Le langage est intermittent, il est une spécification ou une sorte de déviation de la respiration, laquelle, avec le cœur, est porteuse de la vie. Une difficulté qui émerge lorsqu'on essaye de revenir à ce fondement porteur est que l'on parle du langage, on le reproduit et l'illustre, alors que l'on s'appuie en fait sur des phénomènes qui restent toujours silencieux et qui ne peuvent être dit que *par nous*. Il faut garder à l'esprit qu'il est illusoire de penser que ce que l'on dit pour notre part à leur sujet soit la vraie source des phénomènes eux-mêmes, à défaut de quoi on risque de tomber dans une vision du réel déformée par une absolutisation du langage. En gardant à l'esprit la distinction entre ce qui est dit et ce *dont* on parle, il nous faut oser parler du langage, malgré le danger que l'on court alors de parler à travers le langage et de prendre l'écho de nos propres paroles pour les choses elles-mêmes.

Retournant maintenant du langage à son substrat, qui ne parle pas mais est seulement parlé, on remarque que la signification dans son ensemble n'est pas un phénomène qui colle aux sons ou aux autres signes sensibles perceptibles. Il y a une imbrication primitive de toute signification avec le sensible, mais en un sens ou à un niveau qui gît plus profondément que le langage, et dont celui-ci n'est qu'une spécification.

La parole est toujours intermittente : mais est-il vrai que quand l'homme ne parle pas il ne pense, ne ressent et ne désire pas non plus ? Le linguiste qui pour des raisons méthodologiques limite son étude des significations aux séries de sons par lesquelles elles sont données ne l'avouera pas explicitement, mais il se comporte de fait comme s'il pensait que cela est le cas quand il affirme que ce qui n'appartient pas à sa recherche ne l'intéresse pas. Par contraste, le philosophe doit prendre ici position et souligner que cela ne revient pas au même d'exclure quelque chose de la recherche ou de faire comme si cette chose n'existait pas. En effet, on court de la sorte le danger de tenir ces deux positions pour identiques. Il y a beaucoup de choses dans la vie et la conscience qui restent entièrement hors du langage ou qui ne peuvent être exprimées que très partiellement par lui, quand bien même on s'y efforce. Cela est vrai avant tout de la compréhension entre êtres humains. Mais c'est aussi le cas pour une personne seule, que l'on présente comme si, lorsqu'elle est consciente, elle se disait sans cesse lentement à elle-même : « lèves-toi maintenant, laves-toi, prends le tram » ou, « soit tranquille, soit brave ». Un tel monologue semble superflu et ne correspond aucunement à l'expérience. Il n'est nul besoin d'un discours intérieur pour se décider à agir ou s'auto-discipliner, une dynamique intérieure suffit. Si une personne doute d'elle-même ou de l'action qui est requise dans certaines circonstances, alors un monologue intérieur peut lui procurer du soutien, parce qu'il a dans ce cas une fonction analogue à un proverbe mural que l'on a constamment sous les yeux et qui apporte du soutien à une volonté vacillante. On le lit encore et encore, on le dit à voix haute et c'est alors comme si quelqu'un d'autre nous adressait la parole.

Il va sans dire que le langage est notre compagnon intérieur dans les moments de crise de la vie. Mais cela est moins le cas pour des actions qui avaient initialement le soutien du langage mais qui se passent de son aide à mesure qu'elles s'automatisent. De telles actions sont très nombreuses. Toute profession est exercée sur la base de tels mécanismes. Ceux-ci n'entravent pas nécessairement l'originalité et l'inventivité, bien au contraire. L'existence muette mais néanmoins réelle et concrète de l'être humain connaît comme pôle extrême d'un côté des états de joie, d'effroi, de consternation ou de solennité qui se dispensent de l'accompagnement du langage, et de l'autre côté toutes les tâches quotidiennes qui par la force de l'habitude sont effectuées sans un mot et sans faute.

* * *

La réalité humaine qui se cache derrière le langage est faite d'ambitions, d'émotions et de représentations. Celles-ci trouvent un appui, une échappatoire et parfois un masque dans le langage ; en tous les cas, elles existent en-deçà du langage. Maintenant que nous avons pénétré dans le substrat humain du langage, nous pouvons essayer de parvenir encore un peu plus loin dans les tréfonds de la vie, dont l'être humain est le creusement le plus profond.

Il existe des êtres vivants d'une constitution relativement simple, comme par exemple la classe des reptiles, que l'on peut couper en deux, après quoi la tête est capable de régénérer la queue et inversement. En tant que penseur, nous sommes fascinés par la question de savoir ce qui se passe avec de tels êtres. La différenciation sensible dont font montre les animaux supérieurs et l'être humain ne les caractérise pas. Ils semblent aussi sentir d'une manière toute différente. Le ver réagit en se tordant de manière violente à l'opération qui le transforme en deux être distincts. A-t-il senti ce que nous pensons qu'il a senti ? Nous ne le savons pas et cela n'est d'ailleurs pas très probable, puisque nous attribuons à l'animal muet notre propre tremblement d'horreur à l'idée d'une telle mutilation. D'un autre côté, cependant, il se tortille bien violemment, il a visiblement été tiré de son repos. Le repos constituait sa vie avant notre violente intervention, à laquelle il réagit par des contractions impuissantes. Un repos sourd, comme nous pouvons aussi l'observer chez l'animal aquatique muet et inerte dans un aquarium qui demeure des heures durant immobile dans une cavité dont il a la même couleur. Il semble dormir sans interruption, il ne se passe apparemment rien en lui, alors pourtant que la séparation originaire grâce à laquelle les être vivants se trouvent dans et vis-à-vis d'un monde caractérise aussi son existence. Immobile, désintéressé et oisif, il ne réagit à rien, pas même aux observateurs humains derrière la vitre de l'aquarium. Ne se passe-t-il donc vraiment rien en lui ? Il a pourtant une gueule et un œsophage, qui de temps à autre requièrent de la nourriture ! Peut-il rester en vie si jamais il n'ouvre et referme sa gueule ? On est prêt à dire que oui, car pendant les heures où on l'a observé, il n'a pas bronché. On attend patiemment la confirmation de la thèse d'Aristote sur la mobilité, mais elle paraît ne pas vouloir se matérialiser. Et finalement, la confirmation vient malgré tout : un petit poisson naïf file le long de la cavité, la gueule s'ouvre et se ferme en un éclair, le repos inerte est rétabli et nous savons maintenant que l'animal vit : il a bougé, il s'est incommodé. Il vit, cela signifie : il bouge de temps à autre, c'est-à-dire quand dans son monde quelque chose rompt son indifférence, reçoit une signification. On détecte ici la signification dans sa forme originaire, comme l'actualité de la vie elle-même. Ou sommes-nous peut-être dupe d'une illusion verbale qui présente deux phénomènes différents du tout au tout sous un seul et même nom ? Y a-t-il une parenté entre les significations qu'explorent le sémanticien et les phénomènes de la vie élémentaire organique qui viennent d'être mentionnés ?

À mon avis, la réponse est que la signification du petit poisson pour l'animal inerte et la signification dont parle la sémantique sont liées comme un très ancien aïeul à sa plus lointaine descendance. Malgré toutes les différences – à propos desquelles nous aurons bientôt plus à dire – les liens essentiels sont demeurés intacts dans la chaîne quasiment infinie de la dérivation originaire. Le monde de l'animal, si primitif qu'il soit, est plein de significations, ou plutôt, ce monde est une succession de significations dans lequel l'animal et son monde sont à peine différentiables. Tout organisme est sensible et pour cela il possède un monde auquel il réagit. Connaissance et action sont tout aussi peu différenciées ici que perception et réaction. Notre animal aquatique, qui gisait comme s'il était mort, a soudainement fait un mouvement avec sa gueule qui constitue la réponse à une stimulation que seule une perception très spécifique peut occasionner. Nous ne devons surement pas dire qu'il a préparé son action et l'a accompagné d'un monologue comme celui-ci : « Qu'est-ce qui passe par ici ? Je connais ce phénomène très bien, c'est un petit poisson de cette espèce. Une bonne nourriture pour moi, qui va me plaire donc : j'attaque ! ». Même chez l'homme, un tel acte ne résulte que dans des cas exceptionnels de telles délibérations ! Ne laissons-nous séduire par aucun intellectualisme et reconnaissons au minimum que chez les animaux de classe inférieure se manifeste une certaine unité de perception et de réaction qui ne résulte pas d'une coïncidence, et que la distinction entre perception cognitive et réaction agissante n'apparaît peut-être que chez l'homme.

En tous les cas, il n'y a pas de raison de déplacer cette dif-férentiation vers l'arrière, dans des créatures qui ne présentent qu'une unité encore indifférenciée de la sensibilité et de la réaction – unité qui n'est plus présente ou ne l'est pas constamment chez l'être humain.

Comme on ne peut s'approcher du prototype du phénomène de la signification d'une manière autre que reconstructive, nous sommes contraints d'utiliser comme point de départ les distinctions qui caractérisent le monde humain de la signification pour ensuite nier celles-ci et les faire apparaître comme le point d'arrivée d'un processus à la détermination duquel elles sont initialement nécessaires, bien qu'elles adviennent en vérité seulement comme un résultat de ce processus. La comparaison du monde humain de la signification avec ses formes préhistoriques dans le règne animal produit ainsi un double éclairage. Il s'agit en effet autant de mener aussi loin que possible une reconstruction rétrospective des formes les plus élémentaires que de déterminer aussi clairement que possible les enrichissements et les différentiations qui distinguent le degré humain de son stade initial.

Le chemin rétrospectif vers l'élémentaire, de même que le chemin opposé vers la vie différenciée des significations, compte beaucoup d'étapes. À chaque phase appartient un potentiel et une illusion propres. La différentiation grandissante vers le haut consiste en de nouvelles dimensions de possibilités sémantiques, en fonction desquelles les unités élémentaires s'embranchent et se séparent. Dans la vie élémentaire, la perception d'une signification n'occasionne pas de réaction qui pourrait ne pas apparaître sous certaines conditions, comme si elle était différente de la perception : la perception qui provoque un organisme hors de son repos indifférent est ici encore la même chose que la réaction elle-même à ce qui est perçu. La signification n'est originairement rien d'autre que la manière dont la vie est auto-mouvement. Dans le processus d'évolution vers des formes de vie supérieures apparaissent ensuite des renforcements, certes aussi via des chemins de traverses et des égarements. C'est un long chemin qui va de la certitude instinctive de la vie élémentaire jusqu'à la dispersion, la complexité et l'incertitude de la vie liée aux significations que mènent des créatures comme nous, lesquelles donnent l'impression de ne pouvoir aller ni de l'avant, ni de l'arrière, alors que pourtant elles ne restent pas non plus stables. Dans cette impasse, d'aucuns se sentent envahit par un sentiment d'inutilité qui les empêche de donner à leur vie un sens qu'ils auraient trouvé sans difficultés à un niveau inférieur. Sur ce long chemin se situent les étapes de la vie à travers lesquelles la signification se développe, à partir de son identification avec une réaction vitale, en quelque chose qui est retenu, reconnu, perçu à nouveau, remémoré et généralisé. Depuis que les vertébrés supérieurs se sont mis à marcher droit, la tête s'est raffinée en un organe que la respiration expiratoire module en sons linguistiques. Un nouvel embranchement dans la vie des significations a ainsi été créé : à partir de ce moment, des sons ont pu prendre la place de ce qui avait jusque-là été l'objet de souvenirs sans paroles, de reconnaissances et de réactions. On a ainsi beaucoup gagné, bien que les dangers fussent non négligeables. Bien plus tard seulement sont arrivés des linguistes qui ont su objectiver la langue et la déterminer par des signes. Et les philosophes ont enseigné que la langue et les mots sont prioritaires par rapport à la réalité, puisqu'ils sont capables de clamer le monde muet dans son existence même. Cela ne ressemble-t-il pas aux illusions de ceux qui se laissent prendre à croire qu'il n'y a que de la signification, alors qu'il y a du langage ? Ces illusions peuvent être dépassées si l'on emprunte un chemin que les linguistes ne prennent généralement pas, autrement dit, si en s'émancipant du langage lui-même on extrapole et réduit le phénomène de la signification. Le linguiste tend ici la main au philosophe, dont la tâche est de découvrir les limitations de son investigation et de les dépasser. Συνοπτικός ὁ φιλόσοφος. Quand l'aveuglement du linguiste qui s'occupe de la signification rejoint la clairvoyance du philosophe, leur vision de la réalité s'en trouve plus riche que lorsque chacun emprunte son propre chemin.

Le langage et la pensée

La question du rapport entre langage et pensée ne constitue certes pas un problème central de la philosophie, digne d'être mis sur le même plan que les problèmes de l'être et de la connaissance, de la matière et de l'esprit ou de la connaissance et de l'action. Elle a toutefois été posée, autant dans les philosophies antiques et scholastiques que modernes. Platon y a consacré son *Cratyle*. Au lieu d'envisager l'acte de nommer comme étant humain et arbitraire – un point de vue qui part du constat que tout nouveau-né reçoit un nom qui ne se base sur aucune connaissance préalable de son être – Platon avance la thèse que les mots sont constitués par un législateur divin à partir de sons possédant tous une signification symbolique. Confronté à la tâche d'illustrer cette thèse au moyen de mots déterminés dans le dialogue, Socrate hésite : la démonstration ne veut pas aboutir. Mais Platon ne laisse pas cet échec influer sur sa conviction que les mots sont institués par une instance savante supra-humaine. Le but apparent de sa tentative de procurer un fondement ontologique aux mots comme porteur des Idées était surtout de réfuter le relativisme des Héraclitéens. Platon n'est ainsi pas revenu à la charge sur ce sujet d'un intérêt trop limité pour lui, son ontologie disposant d'arguments plus puissants contre le relativisme que ceux fournis par une étymologie naïve. Quant à son incapacité à prouver que les mots recèlent une connaissance de l'être, elle ne réfutait pas sa thèse d'une connaissance de l'être par les Idées.

Les grammairiens spéculatifs du Moyen Âge tels que Thomas d'Herford (Pseudo-Duns Scot) partagent le point de départ

---

1955 – Article.
« Taal en denken », Algemeen Nederlands Tijdschrift voor Wijsbegeerte en Psychologie 47.

ontologique de Platon. Mais ils s'appuient par ailleurs sur une science grammaticale qui existait à peine aux temps de Platon, ainsi que sur la théorie des catégories développée par Aristote. Leur projet est désormais de faire dériver les classes de mots de la grammaire traditionnelle (du Latin) à partir des catégories de la connaissance, catégories qui à leur tour représentent des rapports de l'être. Ce qui est « à démontrer », c'est l'imbrication des formes d'une langue empiriquement donnée avec les formes d'un champ mental de significations qui se distingue du langage, tout en le fondant. Le champ des significations se distingue à son tour des rapports au sein de l'être même, qui sont eux considérés comme fondant l'activité donneuse de sens. Cette démonstration est spécieuse, dans la mesure où les catégories de la signification sont dérivées du langage avant d'être fondées sur l'Être. Si ces catégories étaient obtenues en concentrant la pensée directement sur l'Être de manière à la libérer de l'influence du langage, alors l'accord entre l'un et l'autre serait d'un plus grand intérêt. Mais tel qu'il est, cet accord revient tout au plus à justifier les formes fondamentales d'une langue déterminée en tirant les arguments pour cette justification du donné factuel de la langue elle-même. En procédant ainsi, il est possible d'établir une sphère de signification et une articulation de l'Être compatibles avec la structure de n'importe quelle langue donnée empiriquement, en tirant tout simplement les principes fondamentaux de cette définition du donné factuel de cette langue. L'hypothèse que le langage « reflète » la pensée et que celle-ci « reflète » les articulations de l'être ne peut être maintenue qui si on n'entre pas dans le détail. Elle est seulement vraie dans une généralité posée hors du concret. Elle sert d'intuition initiale, mais aussi finale, tant que l'uniformité qui est postulée entre le langage et la pensée n'est pas explorée dans le détail. Mais si on se prend à comparer point par point le langage, la pensée et l'Être, alors cette hypothèse ne se trouve pas renforcée mais modifiée. Une telle comparaison révèle en effet que la pure distinction entre langage, pensée et être, qui de par leur uniformité présumée revêtait au départ un caractère abstrait, est bien réelle et concrète dans le détail. Bien qu'il renvoie toujours à quelque chose, le langage conserve ses propres formes face aux rapports de la signification, et ceux-ci ne correspondent pas aux rapports de l'être.

Les penseurs d'inclination ontologique ou spéculative ne considèrent ces différences concrètes que comme des accidents de peu d'importance et ne laissent généralement pas ces divergences manifestes influencer leur conception d'un accord réel entre langage, pensée et être – telle qu'elle est formulée par exemple par Hegel, qui fait de la langue une manifestation de la raison. Les penseurs critiques, par contraste, ont saisi ce rapport comme une relation dont les relata peuvent coïncider ou non, sans que leurs liens ne se perdent. La philosophie stoïcienne, comme en bien d'autres points, a jeté ici les bases d'une méthode analytique qui ne se satisfait pas de points de vue généraux et s'efforce de faire passer la philosophie du langage au stade d'une science du langage. Ce n'est pas un hasard que le renouveau de la connaissance qui a eu lieu aux XVIème et XVIIème siècles a été mené par des penseurs qui ont mis l'accent sur la différence entre langage et pensée. Bacon, dans son *Novum Organon*, recense le langage parmi les quatre sources possibles d'erreur humaine. Descartes mentionne des types de raisonnements qui sont plus adaptés à transmettre à d'autres des connaissances déjà acquises qu'à produire de nouvelles idées. Spinoza souligne l'impureté du langage adapté à l'usage quotidien : ce langage se réfère par exemple avec des noms positifs à des choses qui sont limitées et utilise le mot négatif « illimité » pour dénoter les seules choses véritablement positives. Kant a lui mentionné l'illusion produite dans le langage par une expression telle que « force négative », qui se réfère pourtant à quelque chose de positif réagissant à quelque chose de positif également. Une étude historique exhaustive des idées de ces penseurs sur le rôle du langage en relation à la connaissance n'a pas encore été menée à bien. Il est néanmoins clair que dans ce domaine très divers se dessinent deux grandes tendances. D'une part, il existe une interprétation métaphysique – défendue autant par les penseurs spéculatifs que des penseurs plus créatifs dans le sens de Heidegger – qui attribue au langage une profondeur qui recèle la vérité. D'autre part, il y a une approche critique qui insiste sur la tension entre les qualités conservatrices et stables du langage et le processus progressif de la connaissance. Le langage est considéré ici d'une manière critique et est adapté aux besoins d'une science qui de fait dépasse l'espace délimité par le langage. Une telle réinterprétation ne postule pas que le langage est incapable par principe de capter la connaissance, mais souligne seulement l'insuffisance de ce qui est chaque fois atteint par la connaissance elle-même et, de ce fait, également par le langage. Cette réinterprétation se différencie également du romantisme négatif qui s'est profilé avant tout au cours du siècle passé comme un adversaire de l'ontologisme de l'antiquité. Alors que ce dernier enseignait qu'il y a toujours une adéquation réelle entre être, connaissance et langage, c'est l'impuissance du langage qui est soulignée par les romantiques et notamment Schiller, dont les mots fournissent la clé du rapport entre langage et pensée dans toutes ses formes : « *Spricht* die Seele, so spricht ach, die *Seele* nicht mehr[1] ». La conscience parlante malheureuse qui est confrontée dans ce cas à l'impuissance irrémédiable du langage se distingue de la manière la plus radicale qui soit de l'optimisme métaphysique de l'antiquité, ne serait-ce aussi parce que cette impuissance ravit au langage la qualité particulière qui, pour un penseur tel que Bergson, est censée le définir. Il est vrai aussi, cependant, que ces deux perspectives diamétralement opposées sont plus apparentées entre elles qu'avec le point de vue critique : elles postulent toutes deux une structure définitive et réelle, que celle-ci soit par ailleurs indestructible ou impuissante. À leur base se trouvent une décision métaphysique, alors que dans le point de vue critique les choix sont recalés au profit d'un travail unissant certitude et autocritique. La philosophie moderne a permis à la position critique de

---

[1] Si l'âme *parle,* hélas ce n'est plus l'*âme* qui parle.

supplanter la vision ontologique de l'Antiquité. Cette position est plus près de la fonction réelle du langage, elle garantit sa valeur autonome face à la connaissance objective. L'approche introspective s'est aussi distancée du point de vue ontologique en tentant de saisir le langage et la pensée dans leur réalité immédiate, comme les événements intérieurs d'une conscience individuelle. La perception de soi et la perception d'autrui se complètent dans le constat que la pensée rencontre de fait une barrière dans la parole mais que celle-ci rend par ailleurs possible la socialisation avec autrui. Le rapport entre pensée et langage semble évident en ce qui concerne sa hiérarchie : la pensée est un fondement et le langage un moyen. Cela dit, toute thèse cherchant à attribuer une priorité soit à la pensée soit au langage renferme des difficultés particulières. La pensée ne peut se faire parole que quand elle dispose d'une langue, qui est un fait social préexistant pour chaque nouveau-né. D'un côté, nous avons donc un rapport qui pose le langage comme un fait social antérieur toujours déjà donné et permettant à l'être humain grandissant d'apprendre à parler ; la parole de ce dernier est empruntée et se conforme à la langue. D'un autre côté, il n'est pas possible qu'il en ait « toujours » été ainsi : la langue qui nous permet de parler est elle-même un produit de la parole. C'est un fait avéré que la parole balbutiante rencontre la langue par l'entremise de ceux qui la parle. Ce que l'introspection tient pour immédiat ou absolument indépendant se révèle ainsi comme étant médiatisé et dès lors dépendant : l'homme qui parle ne crée pas la langue lui-même, il ne fait « que » l'apprendre. Mais alors même qu'il ne fait « que » parler d'après le modèle que lui fournit la langue, le locuteur la transforme aussi en quelque chose d'autre : la priorité de la langue ne peut donc pas être considérée comme absolue. Et pourtant cette vérité ne rend pas pour autant fausse son contraire. La priorité de la langue par rapport à la parole est en effet un fait très général. Le second fait n'annule donc pas le premier : si cela était le cas, on n'aurait pu établir pour vrai les deux faits que l'on vient justement d'établir. Mais on établit aussi plus que juste le premier de ces faits lorsqu'on y ajoute le second. Cela est rendu évident quand on montre dans quelle perspective le premier est vrai, et dans quelle perspective l'est le second. Ainsi en va-t-il aussi du rapport entre langage et pensée. Alors que les thèses concernant la priorité de l'un ou de l'autre s'annulent et ne disent rien, elles sont toutes deux vraies si on démontre dans quelle mesure et dans quelle perspective elles sont valides. Mais elles restent dénuées de sens si on ne descend pas dans le concret.

Le langage et le vécu

Le fait est incontestable : c'est principalement au langage que nous devons d'entrer dans le monde humain. On a constaté que les être humains, abandonnés dès l'enfance dans une région déserte, n'étaient pas dénués d'intelligence quand on les retrouva, mais que toute vie mentale supérieure leur faisait défaut. Instructif à cet égard est le cas de l'Américaine Helen Keller. Ayant perdu toute jeune, la vue et l'ouïe et, de ce fait, exclue des voies normales de contact avec le monde, elle reçut la révélation du langage de sa gouvernante qui épelait les mots en se servant de signes tactiles imprimés dans la main du sujet. Après des tentatives en apparence vaines, Helen Keller eût, comme elle le raconte dans le récit de sa vie, un éclair de compréhension le jour où elle saisit que les figures tactiles représentant le mot « water » signifiait l'objet que son autre main touchait, autrement dit, qu'il y avait une identité entre cette série de figures et un objet. Cette découverte était vertigineuse, car elle l'induisait à croire que ce lien mystérieux existait, non seulement entre le mot « water » et sa signification, mais dans une infinité d'autres cas : la découverte du lien qui unissait le mot et la chose impliquait celle du langage comme tel. L'œuvre d'Helen Keller est là pour démontrer de quelle activité littéraire a été capable une personne dont la jeunesse fut si tragiquement mutilée. Il est tout à fait normal que la valeur qu'a pour chacun de nous la possession de la langue nous amène à envisager le monde et les objets sous l'angle de l'expression et de l'expressivité. Le parler nous paraît alors comme une lumière qui éclaire les choses et dont la source est chez ceux qui parlent.

1956 – Article.
« Le langage et le vécu », Algemeen Nederlands Tijdschrift voor Wijsbegeerte en Psychologie 48.

Certaines étymologies semblent témoigner qu'anciennement un rapport a été senti entre montrer, faire apparaître et parler. (La racine φα en grec est à l'origine de φημί, de φαίνω et de φάος.)

Or si toute vie humaine et interhumaine a pour atmosphère le langage, sommes-nous justifiés à admettre avec l'idéalisme que c'est dans le langage qu'est la source même de l'intelligence et grâce à lui qu'il y a une communion humaine, une pensée et une entente ? Nous allons énumérer des faits, qui semblent s'opposer à l'identification du langage avec la pensée et avec l'apparition du monde à la conscience : nous les trouverons :

a. dans l'objet perçu
b. dans le vécu (états affectifs, états automatisés)
c. dans l'effort non-linguistique
d. dans la vie pré-linguistique de l'homme
e. dans le symbolisme de l'intelligence animale.

Commençons par la *perception*. Elle aboutit naturellement à l'énoncé. C'est une joie que de savoir dire les noms des choses. L'objet vu y est reconnu dans son essence. Par cet acte, il est libéré de son isolement muet et placé dans un cadre qui l'unit à d'autres objets non donnés à la perception, mais qui se subsument sous le même énoncé comme appartenant à la même essence. L'essence est donc une espèce de nouvel objet qui apparaît à travers l'objet perçu, non pas aux yeux corporels mais à ceux de l'esprit. Et puisque l'essence tend à remplacer l'objet perçu faisons le bilan de leurs vertus propres. L'objet particulier est donné aux sens, il appartient au monde réel. L'essence n'a pas de réalité, mais en revanche elle appartient au supra-temporel, elle n'est nulle part et pourtant elle est partout dans l'espace et dans le temps. Elle contient tout ce qui est propre à l'objet perçu. L'essence est apriorique par opposition à l'objet réel qui est son exemplification.

C'est par des raisonnements bien connus que depuis Platon l'essence l'a emporté sur l'objet perçu. L'attention de l'épistémologie s'est détournée de celui-ci en faveur de l'essence. Ceci n'aurait pas été possible sans l'appui du langage : c'est à l'occasion de l'emploi du mot que surgit l'idée de l'essence. Ceci arrive au moment où le mot abandonne sa fonction subordonnée d'orientation pour réclamer une fonction apriorique dans la connaissance des objets donnés. Nous entendons par fonction subordonnée que le mot aide à orienter la connaissance de l'objet perçu sans que son intervention détourne le regard de l'objet perçu. Il existe en effet une fonction du mot qui consiste à fixer davantage l'attention sur l'objet nommé. Mais cette fonction est labile : le mot au service de la perception devient très facilement le mot qui préside à la perception et la dirige puisqu'il fournit d'emblée une connaissance qui ne dépend plus de la perception. La priorité que prend ainsi le mot sur la perception est un détournement par rapport à la perception et à sa richesse. Cette richesse tient à ce que la perception a une plénitude qui non seulement n'est pas exprimable par un seul mot, mais qui ne s'épuise par aucune accumulation de termes, si étendue soit-elle. La dénomination d'un objet, pour être féconde sous d'autres rapports, ne saurait remplacer l'observation : la description donnée en des mots par un observateur à un absent n'atteint jamais chez celui-ci la clarté et la précision d'un spectacle vu. Le pouvoir évocateur des mots n'a jamais la même force que la perception originaire. Et celui qui s'efforce à formuler ce qu'il voit ou ce qu'il sent s'en rend compte. Il y a des nuances difficilement exprimables que la vue et les autres sens saisissent sans effort et distinctement, des couleurs, des formes, des odeurs significatives, mais devant l'évocation desquelles l'esprit reste clos. L'évocation par les mots, même là où elle atteint le niveau artistique, reste difficile à concrétiser pour un auditeur ou un lecteur auxquels manque la présence directe des choses : le souvenir de cette présence s'en ressent, car il repose encore sur la perception effacée, qui dépasse toujours en force l'image qui se condense par la reconstruction. Jamais l'aveugle-né ne connaîtra les formes et les couleurs : aucun exposé ne lui fera voir ce qui est refusé à la vue. Autour de l'objet détourné nous distinguerons une ambiance qui pourrait se formuler si l'attention se tournait vers elle et une autre qui demeure perçue sans que l'esprit puisse lui donner une expression. Puisque le non-formulé et le non-formulable ne manquent jamais, il est exclu que l'expression linguistique puisse jamais épuiser tout le perçu. Le concret dépasse en richesse toute expression. Ceci est également le cas pour le côté intérieur de la perception et de son expression. Pendant que je formule ma pensée et que je me concentre sur ce que je veux dire, il reste en moi une ambiance de sensations, de perceptions, de sentiments qui sont tenus à distance par la volonté, sans que pourtant ces réalités puissent être supprimées. La tension spirituelle fait oublier le malaise et la fatigue qui ne reprennent qu'après coup et sont refoulées au point de ne plus être perçues. Il serait pourtant injuste de dire que dans la tension de l'effort intellectuel nous devenons de purs esprits et ne sentons aucunement notre corps ou n'éprouvons aucun sentiment.

Cependant, une précision s'impose. Entre le formulable et le non-formulable il y a non seulement une marge, il y a des transitions : on peut apprendre à formuler et ceci est une question d'instruction et d'exercice. Les auteurs et poètes classiques donnent le modèle de l'extériorisation parfaite. L'expression est l'achèvement de la vie intérieure et celui-ci s'obtient par l'exercice sur les grands modèles. Toutefois, on se demande si l'achèvement n'altère pas ce à quoi il donne de l'expression, si l'expression réussie, par contrecoup et par le sentiment de la réussite même, ne prend pas la place de ce qu'elle vise à extérioriser. Il se pourrait que le vécu perde de son authenticité aussitôt qu'il atteint son extériorisation, ou qu'en tout cas l'expressivité ait une double face : celle de l'adéquation au vécu et celle de son altération. Il n'est pas sûr que celui qui a l'expression facile soit le plus fidèle au vécu qu'il exprime, et il se pourrait que celui qui manque de facilité expressive vive plus authentiquement ce qui ne s'envole pas avec les paroles. Retenons seulement le fait de la difficulté d'expression, dans ses formes objectives – la chose en question se formule difficilement – et subjectives : la personne en question a peu de facilité. Ses deux aspects prouvent que le réel extérieur et intérieur ne sont jamais formulables a priori et d'emblée, mais qu'ils tendent à le devenir et à l'être, et qu'il y a toujours un résidu considérable de non-formulé autour de ce qui réussit à l'être. Tout le monde connaît des situations où la parole s'arrête. Dans la surprise de la joie par exemple, dans le respect, devant la mort ou devant un témoignage d'amour ou de sympathie : il y a des situations où on ne parle pas et où on ne doit ou ne peut pas parler. Ce sont les situations exceptionnelles où l'on reste interdit. On n'est pas maître de son émotion, la parole est coupée. Mais ces situations ne sont pas les seules où le langage fait défaut. Il y a aussi les cas où le langage est arrêté parce qu'il serait superflu. Le langage est superflu partout où il ne ferait que doubler inefficacement la vie de l'individu : les actes habituels qu'accomplit la personne peuvent être accompagnés d'énoncés prononcés à voix basse : maintenant je me lève, je mets mon pardessus et mon chapeau, j'ouvre la porte et je sors. Cette suite d'actes a-t-elle besoin, pour être accomplie, d'être déclenchée par des énoncés ou d'en être accompagnée ? Il est évident que non : l'initiative à laquelle est due cette série d'actes sensés n'est pas due à la parole et n'a aucun rapport avec elle. La fonction du langage interviendrait tout de suite s'il y avait un observateur pour rapporter ces actes successifs. Pour la personne isolée elle n'a aucun sens ; ces actes sont muets et réels. Est-ce que notre vie intérieure, celle que nous menons dans la continuité d'un écoulement tantôt doublée d'actes tournés vers le monde et tantôt se repliant sur elle-même, est-ce que cette vie est accompagnée d'un langage constituant un véritable monologue intérieur ? Il nous semble que l'introspection ne répond pas affirmativement à la question. Il est vrai que, quand nous revenons à nous-mêmes, nos souvenirs contiennent des fragments de discours et de réactions verbales, mais les tensions que ceux-ci provoquent ne sont pas elles-mêmes d'ordre verbal. Aussi est-il impossible de réduire au langage la réalité intérieure entière. Si tout à l'heure nous parlions de l'ambiance vécue qui entoure les actes et les paroles, on doit reconnaître d'autre part qu'il y a des contenus absolument muets dans la conscience qui pourraient être accompagnés de formules, mais cela n'aurait aucun sens puisque la présence de ces contenus est éprouvée directement par la conscience et sans l'intermédiaire du langage : ce qui se passe dans la conscience est présent à la conscience de façon immédiate et sans avoir besoin de lui être signalé par des symboles linguistiques. Méditant sur ces faits immédiatement perçus, nous apercevons que le langage est une fonction conditionnée qui ne couvre nullement la totalité de la vie intérieure et dont la tâche ne saurait être d'éclairer un contenu qui n'a pas besoin d'être mis au jour devant la conscience puisque celle-ci le possède de façon directe. Une fois que nous avons reconnu que le langage est motivé par des tendances, qui, n'ayant aucunement le caractère de paroles, mobilisent pourtant la parole, il nous devient possible de voir dans la rencontre de deux personnes et à travers les mots et les arguments échangés, des volontés qui se cherchent ou bien se dissimulent et dont l'une parfois plie devant l'autre. Ici les actes sont chargés de sens, les situations se traduisent en des réactions trop rapides pour laisser une place à la parole, même intérieure ; cependant des réactions éclairs s'accomplissent avec une sûreté complète, elles ne sont ni incertaines ni vagues, sans que la parole y trouve une place. L'homme renonce à la parole dans des situations où sa vie se joue, où il se concentre pour se sauver, où il redevient l'être qu'il a été avant le contact avec autrui et avant la civilisation. Il retombe à l'extrême pôle de ses possibilités originaires où il fut muet comme il le devient de nouveau à l'autre extrême, celui de l'admiration ou de l'adoration devant le mystère où les mots manquent. Envisagée dans les situations critiques, la parole apparaît comme un luxe pour lequel il n'y a pas de place là où il s'agit de ne perdre aucune énergie, de conserver l'attention le plus indivisée possible, de ne pas glisser de la lutte encore indécise dans un bien-être illusoire où l'on puisse se permettre la détente de la parole. C'est ici que se rangent les activités qui ne souffrent pas qu'on s'étende en paroles, les ordres brefs de l'officier, du commandant, du contremaître dans les hauts-fourneaux, les manipulations muettes et concentrées du mécanicien, du pilote, du chirurgien-opérateur, du joueur de tennis. Il n'y a que la vie moyenne qui offre un terrain favorable au langage.

Cependant, une question surgit qui paraît être une objection : les manœuvres automatisées qui ne sont plus déclenchées par une initiative formulée, ne l'ont-elles pas été à l'origine par elle et celle-ci ne dirige-t-elle pas inconsciemment des actes en apparence indépendants de tout langage ? Nous répondrons que le dictat du langage n'a été que provisoire et surtout que les manœuvres déclenchées par lui ne l'étaient qu'en apparence : ici la parole est un stimulant et non une cause, elle ne fait que dessiner des actes dont le sens est connu par une expérience qui ne relève pas du domaine de la parole. Quand la parole de l'instructeur reste sans effet, celui-ci a toujours la ressource d'exécuter l'acte commandé devant les yeux de son élève. Cette démonstration *ad oculos* est concrète tandis que la règle formulée ne se concrétise que jusqu'à un certain degré. Ainsi la parole n'est pas indispensable, mais secondaire. L'instruction pratique ne peut généralement pas s'en passer entièrement, mais elle se réduit au minimum, pour venir au secours là où l'instruction par l'exemple concret ne suffit pas. Quand on veut expliquer des significations, il suffit souvent de mimer la chose.

Quelle conclusion allons-nous tirer de ces faits ? S'il y a autour de toute pensée formulée un reste qui n'y entre pas, mais qui est pourtant présent à la conscience ; si celui qui s'exprime difficilement sait pourtant ce qu'il veut tandis que celui qui parle avec abondance et avec grâce le sait peut-être moins bien, si les actes les plus décisifs ne supportent guère d'accompagnement parlé, si la routine professionnelle s'en passe, si l'instruction ne saurait s'intellectualiser au point de pouvoir se passer de renvoyer à la démonstration par l'exemple, ces faits n'obligent-ils pas à reconnaître le caractère auxiliaire et secondaire du langage et à creuser le réel qui se cache plus ou moins sous cette enveloppe ? La première chose à faire serait de réhabiliter la réalité intérieure, dans laquelle se jouent les sentiments, les tendances, les intentions et même les décisions. Pour deux raisons, il sera difficile de les discriminer à l'état pur : d'abord parce que surtout chez l'homme instruit la traduction du vécu se fait immédiatement et involontairement, elle paraît donc contenir le vécu lui-même : il n'est pas aisé de réaliser que la traduction ne fait que se surajouter au vécu. L'autre raison est que nous restons obligés de nommer les objets de notre connaissance et sommes tentés de tenir le langage que nous tenons sur eux pour un langage qui provient d'eux.

Pour ce qui est de la première difficulté, l'histoire des idées vient nous aider. La civilisation connaît des époques où les sentiments et les tendances des individus semblent en harmonie parfaite avec l'expressivité morale et intellectuelle du langage : tout acte se juge d'après les normes stables et la vie intérieure se retrouve entièrement dans le vocabulaire des valeurs qui fait partie du langage. Dans ces périodes tranquilles, il ne devient pas manifeste que la vie intérieure, d'une part, et le langage, de l'autre, sont choses distinctes qui, en certaines circonstances, se recouvrent élément par élément, mais sans garantie de constance. Il arrive, en effet, qu'un courant souterrain de la conscience reste en dehors de l'emprise du vocabulaire existant. Quand ce courant gagne en ampleur et en intensité, quand la discorde entre les formes figées et la vie grandit, il devient à un certain moment manifeste que ces formes ne captent plus le vécu, que celui-ci les déborde et les déforme, sinon même les détruit. En ces périodes de transition, les cadres s'écroulent sous la puissante poussée du fleuve qui monte et la vie cherche des cadres nouveaux. Dans la civilisation hellénique, la perte de l'indépendance de la cité marque une telle transition. Les tâtonnements d'une philosophie qui se tourne vers les problèmes du salut de l'individu en sont le signe. La terminologie change, la forme de l'exposé théorique cède la place à la leçon morale. Quatre siècles plus tard surgit le christianisme d'origine orientale et qui apporte un monde de sentiments inconnus à la civilisation hellénique. Le langage en subit les répercussions : il ne dirige plus, il cède lentement : alors s'établit laborieusement un nouvel ordre d'expression qui est soutenu par une nouvelle mentalité qui s'affirme. À côté du grec des philosophes surgit le grec ecclésiastique, à côté du latin profane le latin chrétien. Les modifications que subit le langage ne s'expliquent pas par le langage même : elles lui viennent de dehors.

La preuve la plus convaincante de l'existence d'une réalité intérieure vécue exempte de langage est fournie par l'observation de la vie animale. L'animal ne parle pas et pourtant il a une vie intérieure manifeste. Il se révèle capable d'apprendre par l'expérience, ce qui serait impossible s'il n'avait une mémoire qui retient l'expérience passée pour en tirer profit quand une expérience analogue se présente, ce qui revient à dire que l'expérience a pour lui une signification, elle signale autre chose qu'elle-même. Un cheval s'agite et refuse de passer quand on l'approche de l'endroit où il a été effrayé par quelque objet. Sa conduite est motivée par une expérience devenue significative ; il n'y a donc pas d'objection à dire que l'animal reconnaît, que l'expérience a laissé en lui une trace ou disposition, à condition de nous rendre compte que nous parlons humainement et analogiquement de ce qui se passe en l'animal. La difficulté est dans le rapport de nos formules aux réalités qu'elles visent. Il est évident que le cheval ne dit pas : voilà l'endroit où j'ai été effrayé, il faut donc que je sois sur mes gardes et que je le contourne. Il se conduit comme s'il se le disait et c'est nous, les observateurs, qui le disons pour lui et à sa place. Il n'y a donc aucune ressemblance entre ce que nous formulons et ce que le cheval fait, et cependant ces formules ont une analogie avec le réel qu'elles visent. En quoi cette analogie consiste-t-elle ? En ceci qu'à la suite articulée de nos mots correspond une suite articulée dans le vécu, avec la différence cependant que dans l'articulation du vécu aucun élément n'existe réellement à l'état isolé, puisque tout se tient intégralement. Les articulations du réel qui sont muettes ne sont donc pas pensables en elles-mêmes ; elles ne sont que des moments d'un procès dynamique dont le début et l'aboutissement sont distincts, mais inséparables, alors que leurs équivalents formulés sont séparables et pensables, à part les uns des autres.

Quand on réfléchit sur ce procès réel et muet qu'on capte dans la formule avec une évidence telle que celle-ci semble se confondre avec le procès même, on découvre qu'il y a un abîme entre le procès vital et la formule correspondants. En effet, la formule n'est pas le procès qu'elle vise : elle ne peut que viser ce procès qui en est indépendant même lorsqu'elle est adéquate ; sa structure la constitue hétérogène. Pour éviter que la formule se confonde avec le procès réel qui se joue chez l'animal, il faut rentrer dans sa peau, il faut tâcher de devenir l'animal tout en poursuivant sa tâche d'observateur. Il faut laisser là les formules et mimer au lieu de parler.

La vie intérieure animale suit donc un procès silencieux, lequel donne naissance à des formes obéissant à un symbolisme, muet également, qui prépare l'avènement du symbolisme linguistique. Ce symbolisme, qui consiste en l'utilisation de l'expérience se retrouve chez l'homme mais là il se double du langage qui soutient et renforce le fonctionnement muet au point de tendre à le remplacer et à en faire oublier l'existence. Nous vivons dans l'ambiance d'un langage qui paraît naturel. Cela nous fait croire que le symbolisme est lié exclusivement à la parole : nous établissons donc un abîme d'abord entre l'activité parlante et non-parlante chez l'homme, ensuite entre la vie intérieure de l'homme et celle des animaux qui ont pourtant avec lui des ressemblances fondamentales. Car on ne saurait nier l'existence de traits communs entre les animaux supérieurs et les hommes : une certaine vie intérieure, une ingéniosité pour résoudre les problèmes pratiques, la présence d'émotions et de sentiments. Ils ont en commun la signification, mais avec cette différence essentielle que chez l'animal la signification est liée à une disposition qui devient réaction dès que la perception se présente. La signification du mur blanc devant lequel le cheval s'effraie ne fait qu'un avec son agitation, elle est vécue plutôt qu'elle n'est consciente ; de toute manière, elle n'est ni détachée ni détachable du courant vital intérieur. Elle est muette, informulée. Chez l'homme, tout au contraire, la signification peut être pensée d'une façon détachée, il n'a pas besoin de se trouver dans une situation où la perception déclenche la signification, il lui suffit d'évoquer cette situation en usant du mot pour devancer la perception, qui sera alors une perception possible et en ce sens inauthentique. La possibilité de détacher et d'objectiver est caractéristique de l'homme disposant de cet instrument qu'est le langage et jouissant par la conscience réflexive de l'usage qu'il en a fait. Celui qui passe ainsi du réel au possible adopte aisément la perspective suivante : jouissant d'un pouvoir théorique, il oublie que celui-ci est conditionné et le prend pour conditionnant la fonction réelle dont il est sorti. Ainsi le théoricien est amené à considérer les possibles théoriques comme antérieurs au réel qui a fourni le point de départ pour les concevoir.

Il y a donc des illusions de la conscience, de cette conscience qui se superpose en spectatrice à la conscience active et vivante, laquelle sans avoir la lucidité de la conscience réfléchie n'est pas pour cela moins sûre d'elle. Cette superposition repose sur le langage.

Il se pourrait – et c'est là une vue hypothétique sur laquelle nous conclurons cet exposé – que la conscience qui objective son propre début ne puisse s'élever au-dessus de sa fonction primaire sans payer son effort d'une illusion. Quoi qu'il en soit, la conscience ne naît pas avec le langage, elle le précède. La vie sans paroles des animaux le prouve et l'observation de la vie humaine le prouve également. Nous sentons l'inexprimable, nous voulons sans formuler, nous observons sans rédiger un protocole, notre conscience personnelle est peut-être pleine de fragments linguistiques qui persévèrent ou renaissent en souvenir de nos contacts avec autrui ; le langage est un fait social, il est l'instrument de l'entente des hommes entre eux. Il n'a pas été fait pour enregistrer le vécu, mais pour faciliter l'entente dans le dialogue. S'il était universellement humain, tout le monde se comprendrait, d'emblée et il n'y aurait ni diversité de langues ni besoin d'un apprentissage. Mais il n'en est pas ainsi. Or, il y a une entente par les gestes, mais elle reste imparfaite. L'individu ne fait pas son langage, il le reçoit. La première fonction du langage n'est pas de révéler les états intérieurs, mais de signaler les besoins, de demander et de commander. Le trafic de la parole a son domaine entre les individus, il ne s'étend pas à ce qui se passe en eux.

Voici la conclusion qui me paraît se dégager de nos méditations : le langage couvre un aspect essentiel de l'être humain, à savoir son engagement dans la vie sociale, dans son existence. L'existence est le plein espace de la personnalité. Mais plus profonde que l'existence est la vie de l'individu. Cette vie tend à devenir existence, mais n'y réussit jamais tout à fait. Elle reste la réalité vécue souterraine, sans paroles, silencieuse et réelle. À mesure que la vie réussit à se couler dans l'existence, elle reste inaperçue, indistincte par rapport à l'existence qui en est le couronnement. Mais dans la mesure où il y a tension et lutte, la vie se fait sentir et apercevoir à travers l'existence. Le langage n'englobe pas le vécu. Mais le vécu est senti, éprouvé par chaque individu, à l'intérieur de lui-même. Il est l'indicible qui se refuse à la révélation par le langage, le tout-individuel qui s'oppose au social, le point de jonction entre le corps que nous sommes et l'esprit que nous avons en commun avec les autres et par lequel nous communions. Une fois qu'on s'est rendu compte de la structure primaire du réel et secondaire du langage qui l'enveloppe, on est tenté de réviser certaines métaphores ayant trait au langage et à la morale. Ainsi les expressions de « voix intérieure », de « voix de la conscience », de « vocation » et d' « appel » seraient à confronter avec le réel qu'elles désignent. À notre sens, il faudrait dire par exemple que la mauvaise conscience ne parle pas, mais qu'elle mord et que toute vocation est un élan qui dirige l'individu et le contraint à être libre. Les phénomènes de « la conscience » et du « subconscient » demanderaient à être précisés dans un langage aussi sobre que possible en évitant de confondre ce dernier avec le réel auquel il donne forme. Une extrême prudence doit veiller à ce que la formule et le formulé ne soient pas tenus pour identiques.

Le langage humain est enclin à se tenir pour apriorique et indispensable pour que puisse prendre forme la vérité. Il paraît évident que rien ne saurait être vrai sans être formulé. Et cependant la vérité n'a pas besoin de formules pour exister : elle est liée au réel qui, lui, par nature est muet. Pour comprendre la vraie nature du langage, il faut faire l'inverse de ce que fait la conscience qui, prenant possession du langage, lui assigne une valeur absolue et universelle. Il faut le *relativiser* en montrant que le langage n'a pas de primat sur le réel, mais que c'est le réel qui a le primat sur le langage. Il s'agit de montrer qu'il n'est aucunement la révélation du vécu, mais qu'il sert d'intermédiaire entre les sujets humains ; qu'en cette fonction il n'est pas absolu non plus, mais seulement le prolongement d'une entente plus immédiate et pré-linguistique. Le plus difficile en cette relation est de dissiper l'illusion que crée l'inévitable nécessité de parler sur le vécu et qui consiste dans l'apparence d'une affinité entre les formules et le formulé. Mais cette illusion peut être écartée : une fois qu'on s'est rendu compte de la nature différente du réel, l'argument selon lequel on ne peut s'abstenir d'en parler perd sa force. L'indicible et le muet ne sont pas anéantis du fait que nous en parlons.

Si nous voyons clair dans l'écart du langage et du réel, cette position nous semble correspondre à la situation où vit l'humanité. Le langage n'est plus comme autrefois le symbole de la lumière, le couronnement qui active les actes et les sentiments. Sa transparence s'est révélée insuffisante par rapport à un réel dont l'opacité ne veut plus céder. Les métaphysiciens de la parole sont plus éloignés de nous que Pascal s'écriant que le silence des espaces infinis l'effraie. Le langage est devenu pour nous ambivalent, moins révélateur de l'être qu'il ne le fut autrefois. Mais tout ceci n'est pas sans profit : à travers le voile déchiré du langage, le réel nous apparaît dans sa nature mystérieuse avec un éclat plus fort. L'être nous est devenu moins perméable, la lumière du langage ne le rend pas transparent jusqu'au fond. Tout en admirant un Aristote pour qui tout ce qui est se laisse dire, nous pensons que la lumière du langage l'a trop séduit. Il est possible et même probable qu'à l'avenir l'écart entre le langage et le réel tendra à se réduire et à se fermer. Pour l'instant la distinction s'impose plus que l'union et j'ai tâché de démontrer que cet état de choses n'est pas sans profit pour la connaissance du réel et qu'il faut l'accepter et l'intégrer. Nous serons moins trahis si nous regardons le langage comme un accompagnement plutôt que comme un cadre définitif.

Références

ASCHENBERG, Heidi (1978), *Phänomenologische Philosophie und Sprache*, Tübingen, Narr.
COQUET, Jean-Claude (2007), *Phusis et Logos: Une phénoménologie du langage*, Paris, Presses universitaires de Vincennes.
COSERIU, Eugenio (1958), *Sincronía, diacronía e historia*, Madrid, Gredos.
COSERIU, Eugenio (1962), *Teoría del lenguaje y lingüística general*, Madrid, Gredos.
DAALDER, Saskia (1999), *H. J. Pos (1898 - 1955) : studies over zijn filosofie van taal en taalwetenschap*, Amsterdam, Vrije Uni. Diss.
DAALDER, Saskia ; NOORDEGRAAF, Jan (1990), *H.J. Pos : taalkundige en geëngageerd filosoof*, Amsterdam, Huis a.d. 3 Grachten.
DERKX, Peter (1994), *H.J. Pos, 1898-1955 : Objectief en partijdig*, Hilversum, Verloren.
FLACK, Patrick (2011), « Ausdruck – Vyraženie – Expression : transferts d'une notion entre phénoménologie(s) et structuralisme », Cahiers de l'ILSL 29, pp. 23–32.
FONTAINE, Jacqueline (1994), « La conception du système linguistique au CLP », Cahiers de l'ILSL (5), pp. 7–18.
FORMIGARI, Lia (2006), « Pour une philosophie de la linguistique », Histoire Epistemologie Langage (1), pp. 117–126.
HOLENSTEIN, Elmar (1976), *Linguistik, Semiotik, Hermeneutik : Plädoyers für eine strukturale Phänomenologie*, Frankfurt am Main, Suhrkamp.
JAKOBSON, Roman (1973a), *Main trends in the science of language*, London, Allen & Unwin.
JAKOBSON, Roman (1973b), *Essais de linguistique générale*, Paris, Minuit.
KUYPERS, Karel (1958), « De eenheid in het denken van Pos », Alg. Ned. Tijd. voor Wijsbegeerte en Psychologie 51 (1-2), pp. 57–65.

MEILLET, Antoine (1922), « Pos : Logik der Sprachwissenschaft », Bulletin de la Société de Linguistique de Paris 23 (2).

MERLEAU-PONTY, Maurice (1952), « Sur la phénoménologie du langage », In : Herman Leo van Breda (ed.), *Problèmes actuels de la phénoménologie*, Bruxelles, 1951, Paris, Desclée, pp. 91–109.

MERLEAU-PONTY, Maurice (2001), *Signes*, Paris, Gallimard.

NOORDEGRAAF, Jan (1991), « Hendrik J. Pos (1898-1955) and the History of Linguistics », In : Elisabeth Feldbusch et. alia (eds.), *Neue Fragen der Linguistik*, Paderborn, de Gruyter, pp. 55–64.

ORTH, Ernst Wolfgang (1967), *Bedeutung, Sinn, Gegenstand : Studien zur Sprachphilosophie Edmund Husserls und Richard Hönigswalds*, Bonn, Bouvier.

PARRET, Herman ; VAN DER VELDE, Roger (1980), « Structuralism in Belgium and in the Netherlands », Semiotica 29, pp. 145–174.

PUECH, Christian (1985), « Merleau-Ponty. La langue, le sujet et l'institué », Langages (77), pp. 21-32.

SALVERDA, Reiner (1991), « The contribution of H.J. Pos (1898-1955) to early structural linguistics », In : J. Fenoulhet, T. Hermans (eds.), *Standing Clear: A Festschrift for Reinder P. Meijer*, London, University College London, pp. 220–237.

ŠOR, Rozalija Osipovna (1927), « Krisis sovremennoj lingvistiki », Jafetičeskij sbornik (5), pp. 32–71.

UHLENBECK, Eugenius Marius (1977), « Roman Jakobson and Dutch linguistics », In : Cornelis van Schooneveld, Daniel Armstrong (eds.), *Roman Jakobson : Echoes of his scholarship*, Lisse, Peter de Ridder, pp. 485–502.

VACHEK, Josef (1968), *Dutch Linguistics and the Prague Linguistic School*, Leiden.

WILLEMS, Klaas (1994), *Sprache, Sprachreflexion und Erkenntniskritik : Versuch einer transzendentalphänomenologischen Klärung der Bedeutungsfrage*, Tübingen, Narr.

WILLEMS, Klaas (1998), « Edmund Husserl und Hendrik J. Pos : Phänomenologie, Sprache und Linguistik », Phänomenologische Forschungen 3 (2).

Bibliographie complète

(1922), *Zur Logik der Sprachwissenschaft* (La logique de la linguistique), Heidelberg, Winter.
(1923), *Kritische Studien über philologische Methode* (Etudes critiques sur la méthode philologique), Heidelberg, Winter.
(1924), *Algemene taalwetenschap en subjectiviteit* (La linguistique générale et la subjectivité), Vrije Universiteit, Amsterdam, 1924.
(1925), « Het metodisch verschil tussen Natorp en Husserl inzake subjectiviteit » (La différence méthodique entre Natorp et Husserl sur la subjectivité), Tijdschrift voor Wijsbegeerte 19, pp. 313–330.
(1925), « Vom vortheoretischen Sprachbewusstsein » (La conscience linguistique préthéorique), Philosophischer Anzeiger 1, pp. 43–56.
(1926), *Inleiding tot de taalwetenschap* (Introduction à la linguistique), Haarlem, Erven Bohn.
(1927), *De overbelasting der Woordsoorten in de Moderne Talen* (L'excès des types de mots dans les langues modernes), Gereformeerde Psychologische Studievereeniging.
(1928), *Impliciete functies in de taal* (Les fonctions implicites dans le langage), Assen, Hummelen.
(1929), *Het onbepaalde in de taal en in de taalkunde* (L'indéterminé dans le langage et dans la linguistique), Amsterdam, Swets & Zeitlinger.
(1929), « Zur Problematik der Sprachphilosophie » (La problématique de la philosophie du langage), Philosophischer Anzeiger 3 (2), pp. 148–165.
(1930), *De eenheid der syntaxis* (L'unité de la synthaxe), Amsterdam, de Standaard.
(1931), « Het genetische kennen en de soort » (La connaissance génétique et le type), Tijdschrift voor Wijsbegeerte 25, pp. 266–293.
(1932), *Het apriori in de geesteswetenschappen* (L'a priori dans les sciences humaines), Amsterdam, Swets & Zeitlinger.

(1932), « L'unité de la syntaxe », Recherches philosophiques 1, pp. 206–228.
(1933), « Contribution à une théorie générale des synonymes », Recherches philosophiques 2, pp. 190–201.
(1933), *De taal als symbolische functie* (Le langage comme fonction symbolique), Groningen, 1933.
(1933), « Quelques perspectives philosophiques de la phonologie », Archives néerlandaises de phonétique expérimentale 8/9, pp. 226–230.
(1933), « Über den Aufbau der grammatischen Interpretation : Ein Beitrag zur Frage des Verstehens » (Sur la construction de l'interprétation grammaticale), Blätter für deutsche Philosophie 6, pp. 295–314.
(1934), « Het affect en zijn uitdrukking in de taal » (L'affect et son expression dans le langage), Nederlandsch Tijdschrift voor Psychologie 21, pp. 209–238.
(1934), « Les particules, leurs fonctions logiques et affectives », Recherches philosophiques 3, pp. 321–333.
(1934), « Rationeel en irrationeel : bijdrage tot begripsbepaling » (Rationnel et irrationnel), Algemeen Nederlands Tijdschrift voor Wijsbegeerte en Psychologie 27, pp. 1–11.
(1935), *De betekenis van de studie der oude talen voor de vorming van den geest* (La signification de l'étude des langues anciennes pour la formation de l'esprit), Amsterdam, Swets & Zeitlinger.
(1935), « Le verbe et son rôle dans l'expression de la pensée », Recherches philosophiques 4, pp. 337–347.
(1935), « Philosophie en cultuur » (Philosophie et culture), Leven en Werken 20.
(1936), « La qualité et ses aspects quantitatifs », In : *Actes du Huitième Congrès International de Philosophie*, Prague, pp. 1055–1064.
(1936), « The philosophical significance of comparative semantics », In : Raymond Klibansky (ed.), *Philosophy & history* : *essays presented to Ernst Cassirer*, Oxford, Clarendon Press.
(1937), *De zin der wetenschap* (Le sens de la science), Assen, Van Gorcum.
(1937), « Descartes en Husserl », Algemeen Nederlands Tijdschrift voor Wijsbegeerte en Psychologie 31, pp. 23–38.

(1938), « De eenheid der wetenschap en de verscheidenheid der methoden », In : Albert de Groot (ed.), *Scientia : Handboek voor wetenschap, kunst en godsdienst*, Utrecht, de Haan, pp. 1–16.

(1938), « Het hedendaagse Irrationalisme » (L'irrationalisme contemporain), Leven en Werken 2, pp. 12–21.

(1938), « Kant's vrijheidsbegrip » (Le concept de liberté de Kant), Algemeen Nederlands Tijdschrift voor Wijsbegeerte en Psychologie 32, pp. 38–46.

(1938), « Kennisleer », In : Albert de Groot (ed.), *Scientia : Handboek voor wetenschap, kunst en godsdienst*, Utrecht, de Haan, pp. 41–57.

(1938), « La notion d'opposition en linguistique », In : H. Piéron, Meyerson I. (eds.), *Onzième congrès international de psychologie*, Paris, Alcan, pp. 246–247.

(1938), « Les fondements de la sémantique », In : International Congress of Linguists (ed.), *Actes du IVe Congrès International des Linguistes*, Copenhague, Munksgaard, pp. 88–92.

(1938), « Metafysica », In : Albert de Groot (ed.), *Scientia : Handboek voor wetenschap, kunst en godsdienst*, Utrecht, de Haan, pp. 17–39.

(1938), « Phonologie en betekenisleer » (La phonologie et la sémantique), Mededeelingen Kon. Ned. Acad. v. Wetenschap 1 (13), pp. 577–600.

(1938), « Zin en samenhang der sociale wetenschappen », In : Albert de Groot (ed.), *Scientia : Handboek voor wetenschap, kunst en godsdienst*, Utrecht, de Haan, pp. I–XIV.

(1939), *Anti-semitisme en Jodendom : Een bundel studies over een actueel vraagstuuk*, Arnhem, van Loghum Slaterus.

(1939), « Cassirer's symbolische theorie der taal » (La théorie symbolique du langage de Cassirer), Algemeen Nederlands Tijdschrift voor Wijsbegeerte en Psychologie 32, pp. 307–313.

(1939), « De Joodse geest en het denken », In : Hendrik Pos (ed.), *Anti-semitisme en Jodendom : Een bundel studies over een actueel vraagstuuk*, Arnhem, van Loghum Slaterus.

(1939), « De mensch als object van wetenschap », In : Hendrik Pos (ed.), *Wijsbegeerte, wetenschap, menschbeschouwing*, Amsterdam, Noord-Hollanche Uitgevers Mij, pp. 1–15.

(1939), « De rol der taal in de geestelijke wereld : Naar aanleiding van R. Hönigswald, Philosophie und Sprache, Bazel 1937 » (Le rôle du langage dans le monde de l'esprit), Algemeen Nederlands Tijdschrift voor Wijsbegeerte en Psychologie 32, pp. 239–244.

(1939), « Het wijsgerig idealisme van Kant tot Hegel », In : W. Banning, J.D de Bierens Haan (eds.), *Europeesche Geest*, Arnhem, van Loghum Slaterus, pp. 359–425.

(1939), « L'Unité des sciences et le problème des valeurs », In : *Les conceptions modernes de la raison : Entretiens d'été - Amersfoort*, Paris, Hermann, pp. 30–40.

(1939), « Perspectives d'u structuralisme », In : Collective (ed.), *Etudes phonologiques dédiées à la mémoire de M. le Prince N.S. Trubetzkoy*, Praha, Jednota Československých matematiků a fyziků (Travaux du Cercle linguistique de Prague, 8), pp. 71–78.

(1939), « Phénoménologie et linguistique », Revue internationale de philosophie (1), pp. 354–365.

(1939), « Van Comte tot Bergson », In : W. Banning, J.D de Bierens Haan (eds.), *Europeesche Geest*, Arnhem, van Loghum Slaterus, pp. 426–456.

(1939), *Vrijheid, staat, mensheid* (Liberté, état, humanité), Assen, Van Gorcum.

(1939), *Wijsbegeerte, wetenschap, menschbeschouwing*, Amsterdam, Noord-Hollanche Uitgevers Mij.

(1940), « Antieke moraal als erfenis » (La morale antique comme héritage), Het Kouter (5), pp. 161–168.

(1940), *Bergson*, Baarn, Hollandia Drukkerij.

(1940), « De filosofie van H. Bergson », In : Hendrik Pos (ed.), *Bergson*, Baarn, Hollandia Drukkerij, pp. 3–35.

(1940), « De subjectieve objectiviteit der wetenschap » (L'objectivité subjective de la science), Leven en Werken 4 (10), pp. 273–278.

(1940), *Filosofie der wetenschappen* (La philosophie des sciences), Arnhem, van Loghum Slaterus.

(1941), « De Kosmologie in Plato's Timaios », In : W.B Kristensen (ed.), *Antieke en moderne kosmologie*, Arnhem, van Loghum Slaterus, pp. 29–45.

(1942), « Het tweezijdig tijdsbegrip der Stoa » (Le double concept de temps de la Stoa), De Gids 106 (IV), pp. 75–92.

(1943), « Quelques remarques sur l'holisme dans la pensée grecque », Acta Biotheoretica 7 (3/), pp. 183–192.

(1943), « Van cosmologie naar sofistiek » (De la cosmologie à la sophistique), De Gids 107 (III), pp. 2–17.
(1946), « De crisis in het denken : Balans van rationeel en irrationeel », In : Hendrik Pos (ed.), *Democratie : Achtergronden en mogelijkheden*, Amsterdam, De Bezige Bij, pp. 9–23.
(1946), *Democratie : Achtergronden en mogelijkheden*, Amsterdam, De Bezige Bij.
(1946), « Geschiedenis als geestelijke werkelijkheid » (L'histoire comme réalité de l'esprit), Nieuwe Stem 1 (5), pp. 392–408.
(1946), « Geschiedenisfilosofie op drift geraakt: Een beschouwing over Hegel, Spengler, e.a. » (La philosophie de l'histoire à la dérive), Nieuwe Stem 1, pp. 9–33.
(1946), « Henri Bergson in memoriam », Algemeen Nederlands Tijdschrift voor Wijsbegeerte en Psychologie 38, pp. 71–76.
(1946), « Oorsprongsproblemen » (Les problèmes de l'origine), Algemeen Nederlands Tijdschrift voor Wijsbegeerte en Psychologie 39, pp. 42–48.
(1947), « De filosofie der wetenschappen en de crisis der beschaving », In : Hendrik Pos (ed.), *Filosofie der wetenschappen*, 3rd augmented, Arnhem, van Loghum Slaterus, pp. 110–123.
(1947), *Filosofie der wetenschappen*, Arnhem, van Loghum Slaterus.
(1947), « Het kennisprobleem in de hedendaagse wijsbegeerte » (Le problème de la connaissance dans la philosophie contemporaine), Algemeen Nederlands Tijdschrift voor Wijsbegeerte en Psychologie 40, pp. 17–26.
(1947), « Humanisme op idealistische grondslag » (Le fondement idéaliste de l'humanisme), Nieuwe Stem 2, pp. 185–191.
(1947), « Personalisme en humanisme » (Personalisme et humanisme), Het Keerpunt 8 (1), pp. 472–483.
(1947), « Taal en tijd » (Le langage et le temps), Algemeen Nederlands Tijdschrift voor Wijsbegeerte en Psychologie 40, pp. 105–119.
(1947), « Vorm en maat : Een beschouwing over het tegenwoordige leven » (Forme et mesure: une reflexion sur la vie actuelle), Nieuwe Stem (2), pp. 265–281.
(1948), « Hoe is filosofie mogelijk ? » (Comment la philosophie est-elle possible ?), Algemeen Nederlands Tijdschrift voor Wijsbegeerte en Psychologie 40 (5), pp. 207–212.

(1948), « Le symbolisme de la connaissance et l'idée de l'unité du savoir », Bulletin de l'Académie Internationale de Philosophie des Sciences 1059, pp. 11–16.

(1948), « The foundation of word-meanings : Different approaches », Lingua 1, pp. 281–292.

(1949), « De eenwording der mensheid » (L'unification de l'humanité), In : I.J Brugmans (ed.), *Wetenschap, oorlog en vrede II*, Amsterdam, Senaatscommissie v. h. Studium Generale, pp. 70–75.

(1949), « De Griekse sofistiek en onze tijd » (La sophistique grecque dans notre temps), Nieuwe Stem 4, pp. 215–234.

(1949), « De sociale verantwoordelijkheid van de intellectueel » (La responsabilité sociale de l'intellectuel), In: Hendrik Pos (ed.), *Wetenschap, oorlog en vrede I*, Amsterdam, Senaatscommissie voor het Studium Generale, pp. 3–7.

(1949), « L'existentialisme dans la perspective de l'histoire », Revue internationale de philosophie 9 (3), pp. 290–305.

(1949), « Over het betrekkelijk onderscheid tussen natuur- en cultuurwetenschappen » (Sur la différence relative entre sciences naturelles et culturelles), Algemeen Nederlands Tijdschrift voor Wijsbegeerte en Psychologie 41, pp. 189–200.

(1949), « Recollections of Ernst Cassirer », In : Paul Arthur Schilpp (ed.), *The philosophy of Ernst Cassirer*, Evanston, pp. 61–72.

(1949), « Remarks on the Materialism of the Eighteenth Century », In : Roy Wood Sellars (ed.), *Philosophy for the Future: The Quest for Modern Materialism*, New York, Macmillan, pp. 33–40.

(1949), *Wetenschap, oorlog en vrede I*, Amsterdam, Senaatscommissie voor het Studium Generale.

(1950), « De natuurlijke taal en haar rationalisering » (La langue naturelle et sa rationalisation), Algemeen Nederlands Tijdschrift voor Wijsbegeerte en Psychologie 43, pp. 17–24.

(1950), « Drie fazen in de filosofie der waarden » (Trois phases dans la philosophie des valeurs), Nieuwe Stem 5, pp. 259–269.

(1950), « Het mystieke element in de Nederlandse philosophie : Een beschouwing over Bolland en Der Mouw » (L'élément mystique dans la philosophie néerlandaise), In : Karel Kuypers (ed.), *Aspecten van de tijd : Een bundel wijsgerige studies*, Assen, Van Gorcum, pp. 225–251.

(1950), « La complexité de la pensée de Descartes », In : E.J Dijksterhuis (ed.), *Descartes et le cartésianisme hollandais*, Paris, Presses universitaires de France, pp. 1–20.

(1950), « Quelques réflexions sur le problème de l'origine du langage », Acta Psychologica 7 (2-4), pp. 352–364.

(1951), « De religie en de hedendaagse wereld » (La religion et le monde moderne), Wending 5 (12), pp. 729–736.

(1952), « Herderlijke zielkunde » (La science de l'âme pastorale), Nieuwe Stem (7), pp. 392–404.

(1952), « Quelques aspects de la transcendance », In : Collective (ed.), *L'homme et l'histoire : Actes du VIme congrès des Sociétés de Philosophie de Langue Française*, Paris, PUF, pp. 189–191.

(1952), « Rapport sur l'enquête sur la liberté », Revue internationale de philosophie 6 (19), pp. 97–116.

(1952), « Valeur et limites de la phénoménologie », In : Herman Leo van Breda (ed.), *Problèmes actuels de la phénoménologie,* Colloque international de phénoménologie, Bruxelles, 1951, Paris, Desclée de Brouwer, pp. 33–52.

(1953), « De ontmoeting der levende talen » (La rencontre des langues vivantes), Levende Talen.

(1953), *Het goede, het schone en het verzet* (Le bon, le beau et la résistance), Amsterdam, Meulenhoff.

(1953), « Over de verhouding van geschiedenis en geschiedwetenschap » (Sur la relation entre l'Histoire et la science de l'Histoire), In : O. Noordenbos, B. Becker (eds.), *Weerklank op het werk van Jan Romein*, Amsterdam, Wereldbibliothek.

(1953), « Structuur en situatie der geesteswetenschappen » (La structure et la situation des sciences humaines), Mededeelingen Kon. Ned. Acad. v. Wetenschap.

(1954), « Betekenis als taalkundig en als wijsgerig fenomeen » (La signification comme phénomène linguistique et philosophique), Algemeen Nederlands Tijdschrift voor Wijsbegeerte en Psychologie 46, pp. 248–253.

(1954), „ Drie hoofdrichtingen van filosoferen : Een beschouwing over de universitaire studie der filosofie » (Trois directions principales de la philosophie), Algemeen Nederlands Tijdschrift voor Wijsbegeerte en Psychologie 46 (3), pp. 147–162.

(1954), « Sartre in protestante belichting » (Sartre dans un éclairage protestant), Nieuwe Stem (9), pp. 200–217.

(1954), « Terugtocht der Rede ? : Een beschouwing over existentialisme en rationalisme naar aanleiding van G.Gusdorf, Mythe et Métaphysique » (Le retour de la Raison ?), Algemeen Nederlands Tijdschrift voor Wijsbegeerte en Psychologie 46 (2), pp. 68–78.

(1954), « Theoria en praxis » (Théorie et pratique), Universiteit en Hogeschool (1), pp. 319–329.

(1955), « Augustinus en de wijsbegeerte » (St-Augustin et la philosophie), Nieuwe Stem (10), pp. 35–42.

(1955), « Het dal der na-oorlogse filosofie » (Le passage à vide de la philosophie d'après-guerre), Folia Civitatis (11).

(1955), « Taal en denken » (Langage et pensée), Algemeen Nederlands Tijdschrift voor Wijsbegeerte en Psychologie 47, pp. 248–253.

(1956), « Le langage et le vécu », Algemeen Nederlands Tijdschrift voor Wijsbegeerte en Psychologie 48, pp. 121–129.

(1957), *Keur uit de verspreide geschriften I : Taal, mens en cultuur* (Séléction d'écrits éparts : le langage, l'homme et la culture), Arnhem, van Loghum Slaterus.

(1958), *Keur uit de verspreide geschriften II : Beginselen en gestalten* (Séléction d'écrits éparts : principes et formes), Arnhem, van Loghum Slaterus.

Index

Ammann, 11, 59, 60-64, 67-69, 71, 76, 77
Aristote, 80, 219, 224, 241
Bacon, 225
Bergson, 12, 16, 42, 79, 139, 226, 248, 249
Bopp, 38
Bühler, 14, 16, 22, 125, 178
Cassirer, 14, 16, 22, 125, 246, 247, 250
Comte, 12, 16, 248
Coseriu, 23, 243
Delbrück, 35, 41
Denys le Grammairien, 38
Descartes, 12, 201, 225, 246, 250
Dilthey, 29
Dittrich, 33, 37, 41
Faddegon, 153
Gabelentz, 33, 39, 41
Gardiner, 125
Hegel, 12, 225, 247, 249
Heidegger, 11, 225
Herder, 145, 151, 152
Humboldt, 111, 112
Husserl, 11, 16-18, 24, 42, 189, 190, 244-246
Chomsky, 24
Jakobson, 13, 24, 243, 244
Kant, 12, 28, 32, 33, 124, 225, 247
Köhler, 116
Kostyleff, 35
Kühner, 92
Leibniz, 12, 101

Maier, 10, 29, 33, 37, 42
Marty, 16, 41
Marx, 12, 16
Meillet, 11, 23, 41, 244
Merleau-Ponty, 22, 23, 24, 244
Natorp, 31, 35, 42, 245
Paul, 33, 37, 41, 111, 112, 179, 250
Platon, 36, 145, 164, 165, 169, 223, 230
Plotin, 100
Révész, 203, 204, 205, 207, 209, 211
Rickert, 10, 16, 29, 32, 33, 42, 72
Romein, 12, 14, 251
Saussure, 10, 24
Schiller, 226
Schopenhauer, 114
Sigwart, 27, 33, 42
Simmel, 55
Spinoza, 225
Steinthal, 33, 36, 41
Špet, 23, 24
Troeltsch, 29
Trubeckoj, 13, 153, 180, 248
Van Ginneken, 153
Van Wijk, 153
Vossler, 16, 42, 46
Windelband, 29
Woltjer, 10
Wundt, 16, 27, 33, 36, 37, 41, 42, 63, 123, 125

figures du structuralisme

En dépit de l'immense intérêt dont le structuralisme a un temps été l'objet, une large part du corpus et des auteurs qui le constituent reste aujourd'hui encore relativement mal connue et mal étudiée. Dans le but de proposer une vision panoramique plus exhaustive de la pensée structurale, de son histoire et de ses acteurs, la collection « figures du structuralisme » entend donner voix à l'ensemble de ses contributeurs en consacrant à chacun d'entre eux un recueil de leurs textes les plus pertinents. Elle veut de la sorte également accompagner et baliser l'ample effort de traduction et de réédition des textes négligés du structuralisme entrepris par ailleurs par sdvig press.